S ü d t i r o l

kombiführer
auto + wanderschuh

Zu W 14: Die wohl schönste Meraner Runde folgt den Waalen, jenen Bewässerungsgräben, die den ganzen Talkessel umziehen und das lebenspendende Naß den Intensivkulturen zuleiten. Blick vom berühmten Marlinger Waalweg durch die Rebleiten über das Meraner Becken zum Ifinger. Südtirols Wein- und Obstbauern soll man jedoch Verständnis entgegenbringen, wenn zur Reife- und Erntezeit mancher Waalweg vorübergehend gesperrt wird. Foto Elisabeth Fuchs - Hauffen

SÜDTIROL
auto+wanderschuh

Ein reich illustrierter Führer durch das Land an Etsch und
Eisack einschließlich Brenta-Presanellagruppe und gesamtes
Gardaseegebiet in der Kombination Auto + Wandern.

Mit allen anfahrbaren oder mit Aufstiegshilfen erreichbaren
Hochpunkten. 150 Vorschläge für alpine Spaziergänge und
leichte Bergwanderungen an den beschriebenen Autorouten.

Unter Mitarbeit von Eugen E. Hüsler herausgegeben von
EDUARD DENZEL

DENZEL-AUTOFÜHRER   VERLAG   INNSBRUCK

im Zusammenwirken mit dem

SÜDTIROLER BILDVERLAG BOZEN / BOLZANO

Einbandentwurf: Karl Sommer

Touristenstraßen: Eduard Denzel

Wanderwege: Eugen E. Hüsler

Panoramazeichnungen und Wanderwegekarten: Eugen E. Hüsler

1976. Denzel-Autoführer-Verlag Innsbruck

Abdruck, auch auszugsweise, nur mit Genehmigung des Verlages

Rauchdruck Dr. Rudolf Erhard, A-6064 Rum bei Innsbruck

Printed in Austria

ISBN 3 - 85047 - 717 - 7

Zum Geleit

Die Arbeitszeiten werden kürzer, Ferien und Freizeiten allgemein länger. Manche wichtigen Errungenschaften unserer Epoche, nicht zuletzt der Straßenbau und das Auto, helfen uns, in entscheidendem Maße Zeit sparen und Entfernungen rasch zu überwinden. Die so gewonnenen Stunden sollte der Autofahrer aber für seine Gesundheit und für sein Wohlergehen nützen. Um sich richtig zu entspannen, sollte er in seiner Freizeit nach Möglichkeit das Gegenteil von dem tun, was er im Alltag macht: sich in freier Natur bewegen! Nur das kann spürbar Erholung bringen und steht deshalb auch im Mittelpunkt aller gegenwärtigen Fitness-Empfehlungen. Keinesfalls darf das Auto Selbstzweck sein, weder im Alltag noch am Feier- oder Urlaubstag.

Die Taschenbuchreihe **auto + wanderschuh** will den alpinen Autotourismus sinnvoll erneuern und in seinem ganzheitlichen Erlebnis vertiefen. Vor allem will jeder Band durch seine landschaftsbetonten Streckenbeschreibungen und das Angebot einer reichhaltigen Palette von Vorschlägen für alpine Spaziergänge und leichte Bergwanderungen eine brauchbare Kombination zwischen Ausflügen mit Auto und erholsamen Fußwanderungen vermitteln. Sie will jung und alt, seien es einzelne Personen, Familien mit Kindern oder andere Wandergruppen, näher an die Natur und ihre Schönheiten heranführen.

Der vorliegende Band wendet sich an das Gros der Bergfreunde, nämlich an all jene, die bei leichten Wanderungen und Touren Erholung durch maßvolle körperliche Betätigung suchen. Aus diesem Grunde sind bei der Auswahl der Wandervorschläge bewußt enge Grenzen in bezug auf Höchstanforderungen gesetzt worden; es fanden daher weder Felskletterein noch gesicherte Eisensteige Aufnahme, auch wurde auf Gletscherbegehungen verzichtet. Die gesamten Gehzeiten hin und zurück belaufen sich auf eine halbe Stunde bis maximal sechs Stunden. Kurzum, jedermann findet darin das seiner individuellen Leistungsanforderung entsprechende Wanderziel.

Freude am Autofahren und Freude am Wandern zu haben soll Zielsetzung dieses jahrelang „erfahrenen" und „erwanderten" Kombiführers sein. Er möge Ihr zuverlässiger Begleiter auf den Wegen durch das Land an Etsch und Eisack sein und Ihnen auch geeignete Vorschläge für lohnende Wanderungen im autonahen Brenta-Gardasee-Gebiet vermitteln.

Der Herausgeber.

Anfahrbare Hochpunkte

Name	Art	Seehöhe m	max. Steigung %	Schwierig-keitsgrad	Seite
Altissimo di Nago***	Gipfel	2060	15	4—5	203
Altrei*	Hochplat.	1209	6	1—2	132
Andalo*	Sattel	1041	9	2	175
Arzkersee*	Hochtal	2170	12	3	95
Auf der Höh	Sattel	1314	6	1—2	133
Ballino	Sattel	764	9	2	178
Belvedere d. Garda**	Hochplat.	1780	22	3	204
Bestanapaß*	[Sattel]	1246	8	2—3	191
Bocca di Navene*	Kammstr.	1430	5	3	204
Bordala*	Sattel	1253	12	2—3	182
Brenner-Autobahn**	Paß	1374	S 4	1	25
Brenner-Staatsstraße*	Paß	1374	S 12	2	25
Campo Carlo Magno**	Sattel	1632	N 9	2	165
			S 11		
Corno d. Paura	Kammstr.	1475	14	3—4	202
Creino*	Sattel	1165	14	3	182
Diaga-Alpe*	Hochplat.	1413	14	3	175
Dosso Piemp*	Kammstr.	1208	NW 18	3—4	193
			S 9		
Durnholzer See*	Hochtal	1540	6	2	127
Erepaß	Kammstr.	1131	12	3—4	192
Flachjoch**	Kammstr.	2124	9	3	29
Gampenjoch*	Paß	1518	9	2	98
Gfrill	Hochplat.	1328	14	2—3	134
Glieshof, Innerer	Hochtal	1807	12	3	72
Gravelat**	Hochplat.	2000	10	3	67
Hafling*	Hochplat.	1290	8	2	55
Heilige-Drei-Brunnen*	Hochtal	1607	5	3	87
Innerratschings	Hochtal	1290	12	3	35
Innersulden*	Hochtal	1906	12	2	76

Unter der Rubrik „Art" in eckige Klammern gesetzte Pässe und Sattel sind nur von einer Seite her anfahrbar im Gegensatz zu Übergängen mit beiderseits befahrbaren Rampen.

Name	Art	Seehöhe m	max. Steigung %	Schwierig-keitsgrad	Seite
Jaufenpaß*	Paß	2094	N 9 S 12	2—3	38
Jenesien*	Hochplat.	1087	30	3—4	106
Kastelruth*	Hochplat.	1060	9	2	122
Kleinboden**	Hochplat.	2153	13	4	88
Krabesalm	Hochplat.	1483	9	3	132
Kreuzjoch**	Kammstr.	2243	9	3	29
Kuppelwieser Alm*	Hochtal	1808	12	3	95
Kurzras*	Hochtal	2014	20	3	58
Lago Pian Palu	Hochtal	1668	9	3	162
Lago Tovel*	Hochtal	1178	12	2—3	151
Lazins	Hochtal	1782	12	3	46
Malga Canalette	[Sattel]	1617	10	3	202
Malga Cioca	Hochplat.	1723	14	3—4	174
Maria Weißenstein*	Hochplat.	1521	9	2	130
Martelltal**	Hochtal	2088	18	3	63
Melag	Hochtal	1912	12	3	67
Mendelpaß**	Sattel	1363	O 12 W 9	2	146
Mölten (von Terlan)*	Hochtal	1140	20	4	102
Monte Bondone**	Hochplat.	1654	9	2—3	179
Nambronetal	Hochtal	1840	12	3	172
Notapaß*	Sattel	1225	17	3—4	190
Oberinn (Ritten)*	Hochplat.	1300	7	2	110
Paganella (Fai)**	Hochplat.	1000	8	2	176
Paradiso d. Cevedale**	Hochtal	2088	18	3	63
Pemmern Gh. (Ritten)*	Hochplat.	1532	7	2—3	110
Penegal**	Gipfel	1737	12	2—3	148
Penser Joch*	Paß	2211	13	2—3	36
Pfelders	Hochtal	1628	12	3	46
Pfitscher Joch*	[Paß]	2251	13	4	33
Pian di Campiglio**	Sattel	1682	N 9 S 11	2	165
Plamord**	Hochplat.	1970	12	3	68
Planeil	Hochtal	1599	12	3	72

7

Name	Art	Seehöhe m	max. Steigung %	Schwierig-keitsgrad	Seite
Prada*	Hochplat.	1050	7	2	198
Punta di Naole*	Kammstr.	1660	12	3	198
Rabbi (Coler)	Hochtal	1381	9	2—3	152
Reinswald	Hochplat.	1492	14	2—3	127
Reschenpaß*	Paß	1510	10	2	65
Riederberg-Alm*	Hochplat.	1974	12	3	35
Rif. Bedole*	Hochtal	1641	15	3	173
Rif. Bezzecca**	Gipfel	1800	14	3	186
Rif. Chiesa***	Gipfel	2060	15	4—5	203
Rif. Vallesinella	Hochtal	1513	12	2—3	170
Rojental	Hochtal	2070	12	2—3	66
Roßkopfhütte	Hochplat.	1860	11	3	32
Sandjöchl**	[Paß]	2166	9	3	29
San Lugano*	Sattel	1100	9	1—2	129
Sattelalm**	Hochplat.	2046	9	3	29
Schafseck**	Hochplat.	2250	13	4	88
Schlinig	Hochtal	1733	9	2—3	70
Schlüsseljoch**	Paß	2209	W 30 O 28	W 5 O 4	28
Schneiderwies (Kohlern)	Hochplat.	1300	N 18 S 9	N 3—4 S 2—3	111
Schöneben**	Hochplat.	2050	12	3	68
Spiluck*	Hochplat.	1300	19	3	112
Steinwendalm	Hochtal	1500	19	3	112
Stilfser Joch***	Paß	2757	12	O 3 W 2	74
Timmelsjoch**	Paß	2483	N 11 S 9	N 2 S 3	45
Tonalepaß*	Paß	1883	12	2	150
Tregadonepaß	Kammstr.	1340	8	2—3	191
Tremalzo**	[Paß]	1694	14	3	186
Truden	Hochtal	1127	5	1—2	130
Unterfennberg	Hochplat.	1047	12	3	145
Weißbrunner See*	Hochtal	1870	9	2	98
Zirmerhof*	Hochplat.	1560	14	3	132
Zirogalm*	Hochplat.	1902	8	3	28

Inhaltsübersicht

9

In den Streckenbeschreibungen verwendete Abkürzungen und Symbole

B 17	Bundesstraße 17
N 202	Route nationale 202
S.S.	Staatsstraße (Strada Statale)
16dir.	Abzweigung (diramazione)
16bis	Variante zur Hauptstraße
O, N, W, S	Himmelsrichtungen
→	siehe auch (als Hinweis)
*	Aussichtspunkt, Aussichtsberg
🏠	Schutzhaus (Rifugio, Refuge)

SG.	Schwierigkeitsgrad
🏊	See mit zum Baden geeigneter Wassertemperatur
👫	Besuchenswertes Ziel für Familien mit Kindern
Bj.	Berichtsjahr
dz.	derzeit
Jh.	Jahrhundert
li.	links
re.	rechts

12

Fahrtechnische Schwierigkeitsgrade

(Denzel-Alpenstraßen-Skala)

Die Bestimmungsfaktoren heißen **Lenker, Kraftfahrzeug, Straße.** Die nachstehende Bewertungsskala wurde auf europäische Personenkraftwagen mit Durchschnittswerten von **Verdichtung, Leistungsgewicht, Radstand, Wendekreis und Art des Getriebes** abgestimmt. Hinsichtlich der Straßenverhältnisse wurden allgemeiner **Verlauf, Belag, Breite, Randsicherungen, Länge** der Strecke, **Steigungen, relative** und **absolute Höhe** zur Beurteilung mit herangezogen. Die Bewertung hat nur für die schneefreien Jahreszeiten Gültigkeit und ohne Erschwernisse, wie Nebel, starker Regen, Dämmerung oder Dunkel der Nacht. Subjektive Einflüsse blieben unberücksichtigt. Die Zuordnung des jeweiligen Schwierigkeitsgrades ist nicht an die Erfüllung aller hier möglichen objektiven Merkmale gebunden; sie ergibt sich bei überwiegendem Zutreffen jeweils angeführter Tatsachen.

① = **sehr leicht zu befahrende Bergstrecke, auch für Anfänger geeignet**

Objektive Merkmale
Durchgehend normal (mindestens 6 m) breite Asphalt- oder Betonfahrbahn. Keine oder nur wenige Kehren, gegebenenfalls diese überbreit ausgebaut. Trassenverlauf ohne stark gekrümmte Kurven. Durchgehend randgesicherte Strecke. Steigungen bis 9%.

② = **Strecke ohne nennenswerte Anforderungen, auch von vorwiegend Bergungewohnten leicht zu befahren**

Objektive Merkmale
Durchgehend zweispurige, überwiegend staubfreie Fahrbahn, welche auch ein reibungsloses Begegnen mit größeren Omnibussen und sonstigem Schwerverkehr der Norm ermöglicht. Gut ausgebaute Kehren mit kaum merklichen Steigungen in den Wendeplatten. Allgemein verkehrsgerechter Trassenverlauf ohne „Flaschenhälse". Größtenteils randgesichert. Steigungsmaxima bis 15%.

③ = **Strecke erfordert Praxis und sichere Fahrtechnik auf Bergstraßen**

Objektive Merkmale
Fahrbahn überwiegend knapp zweispurig, abschnittsweise auch einspurig mit Ausweichen. Teilweise oder zur Gänze ohne staubfreien Belag. Häufig enge Kehren mit verstärkter Steigung. Vielgewundene Straße mit stark gekrümmten Kurven. Meist ohne Randsicherungen. Längere Dauersteigungen über 15%.

④ = **Auch für Berggewohnte schwierige Strecke, erfordert deutlich ein weit über den Durchschnitt herausragendes fahrerisches Können**

Objektive Merkmale
Meist einspuriger Fahrweg mit nur wenig Ausweichmöglichkeiten. Kein homogener Fahrbahnzustand, manchmal grob geschottert. Stellenweise stark ausgefahren oder ausgewaschen und wenig unterhalten. Eventuell auftretende Seitenneigungen, glitschiger Grasbewuchs, noch passierbare Furten, Vermurungen, Verschlammungen usw. Nicht ausgebaute, sehr enge Kehren mit Reversierzwang für fast alle Mittelklassewagen. Mit Ausnahme besonders gefährdeter Stellen keine gesicherten Fahrbahnränder. Empfindliche Steigungen auch in stark luftverdünnten Höhenlagen (über 2000 m).

⑤ = sehr schwierige und gefährliche Strecke, Benützung auf eigene Gefahr!

Objektive Merkmale
Alle unter Schwierigkeitsgrad 4 angeführten Merkmale. Weiters keine noch erkenn-
bare Wegerhaltung, wobei mit stellenweiser Abrutschung der Trasse, extremer Fahr-
bahnverengung durch Hindernisse (z. B. Felsblöcke) usw. zu rechnen ist. Loser, grober
Schotter auch in sehr engen und steilen Kehren. Zwang zum Reversieren auch für
Kleinwagen. Gefährdung der erforderlichen Bodenfreiheit infolge schlechter Wegver-
hältnisse und Neigung zum Aufsitzen extrem tiefliegender Teile (Ölkühler, Ölwanne,
Ölablaßschraube, Differential u. a. Elemente, je nach Bauart). Total ungesicherte
Fahrbahnränder, auch auf beiderseits gefährlich ausgesetzten Kammstrecken und
sonstigen stark exponierten Passagen. Besonders steinschlaggefährdete, längere Strecke.

Berücksichtigen Sie auch den jeweiligen Leistungsabfall der Motore bei zunehmender
Höhe! Dieser beträgt 1000 m über Normal-Null ca. 12%, in 1500 m ca. 18%, in
2000 m ca. 23%, in 2500 m ca. 28%, in 3000 m ca. 32%.

Die Einführung von vier Zwischengraden in die Fünfer-Grundskala ermöglicht weitere Differenzierungen und damit noch genauere Aussage-
werte. De facto umfaßt die Denzel-Alpenstraßenskala neun Stufen!

Landschaftliche Klassifikationen
der Touristenstraßen

Um dem Benützer des Führers Anhaltspunkte für die landschaftlich schönsten Touristenstraßen zu liefern, hat der Herausgeber als Kenner aller
Alpen-Zonen eine Gesamtbeurteilung und Bewertung abgegeben. Naturgemäß ist eine solche Einstufung immer relativ aufzufassen, denn **Wetter,
Jahres- und Tageszeit** und vor allem die individuellen Eindrücke, die Touristen von der Landschaft gewinnen, sind oft grundverschieden. Es ging
jeder Kennzeichnung durch die entsprechende Zahl von Sternen eine sehr
kritische Betrachtung voraus; um den Wert einer derartigen Klassifikation
zu sichern, konnten daher Sternchen nicht in freigebiger Weise gesetzt
werden, wie dies bei verschiedenen Reiseführern praktiziert wird.

Es bedeuten, auf die jeweiligen Strecken bezogen:

* **landschaftlich schöne und lohnende Strecke**
** **landschaftlich hervorragende und empfehlenswerte Strecke**
*** **landschaftlich außergewöhnlich schöne, hochalpine Strecke**

Es bedeuten, auf einzelne touristische Punkte bezogen:
* **einen Besuch wert, ** einen Umweg wert, *** eine Reise wert**

Skala der Verkehrsfrequenzen

Die Angaben über Verkehrsfrequenzen stützen sich größtenteils auf amt-
liche Verkehrszählungen; wo solche nicht vorliegen, wurden Schätzwerte
zu Spitzenzeiten eingesetzt. Auf vorwiegend von Touristen befahrenen
Bergstraßen schwanken die Frequenzen je nach Jahreszeit und Witterung.

① äußerst verkehrsreiche Strecke, ② stark frequentierte Strecke, ③ Strecke mit mittlerer Frequenz, ④ Strecke mit schwachem Verkehr, (V) absolut verkehrsarme Strecke.

Bei fast allen sich anbietenden Alternativen bedeuten Strecken mit schwächeren Frequenzen während der Hauptreisezeit **Entlastungsstraßen.** Diese Nebenrouten mit den Frequenzen ③ bis (V) können, bei kritischer Verkehrslage an den Hauptübergängen, ein wesentlich flüssigeres Vorwärtskommen gestatten, selbst bei Hinnahme manchen Umweges.

Leistungsanforderungen

Die drei Kategorien für den Wanderer

Unter besonders einschränkenden Umständen konnten die Begriffsbestimmungen für Schwierigkeitsgrade nach der sechsteiligen Alpenskala im Rahmen der hier vorgenommenen Auswahl an Wanderwegen keine Anwendung finden, weshalb die Wanderungen ihrem Sinn entsprechend, nach **Leistungsanforderungen** beurteilt wurden.

LA 1 Spaziergänge bis max. 2 Std. Gehzeit, keine nennenswerten Steigungen, gute Wege.

LA 2 Wanderungen bis 6 Std. Gehzeit in alpinem Gelände auf markierten Wegen; etwas Ausdauer und Übung erforderlich.

LA 3 Touren bis max. 6 Std. Gehzeit in alpinem und hochalpinem Gelände (keine Gletscherbegehungen). Markierte Wege und Steige; Trittsicherheit, Ausdauer und Schwindelfreiheit sind unbedingt erforderlich.

Z gibt den gesamten Zeitaufwand für Hin- und Rückweg an; es ist dies die reine Gehzeit ohne Berücksichtigung irgendwelcher Aufenthalte am Wanderziel oder unterwegs. Die Zeiten für Auf- bzw. Abfahrt von Aufstiegshilfen sind ebenfalls nicht eingerechnet!

W 37 An den Seitenrändern oder im Text vermerkte Kennziffern für beschriebene Wanderungen.

Landschaftliche Klassifikationen

der Wanderwege

* schöne und lohnende Wanderung

** abwechslungsreiche, sehr empfehlenswerte Wanderung, welche mehrere landschaftlich hervorragende Punkte berührt

*** außergewöhnlich schöne, an großartigen Szenerien besonders reiche Wanderung

Touristische Fachausdrücke

Zur italienischen Aussprache geographischer Namen

c vor a, o, u sowie Konsonanten	= k, z. B. Cavalese, Cortina, Cuneo
c vor e, i, y	= tsch, z. B. Cervinia, Cimone
ch	= k, z. B. San Michele, Chiesa
ci oder cci vor a, o, u	= tsch, z. B. Gardenaccia, Catinaccio
g oder gg vor e und i	= dsch, z. B. Genova, Viareggio
gh vor e und i	= g, z. B. Alleghe, Laghi di Fusine
gl	= lj, z. B. Redipuglia, Acceglio
gn	= nj, z. B. Bologna, Lavagno
sc vor e und i	= sch, z. B. Brescia, Sciliar
sch	= sk, z. B. Peschiera, Schio
v	= w. z. B. Varese, Venezia, Vicenza

Natur

Altopiano	= Hochebene, Plateau
Bocca	= Scharte
Bosco	= Wald
Caverna	= Höhle
Cima	= Spitze
Col, Colle	= Paß, Sattel
Dosso	= Rücken
Fiume	= Fluß
Forcella	= Scharte, Paß
Ghiacciaio	= Gletscher
Gola	= Schlucht
Grotta	= Höhle
Lago	= See
Laghetto	= Weiher
Malga	= Alm, Alpe
Monte	= Berg
Neve	= Schnee
Passo	= Paß
Pian	= ebene Fläche, Talweitung, Wiesenplan
Punta	= Spitze
Rio	= Bach
Sorgente	= Quelle
Stretta	= Enge, Engpaß
Torre	= Turm (Felsgestalt)
Torrente	= Bach
Val, Valle, Vallone	= Tal
Vetta	= Gipfel

Bauten

Baita	= kleine Hütte
Capanna	= kleine Hütte
Casera	= Sennhütte
Molino	= Mühle

Osteria	= einfaches Wirtshaus
Ponte	= Brücke
Rifugio	= Schutzhaus

Verkehr

Cabinovia	= Kabinenlift
Caduta massi	= Felssturzgefahr
Caduta sassi	= Steinschlaggefahr
Confine di stato	= Staatsgrenze
Corso	= Fahrbahn, Fahrspur
Deviazione	= Umleitung
Frana	= Erdrutsch
Funivia	= Seilbahn
Lavori in corso	Straßenbauarbeiten
Limitazione di traffico	Verkehrsbeschränkung
Mulattiera	Karrenweg, Saumpfad

Pericolo con pioggia o gelo	Schleudergefahr bei Regen und Glatteis
Salita	= Steigung
Seggiovia	= Sessellift
Sentiero	= Fußweg, Wanderweg
Strada carregiabile	= Fahrweg
Strada carettabile non sempre practicabile	Karrenweg, nicht immer befahrbar
Strada vietata ai veicoli	Straße für Kraftfahrzeuge gesperrt
Tornante	= Kehre, Serpentine
Via segnata	bezeichneter (markierter) Weg
Zona proibita	= Sperrgebiet
Quota d'altitudine	= Höhenmarke

Wanderwege-Karten

Zeichenerklärung

▲	Gipfel
⋈	Paß, Scharte
✳	Beherrschender Aussichtspunkt
⌀ ♂	Kloster; Kirche, Kapelle
⌀ ♖	Schloß; Ruine
⌂	Schutzhütte, Berggasthaus
AE18	Ausgangs- und Endpunkte der Wandervorschläge mit den entsprechenden Nummern
⊙	Straßenzollamt
▬••▬	Staatsgrenze

▬▭▬	Adhäsions-, Zahnrad-, Standseilbahn
_ 6 _	Beschriebener Wanderweg mit örtlicher Markierung
-----	Wanderweg
▒▒▒▒	Hauptdurchzugsstraße
═══	Verbindungsstraßen
═══	Fahrweg
■××	Seilschwebebahn
■+++	Gondelbahn
■—	Sessellift

Verhalten auf Bergwanderungen

Durch die sorgfältige Auswahl von geeigneten Wandervorschlägen für jung und alt erscheinen auch die Gefahren, denen der Wanderer und Bergsteiger in den Alpen naturgemäß ausgesetzt ist, stark vermindert, doch bleibt bei falschem Verhalten in bestimmten Situationen gegenüber fast jedem Berg ein Restrisiko bestehen.

Der Wanderer hat sich in den Alpen sowohl mit objektiven **Gefahren,** deren Ursprung in der Gebirgsnatur liegt, als auch mit subjektiven, durch menschliches Fehlverhalten hervorgerufenen Gefahren auseinanderzusetzen. Als Beispiel für erstgenannte Kategorie seien die extremen Auswirkungen des Gebirgsklimas (Kälte, Schnee, Nebel, Gewitter) genannt, als häufigste Quellen subjektiver Gefahren gelten mangelhafte Ausrüstung und das Überschätzen der eigenen Fähigkeiten. Nur durch entsprechende Vorsorge bei Planung und Vorbereitung der Touren und ein besonnenes, der jeweiligen Situation angepaßtes Verhalten unterwegs lassen sich diese Risiken weitgehend ausschalten.

Zur **Grundausrüstung** bei jeder Bergfahrt gehören hohe Schuhe mit griffiger Sohle, eine zweckmäßige Bekleidung, die geeignet ist, den Körper sowohl gegen Unterkühlung als auch gegen Überhitzung zu schützen, Proviant (Notvorrat) und eine Taschenapotheke.

Jede **Tour** sollte **sorgfältig geplant** werden. Dabei sind nicht nur Zeitaufwand, Höhenunterschiede und Leistungsanforderungen, sondern auch die eigene körperliche Verfassung zu berücksichtigen. Wer untrainiert ins Gebirge kommt, sollte auf jeden Fall mit leichten, nicht zu langen Wanderungen beginnen und das Pensum erst nach und nach steigern. Man hüte sich vor einer Überschätzung der eigenen Fähigkeiten gegenüber dem Berg!

Besondere Beachtung ist im Gebirge der **Wetterentwicklung** zu schenken. Informieren Sie sich deshalb stets über den aktuellen „Stand der Dinge". Bei einer **Wetterverschlechterung** sollte man rechtzeitig umdisponieren, die Tour abkürzen oder evtl. sogar abbrechen.

Geben Sie bei längeren Wanderungen in alpinem Gelände **Tourenziel** und Zeitpunkt der Rückkehr an Ihrem Aufenthaltsort (Hotel, Campingplatz usw.) bekannt.

Die meisten **Schutzhütten** sind während der Sommersaison bewirtschaftet. Dennoch empfiehlt es sich, vor Antritt der Wanderung im Tal entsprechende Informationen einzuholen. Gehen Sie möglichst nicht allein in die Berge!

Das **Gehtempo** sollte stets dem schwächsten Teilnehmer angepaßt werden. Hat man Kinder mit, so ist dies bei der Berechnung des voraussichtlichen Zeitaufwandes ebenfalls zu berücksichtigen.

Verlassen Sie **mark. Wege** nicht ohne Notwendigkeit. Verlockende „Abkürzungen" erweisen sich meist als zeitraubende „Verhauer".

Rastplätze sollte man stets so verlassen, wie man sie anzutreffen wünscht. Sorgloses Auslösen von Wald- und Flächenbränden durch Wegwerfen brennender Streichhölzer, Zigarren und Zigaretten ist unbedingt zu vermeiden.

In einer ernsten Notlage kann mit dem **alpinen Notsignal** (6 akustische oder optische Zeichen pro Minute) Hilfe herbeigerufen werden (Antwort: 3 Signale pro Minute).

Verzeichnis der Bergpanoramen

Zillertaler Alpen, Pfunderer Berge und Dolomiten von der Amthorspitze (W 1) 30

Texelgruppe und Gurgler Kamm (Ötztaler Alpen) von der Rötelspitze (W 20) 52

Weißkamm (Ötztaler Alpen) vom Hintern Eis (W 35) 62

Engadiner Berge vom Piz Lat (W 44) 66

Ötztaler Alpen vom Piz Lat (W 44) 70

Ortlergruppe von Plantavillas (Spitzige Lun, W 46) 72

Ortler-Cevedale-Gruppe von der Hint. Schöntaufspitze (W 41, W 51) 88

Ortler-Cevedale-Gruppe vom Hasenöhrl (W 60) 94

Brentagruppe vom Nambronetal 170

Verzeichnis der Wanderwege-Karten

Schutzhüttenverzeichnis

Name der Schutzhütte	Seehöhe m	Ausgangspunkt mit „Wanderschuh"	Zeit- aufwand Std.	Seite
Leadner Alpenhaus	1455	Hafling	1	57
Leiteralm	1522	Gondellift		51
Livrio-Hütte	3177	Seilbahn		90
Locher, Gh.	1280	Jenesien	1	107
Mandrone, Rif.	2449	Rif. Bedole	2^1/$_2$	173
Mantova al Vioz	3535	Doss dei Gembri	3^1/$_2$	162
Marchetti, Rif.	2012	Rif. Velo (Passo Creino)	3	182
Naglerhütte	3050	Gondellift		90
Nambrone, Rif.	1353	Mit Auto anfahrbar		172
Nassereithhütte	1523	Partschins	2^1/$_2$	53
Novezzina, Rif.	1260	Mit Auto anfahrbar		204
Passeirer Jaufenhaus	1824	Mit Auto anfahrbar		40
Payerhütte	3020	Langenstein	3	86
Pedrotti, Rif.	2491	Pradel	4^1/$_2$	177
Pemmern, Gh.	1532	Mit Auto anfahrbar		110
Pirlo, Rif.	1152	Valle di Sur	1^1/$_2$	195
Pirovano, Rif.	3026	Sessellift		90
Radlseehütte	2250	Gh. Feichter	2^1/$_2$	114
Rittnerhornhaus	2260	Oberinn	3	110
		Gh. Pemmern	2	
Romeno-Alm	1767	Halbweghütte	^{1}/$_2$	148
Roßkopfhütte	1860	Mit Auto anfahrbar		32
Sarner Skihütte	1618	Sarnthein	1^3/$_4$	127
Schaubachhütte	2581	Seilbahn		86
Schneeberghütte	2355	Saltnuß in Passeier	2	46
Schneespitzhütte	2423	Innerpflersch	3^1/$_2$	30
Schöne Aussicht	2842	Kurzras	2^1/$_2$	60
Segantini, Rif.	2371	Val Nambrone	1^1/$_2$	172
Selvata, Rif.	1630	Pradel	2	176
Similaunhütte	3016	Vernagt	4	60
Stella Alpina, Rif.	1431	Mit Auto anfahrbar		173
Sterzinger Jaufenhaus	1995	Mit Auto anfahrbar		38
Tabarettahütte	2555	Langenstein	1^1/$_2$	86
Telegrafo, Rif.	2147	Rif. Cornetto	2	198
Tibet-Hütte	2800	Stilfser Joch	^{1}/$_4$	90
Tribulaunhütte	2373	Innerpflersch	3	30
Tschafonhütte	1728	Ums	2	124
Tuckett, Rif.	2271	Passo del Grostè	1^1/$_2$	166
Überetscher Hütte	1773	Halbweghütte	1	148
Unterhornhütte	2044	Oberinn	2^1/$_2$	110
		Gh. Pemmern	1^1/$_2$	
Vallesinella, Rif.	1513	Mit Auto anfahrbar		170
Velo, Rif.	1050	Mit Auto anfahrbar		182
Weißkugehütte	2542	Melag	2	68
Zaytalhütte	2721	Kanzel	1^1/$_2$	87
Zirmerhof	1560	Mit Auto anfahrbar		132
Zufallhütte	2265	Paradies am Cevedale	^{1}/$_2$	65
Zufritthütte	1880	Mit Auto anfahrbar		64

Fahrtechnik auf Bergstraßen

Verhalten auf der Fahrt

Viele der großen Durchzugsstraßen in den Alpen sind heute so angelegt, daß sie an die **Fahrtechnik** keine besonderen Anforderungen stellen; wohl aber verlangen die zahlreichen Nebenstraßen – und unter ihnen befinden sich die landschaftlich reizvollsten und grandiosesten Strecken – eine von der Ebene verschiedenartige Fahrweise. Besonders die zahlreichen und engen Spitzkehren setzen beim Fahrer eine besondere **Kurventechnik** voraus.

Die Spitzkehren sind, sofern es die Verkehrslage nur irgendwie zuläßt, immer von außen anzuschneiden, auch wenn man dadurch vor und nach einer Kehre vorübergehend auf eine falsche Straßenseite gerät!

Wollen Sie Ihr Fahrzeug **auf steiler Strecke** (in der Steigung bzw. im Gefälle) **abstellen,** so klemmen Sie einen passenden, keilförmigen, nicht zu kleinen Stein unter eines der Hinterräder.

Beim **Anfahren auf der Steigung** rücken Sie den ersten Gang ein, geben genügend Gas (je steiler, desto mehr) kuppeln langsam ein und lösen gleichzeitig, aber allmählich die Handbremse, sobald Sie merken, daß die Kupplung schleift; der Motor darf dabei keine Touren verlieren, daher Gas rechtzeitig steigern! Die nach Ihnen Kommenden sind Ihnen dankbar, wenn Sie die unterlegten Steine aus der Fahrbahn räumen!

Überholen Sie nur, wenn es wirklich leicht möglich ist (z. B. es fährt vor Ihnen ein langsam steigender Kleinwagen, Autobus oder Laster), und bedenken Sie, daß die **Uberholstrecke am Berg** wesentlich länger als in der Ebene ist. Dazu muß Ihr Motor über die nötige Kraftreserve verfügen.

Das Ausweichen erfolgt normalerweise wie in der Ebene nach rechts, Ausnahmen gelten auf Schweizer Poststraßen und auf anderen als solche gekennzeichneten Bergstraßen; die Postautobusse haben das Recht, nach der Bergseite hin auszuweichen, also je nach Umstand nach rechts oder links. Bei schmalen und einbahnigen Straßen bleiben Sie am besten rechtzeitig auf geeigneten Ausweichstellen stehen.

Fällt die Drehzahl des Motors stark ab, so ist, bei länger anhaltenden Steigungen, durch Zurückschalten auf einen niedrigeren Gang auszugleichen.

Auf der Paßhöhe können Sie auf ebenen Strecken zügig weiterfahren und verschaffen dadurch Ihrem Fahrzeug, wenn es stark erhitzt war, die beste **Kühlung.** Wenn Sie anhalten, lassen Sie den Motor ein paar Minuten im Leerlauf weiterlaufen, damit keine Wärmestauungen auftreten (nicht erforderlich bei Zweitaktern). Achtung, Kühlerverschraubung nicht gleich öffnen, da der Wasserdampf Überdruck erzeugt hat! Öffnen Sie vorsichtig (Verschluß mit Tuch umwickeln) und prüfen Sie den Stand des Kühlwassers nach; ersetzen Sie verlorengegangenes Kühlwasser bei laufendem Motor, wobei Sie langsam nachgießen, damit durch das kalte Wasser keine Spannungen im Material entstehen.

Für die **Talfahrt** verwende man bei rutschfesten Fahrbahnverhältnissen einen Gang höher als bergauf. Diese Faustregel läßt allerdings einen gewissen Spielraum frei, denn auf unbekannter Gefällstrecke ist manchmal schwer zu schätzen, mit welchem Gang man hier bergwärts gefahren wäre.

Die Kurventechnik ist, was Anschneiden der Spitzkehren betrifft, bei der Talfahrt dieselbe wie bei der Bergfahrt. Erleichtern Sie die Bergfahrt des Entgegenkommenden!

Im forschen Tempo bergwärts zu fahren, gilt vielleicht für manche als sportlich, es überanstrengt jedoch manchmal den Motor und setzt seine Lebensdauer herab; eine zu schnelle Talfahrt jedoch stellt dem Fahrer ein Zeugnis nicht nur völlig mangelnder Vernunft, sondern auch lebensgefährdender Rücksichtslosigkeit anderen Verkehrsteilnehmern gegenüber aus. (Nahezu alle schweren Unfälle auf Bergstrecken ereignen sich bei leichtsinnigen Talfahrten!)

Bei **Nebel** („Waschküche") und schlechter Sicht unbedingt Abblendlichter und Nebelscheinwerfer einschalten! Die Positionslichter allein sind gänzlich wirkungslos. Rückwärts bewähren sich Nebelschlußleuchten hervorragend; ihre Verwendung ist allerdings nicht in allen Ländern (so z. B. in der Schweiz) gestattet.

Besondere Vorsicht gilt auch der Befahrung von **Tunnelstrecken.** Diese sind oft naß und schlüpfrig, manchmal liegen Kurven auch in diesen Strecken. Schalten Sie die Positionslichter ein und fahren Sie langsam! Überholen ist auf Tunnelstrecken nie ratsam! Das Auge des Fahrers muß sich beim Eintritt von der Tageshelle in das Dunkel und umgekehrt erst den Lichtverhältnissen anpassen.

Bei Wagen mit geringer Bodenfreiheit ist auf zustandsbedingten, meist nur einspurig breiten Hochfahrwegen auf festen Sitz der Ölablaßschraube zu achten; ein mehrmaliges Nachkontrollieren ist ratsam!

Nach der Fahrt ist es wichtig, Öl- und Wasserstand zu überprüfen. Liegt die Batterie im Bereich der Hitzeausstrahlung des Motors, so ist der Flüssigkeitsspiegel nachzuprüfen und notfalls mit destilliertem Wasser zu ergänzen. Man mache sich zum Grundsatz, dem Fahrzeug anläßlich hochalpiner Fahrten doppelte Sorgfalt und Pflege angedeihen zu lassen!

Störungen im Fahrbetrieb

Besondere Vorfälle werden zum größten Teil durch menschliches Versagen, zum geringeren Teil durch technische Unzulänglichkeiten ausgelöst. Die Konstrukteure haben für ein hohes Maß an Sicherheit bei den heutigen Fahrzeugen vorgesorgt; auch die Gesetzgebung trägt wesentlich zur Sicherheit der Straßenbenützer bei.

Die Nichtbewältigung einer Steigung hat, sofern Ihr Fahrzeug vor Antritt der Reise in einwandfreiem Zustand war, meist ihre Ursache in fehlerhafter Fahrweise. Ist der Motor auf langer Steigung mit zu niedriger Drehzahl gelaufen und dadurch zu heiß geworden, dann lassen Sie ihn hinreichend lange auskühlen.

Eine **Überhitzung des Motors** läßt sich an den Armaturen entweder am Kühlwasserthermometer oder am Öldruckmesser erkennen; fehlen diese Armaturen zur Gänze, so wird der Fahrer meist erst bei Kochen des Kühlwassers aufmerksam, wobei der Wasserdampf aus der Kühlerverschraubung und durch die Motorhaube dringt. Ein weiteres Anzeichen für Überhitzung bildet der spontane Leistungsabfall des Motors, der nicht zu verwechseln ist mit dem natürlichen, jedoch allmählichen Leistungsschwund bei Höhen über 2000 m infolge der dünneren Luft. Halten Sie baldmöglichst an und lassen Sie den Motor „leer" weiterlaufen! Auch ein gerissener Keilriemen oder ein nicht funktionierender Thermostat können Ursache von Überhitzungserscheinungen sein.

Ein **Versagen der Bremsen** kann auf Unterschätzung des Gefälles oder Überschätzung der Bremsanlage zurückzuführen sein. Oberhalb einer gewissen Geschwindigkeit kann das Zurückschalten trotz Synchronisierung fast unmöglich werden, und die ganze Bremsarbeit muß dann von den Bremsen allein geleistet werden, welche sich rasch erhitzen, wobei ihre Wirkung in diesem Zustand herabgemindert ist. Eine sichere Gegenmaßnahme ist vorbeugendes, rechtzeitiges Zurückschalten.

Die auf Überlastung der Bremsen zurückzuführende Erscheinung des Bremsschwundes (auch Fading genannt) kann ihre Ursachen in der Überhitzung des Bremsbelages, in der Ausdehnung der überhitzten Bremstrommel oder sogar in der Überhitzung der Bremsflüssigkeit jenseits ihres Siedepunktes haben. (Bei Scheibenbremsen öfters zu beobachten.)

Verhalten Sie sich auf hochalpinen Touren besonnen und rücksichtsvoll, kameradschaftlich und hilfsbereit! Bedenken Sie, daß zahlreiche andere Straßenbenützer wie Sie Erholung, Freude und landschaftlichen Genuß in den Bergen suchen.

Route 1

*Oberes Eisacktal Brenner-Brixen

Der **Brenner** weist mit 1374 m Höhe die niedrigste befahrbare Einsenkung der Alpenhauptkammlinie auf und kann dank seiner Lage das ganze Jahr über offengehalten werden. Die zum Teil gut ausgebaute Strecke folgt dem Wipptal, das nördlich des Passes von der Sill, auf seiner Südseite vom Eisack durchflossen wird. Von Innsbruck bis zur Sachsenklemme, einer Engstelle des Eisacktales zwischen Mauls und Franzensfeste, erstreckt sich die **Wipptal** genannte Talschaft, in der diesseits wie jenseits des Brenners gleiche Hausformen und gleiche völkische Art beheimatet sind.

**Brenner-Autobahn (mautpflichtig)

Sie überwindet als erste Gebirgsautobahn die Alpenhauptkammlinie, indem sie den Scheitel dieser relativ niedrig gelegenen und von N nach S verlaufenden Einsattelung (1374 m) benützt. Die 37 km lange Tiroler Strecke ist ein Teil der großen europäischen Kontinentroute München—Brenner—Verona—Modena. Sie verbindet damit das deutsche mit dem ital. Autobahnnetz über die Alpen hinweg, welche neben dem Ärmelkanal und der Ostsee bisher Europas Verkehrshindernis Nr. 1 darstellten.

Italienische Brenner-Autobahn (gebührenpflichtig)

Die gleichfalls gebührenpflichtige *ital. Brenner-Autobahn* reicht vom Scheitel des Brenners bis Modena und hat eine Länge von 313 km.

Die technisch interessantesten Streckenabschnitte sind zwischen Brenner und Sterzing sowie zwischen Klausen und Bozen. Während im oberen Eisacktal der 1029 m lange und 103 m über dem Talboden sich erhebende *Viadukt von Gossensaß* mit seinen zierlichen, bis 100 m hohen Pfeilern (größte Spannweite 150 m) das äußerlich auffallendste Bauwerk ist, wird im unteren Eisacktal das „topographische Korsett" in Gestalt einer mehrere Kilometer langen Porphyrschlucht durch die Anlage zahlreicher *Kunstbauten*, vornehmlich Tunnels und Viadukte, gesprengt. Unterhalb von Bozen folgt die Autostrada dem breiten Tal der Etsch *Steigungsmaximum* beträgt 3,7% und befindet sich zwischen Sterzing und Pontigl, zwischen Bozen und Sterzing beträgt der *Steigungsdurchschnitt* 0,9%, für eine Gebirgsstrecke ein außergewöhnlich günstiger Wert! Auf dem Abschnitt Brenner—Bozen befinden sich 14 Tunnelbauten mit je zwei Röhren für richtungsgetrennte Fahrbahnen, deren Gesamtlänge über 6 km ausmacht. Die Länge der übrigen Kunstbauten, wie Brücken und Viadukte, wird summarisch mit nahezu 18 km beziffert.

Anschlußstellen der ital. Brennerautobahn im Bereich des Bandes

Brennerbad
(Obereisacktal, Halbanschluß 4 km ab ital. Grenze, nur Einfahrt Richtung Bozen)

Pontigl
(Obereisacktal, Halbanschluß 11 km ab Mautstation Sterzing, nur Ausfahrt zur S.S. 12 Richtung Brenner-Dorf)

Sterzing/Vipiteno
(Jaufen—Meran, Penser Joch—Bozen, Pfitscher Joch)

Brixen/Bressanone
Vahrn n. Brixen, Pustertal, Cortina d'Ampezzo)

Klausen/Chiusa
(Villnößtal, Grödental)

Bozen-Nord
(Eggental, Große Dolomitenstraße)

Bozen-Süd
(Überetsch, Meran, Vinschgau)

Auer-Neumarkt
(Fleimstal, Rollepaß, Tramin)

S. Michele all'Adige
(Nonstal, Madonna di Campiglio, Tonalepaß)

Trient-Nord
(Val Sugana, Venedig, Sarcatal—Gardasee, Judikarien)

Trient-Süd
(nur lokale Bedeutung, im W Trients Stadtumfahrung durch Tunnel)

Rovereto-Nord
(kürzeste Stadtzufahrt, Vallarsa—Pasubio)

Rovereto-Süd
(Torbole, Riva, n. Gardasee)

Ala-Avio
(Monte-Baldo-Höhenstraße, Erbezzo). Eröffnung unbestimmt!

Affi
(Valpolicella, Spiazzi, Gardasee-Süd)

Verona-Nord
(direkte Stadtzufahrt)

Will man von Nordtirol über den Brenner auf kürzestem Weg nach *Gossensaß* gelangen, so muß man bereits die Ausfahrt Brennersee der österr. Brennerautobahn benützen und über die Staatsstraße und den Grenzübergang Brenner-Dorf weiterfahren, da nächste Autobahnausfahrt erst in Sterzing!

*Brenner, 1374 m

Über den Scheitel des 1374 m hohen **Brenners** verläuft seit 1919 die österreichisch-italienische Grenze. Hier ist die Wasserscheide zwischen dem Schwarzen Meer und der Adria durch Sill und Eisack. Aus dem früher unbedeutenden kleinen *Dorf Brenner* hat sich in den letzten Jahrzehnten eine ausgedehnte Siedlung zwischen der Straße und dem internat. Bahnhof mit zahlreichen Ladengeschäften und bunten Verkaufsständen, Weinschenken und Espressolokalen entwickelt.

Von Brennerbad **Sessellift** zur **Zirogalm,** Bergstation 1760 m. Zum Parkplatz an der Talstation gelangt man durch eine Unterführung der Brennerautobahn. Im Winter wird ein Schlepplift von der Zirogalm zur *Flatschalm,* 2200 m, betrieben; diese Aufstiegshilfe endet auf einer kleinen Vorkuppe, welche eine gute Aussicht nach N auf den Patscherkofel und die Innsbrucker Nordkette bietet, im W ragt in kurzer Distanz der mächtige Pflerscher Tribulaun auf.

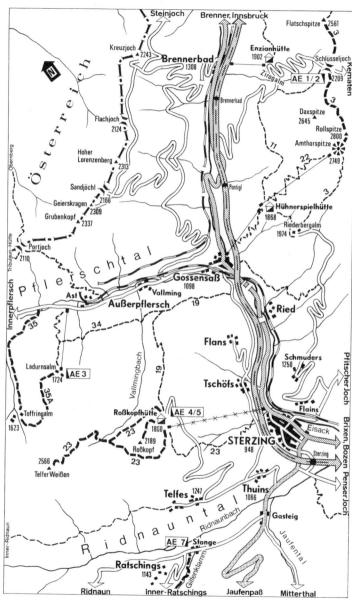

Wanderwege-Karte 1 Sterzing

* Zirogalm, 1902 m, und ** Schlüsseljoch, 2209 m

Die *** Zirogalm/Malga Zirago** (1700—2000 m) erreicht man mit dem Kraftfahrzeug auf einem 3 bis 4 m breiten, geschotterten Fahrweg mit festem Unterbau, der in *Schelleberg* seinen Ausgang nimmt. Die Abzw. befindet sich an der S.S. 12, von der Staatsgrenze ca. 5 km entfernt und führt unter der Autobahn hindurch. Ausgesetzte Stellen sind durch Leitplanken gut abgesichert. Die Auffahrt vollzieht sich auf einer bewaldeten Hangstrecke mit mehreren Kehren, die dank ihrer bequemen Kurvenradien in den Wendepunkten keinerlei Schwierigkeiten aufweisen. SG. bis Enzianhütte bzw. bis zum ehemal. Militärparkplatz ③. Die Steigungsverhältnisse sind ausgeglichen. Im Almgebiet angekommen, trifft man auf eine Wegeteilung: Geradeaus zur 🏠 Enzianhütte (1902 m) und weiter zum Schlüsseljoch (2209 m), re. in einer großzügig angelegten Schleife zu einem ehemals für militärische Zwecke angelegten Parkplatz, wo das Sträßchen blind endet.

Auf dem Fahrweg zum Schlüsseljoch setzt kurz hinter der Enzianhütte die kräftige Steigung ein, welche bis zur Scheitelhöhe anhält. Kleine und wendige Pkw einschließlich VW-Käfer brauchen nicht zu reversieren. Ausweichen und Rasten ist nur in den verbreiterten Kehren möglich. Kurz vor dem Joch befindet sich eine schmale und völlig ungesicherte Passage, weshalb Ungeübten die Befahrung der Scheitelstrecke unbedingt abzuraten ist. Während der Auffahrt hat man freie Ausblicke auf die Berge des oberen Eisacktales, auf dessen gegenüberliegender Seite die Grenzkammstraße zum Sandjöchl verläuft. Weit eindrucksvoller ist jedoch die Aussicht vom **** Schlüsseljoch/Col di Chiave** (2209 m) gegen den Talschluß des Pfitscher Tales mit den Zillertaler Gletscherbergen: Hochferner (3470 m), Hochfeiler (3510 m) und Hoher Weißzint (3371 m).

W 1 **** Amthorspitze, 2749 m.** Sw. vom Schlüsseljoch erhebt sich ein wenig gegliederter Bergstock, der in der Rollspitze (2800 m) seine höchste Erhebung, in der Amthorspitze (Hühnerspiel) den bekanntesten Aussichtspunkt hat. Ein interessanter Höhenweg (Mark. 3), dessen Verlauf abwechslungsweise freie Ausblicke gegen W (Stubaier Alpen) bzw. O (Zillertaler Alpen, Pfunderer Berge) gewährt, führt vom Joch durch die Ostflanke der Daxspitze (2645 m) zur Rollspitze und anschließend über den Verbindungsgrat weiter zur Amthorspitze. Von dem Gipfel, dessen Name den verdienten Schriftsteller und Verleger alpiner Werke Dr. Eduard Amthor ehrt, hat man eine großartige Gipfelschau sowie schöne Tiefblicke in die umliegenden Talschaften (Wipptal, Pflerscher Tal, Jaufental, Pfitscher Tal). Z 4 Std. (vom Schlüsseljoch) bzw. 5¹/₂ Std. (von der Enzianhütte); LA 2—3. Hierzu Wanderwege-Karte 1 Sterzing.

W 2 *** Flatschspitze, 2561 m.** Aussichtsreicher Höhenrücken, vom Schlüsseljoch aus leicht erreichbar (Mark. 3); auch für Familien geeignet. Stimmungsvolle Aussicht, allerdings nicht so umfassend wie jene von der Amthorspitze. Z 1¹/₂ Std. (vom Schlüsseljoch) bzw. 3 Std. (von der Enzianhütte); LA 1—2. Hierzu Wanderwege-Karte 1 Sterzing.

Auf der Ostrampe senkt sich das ehem. Militärsträßchen zunächst mit zwei Serpentinen. Hinter einer Felsnase öffnet sich der Blick zum Pfitscher Joch. Die kaum befahrene Rampe hinab nach *Kematen / Caminata* (1387 m) ist in ihrem oberen Abschnitt von einer Grasnarbe bedeckt; sie weist jedoch einen festen Unterbau auf. Das max. Gefälle beträgt hier ca. 25—28%. Die gesamte Scheitelstrecke ist nur zur trockenen Jahreszeit und kaum vor Anfang Juli befahrbar! SG. W ⑤, O ④. Nachdem man re. an einer Felskaverne vorüberkommt, tritt man in die bewaldete Hangstrecke der Gamsgrube ein. Auf Serpentinen und durch einen kurzen Tunnel, welcher aus gewachsenem Schiefer geschlagen wurde, fährt man meist durch Lärchenwald talwärts. Der geschotterte Fahrweg mündet bei *Fußendraß* (1381 m) in die S.S. 508 ein. Li. zum Pfitscher Joch, 19 km, re. nach Sterzing, 13 km. Alles in allem: ein einsamer, hochalpiner Übergang, ganz nach dem Geschmack der „Zunft", viel fahrerisches Können und eventuell auch Selbsthilfe voraussetzend!

**Brenner-Grenzkamm-Höhenstraße, ca. 2000 m

Das Netz ehemaliger ** Militärsträßchen am Westhang des Eisacktales zwischen Brenner und Gossensaß hat zwei Auffahrten: Die eine am Südausgang von *Brennerbad* in unmittelbarer Nähe des Gasthauses Vetter, rechts ansteigend und über die Wechselalm ziehend, beschildert „Monte Croce, Malga Cambio, 2 km". Die andere aus dem Pflerscher Tal, 1,5 km westlich von Gossensaß über *Giggelberg* emporziehend. Unter Einbeziehung des ** **Sandjöchls / Passo del Santicolo** (2166 m), des * Hohen Lorenzenberges / Cima Lorenzi (2313 m), des **Flachjoches / Passo del Cambio** (2124 m) und des **Kreuzjoches / Monte Croce** (2243 m) läßt sich eine sehr lohnende Rundfahrt damit verbinden. Östlich und unterhalb des Kreuzjoches ist eine Straßengabelung: Nach N zur **Sattelalm** (2046 m) und zum Südhang des Sattelberges (Monte Sella, 2113 m). Auf diesem Hochalmen-Rundkurs kommt man an verfallenen Unterständen, ehemaligen Magazinen und Stallungen vorbei. Es besteht zwar kein Fahrverbot, doch ist ein Überschreiten der Grenze verboten. Um Unannehmlichkeiten mit Grenzorganen zu vermeiden, ist es ratsam, einen geeigneten Abstand vom markierten Grenzverlauf einzuhalten. Die bezeichnete Höhenstraße wurde so angelegt, daß sie stets unterhalb der aussichtsreichen Kammlinie und uneingesehen vom Nachbarland verläuft. Schwierigkeitsgrad ③, Frequenz (**V**). Die lohnendste Aussicht genießt man vom * Hohen Lorenzenberg (2313 m), den man in ca. 20 Min. Aufstieg vom Fahrweg aus erreicht.

Von *Gossensaß* lohnt eine Auffahrt mit der **Sesselbahn** in zwei Sektionen (30 Min. Fahrzeit) zur 2749 m hohen * **Amthorspitze (Cima Gallina)**. Umsteigestation bei der bewirtschafteten 🏠 Hühnerspielhütte (1900 m). Man genießt von der Amthorspitze ein großartiges Panorama der Ötztaler, Stubaier, Wetterstein, Karwendel, Tuxer Hauptkamm, Zillertaler, Dolomiten und die Sarntaler Berge. Von der Bergstation Übergang in 30 Min. zur Weißspitze (2716 m). Das Hühnerspiel gestattet Skiabfahrten bis Ende April.

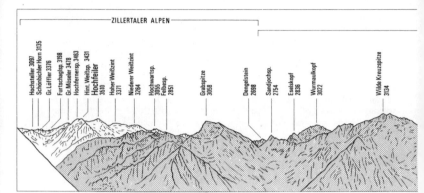

PANORAMA: Zillertaler Alpen, Pfunderer Berge und Dolomiten von der Amthorspitze (W 1)

In Tirol fand über Gossensaß und seine Straßenverhältnisse folgender Schüttelreim eines unbekannt gebliebenen Dichters Verbreitung:
„Ein Auto fuhr in Gossensaß durch eine tiefe Soßengass',
so daß die ganze Gassensoß sich über die Insassen goß."

*Pflerschtal

Beim Dorfplatz von Gossensaß ist re. die Abzw. der asphaltierten Landesstraße in das *Pflerschtal, über Außerpflersch nach *Innerpflersch,* 9 km. Talein hat man die charakteristische und mächtige Felsgestalt des Pflerscher Tribulauns (3096 m) im Vorblick. Der vergletscherte Talschluß wird vom Feuerstein-Gletscher, von der Schneespitze und von der Weißwandspitze gebildet. Innerpflersch ist Ausgangspunkt für Hochtouren im Raum der 🏠 Schneespitzhütte, früher Magdeburger Hütte (Rif. Cremona alla Stua, 2423 m), 3½ Std. und der 🏠 Pflerscher-Tribulaun-Hütte (2373 m).

W 3 *** Ladurnsalm, 1724 m.** Von Innerpflersch führt ein moderner Doppelsessellift (Talstation Reißenschuh, 1133 m) an der orographisch re. Talseite hinauf zur Ladurnsalm. Seine Bergstation (1710 m) ist Ausgangspunkt mehrerer mark. Wege. Empfehlenswert ist die leichte, auch für Familien mit Kindern problemlose Wanderung über das Wastenegg (Mark. 35 A) zur Toffringalm (1623 m) und hinab ins Pflerscher Tal. Sie vermittelt bemerkenswerte Ausblicke, die sich vor allem auf den Tribulaunkamm (Pflerscher Tribulaun, 3096 m) richten. Z 3 Std.; LA 1—2. Hierzu Wanderwege-Karte 1 Sterzing.

Beim geräumigen Parkplatz am n. Stadtrand gelangt man geradeaus in das Zentrum der mittelalterlichen Stadt **Sterzing/Vipiteno** mit ihren vielen kulturellen Sehenswürdigkeiten. Will man nach dem 59 km entfernten Meran über den Jaufenpaß → R3 weiterfahren, so bleibt man zunächst auf der Brennerstraße und umfährt die Stadt, deren Kern als Fußgängerzone geplant ist, im SO.

30

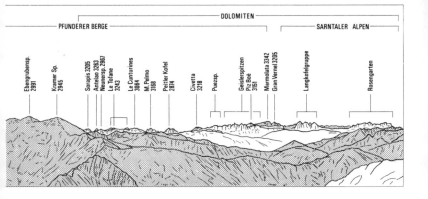

Auf der Staatsstraße nach Brixen durchquert man den weitläufigen Talboden des Sterzinger Mooses. Rechts des kanalisierten Eisacks sieht man auf einem kleinen Hügel die *Burg Reifenstein,* während links auf einem Felssporn erhaben die besuchenswerte *Burg Sprechenstein* thront. Man passiert *Freienfeld / Campo di Trens* und läßt den vielbesuchten Südtiroler Wallfahrtsort *Trens* links oberhalb der Straße liegen. Im stets enger werdenden Eisacktal folgen die Orte *Mauls / Mules, Grasstein / Le Cave* und *Mittewald / Mezzaselva.* Der „Sachsenklemme" genannte Engpaß ist die südliche Pforte des Wipptales, einer Talschaft, die von Innsbruck bis hierher reicht; im Sturmjahr 1809 kamen mehrere hundert unter den Franzosen kämpfende Sachsen bis zu dieser Stelle, sie fielen entweder im Kampf oder wurden gefangengenommen. Aus diesem geschichtlichen Ereignis leitet sich die Bezeichnung „Sachsenklemme" ab.

S. von *Franzensfeste / Fortezza* schwingt sich die Brennerautobahn in eleganter Linienführung über den Stausee des Kraftwerkes, welches die europawichtige Brennereisenbahn mit elektrischer Energie versorgt. Man fährt unter der Autobahn und mitten durch die Anlagen der mächtigen Franzensfeste. Sie war das Bollwerk zur Sicherung des Brenners und wurde in den Jahren 1833—1838 von Österreich errichtet.

Unmittelbar im S der Festung ist li. die Abzw. der schmalen, staubfreien Verbindungsstraße S.S. 49 bis über *Aicha* zur Einmündung in die S.S. 49 bei *Schabs.* Nach Fertigstellung der neuen Eisack-Straßenbrücke ö. der Anschlußstelle Brixen-Pustertal der Brennerautobahn bleibt man noch ca. 2 km auf der Brennerstraße. Die neue Hochbrücke bildet die günstigste Zufahrt von N in das Pustertal, unter Ausschaltung des schienengleichen Überganges w. Schabs, nach Bruneck 30 km.

Zufahrt nach *Schalders* und *Spiluck* sowie Wanderungen aus dem Schalderer Tal → Route 13.

Die modern ausgebaute Brennerstraße senkt sich rechts in das Brixener Talbecken über eine erste Schwelle in die südliche Vegetation. Dank der geschützten Lage gedeihen hier an den Hängen zwischen Eisack und Rienz Edelkastanien und Weinreben; der Weißwein des Augustinerklosters Neustift zählt zu den erlesensten Sorten Südtirols. Der Wechsel in der Vegetation hat vor allem in der Klimascheide dieses Landstriches seine Ursache: während es im oberen Eisacktal und im Pustertal manchmal stürmt und regnet, liegt das Talbecken von Brixen unter den wärmenden Strahlen der Sonne. Die Luft ist wohltuend und würzig. Oberhalb *Vahrn / Varna* zweigt von einer bewaldeten Geradstrecke rechts ein sehr schmaler, einspuriger Fahrweg zum versteckt liegenden ≋ Vahrner Moorweiher ab. Unterhalb Vahrn, am Ende einer kurzen Gefällsstrecke, links Abzw. eines geteerten Fahrsträßchens zum besuchenswerten Augustiner-Chorherrenstift *Neustift/Novacella*, 2 km vor Brixen mündet li. die S.S. 49 aus dem Pustertal ein.

**BRIXEN/BRESSANONE liegt am Zusammenfluß von Rienz und Eisack; es ist gleichsam das Koblenz Tirols. Die alte Bischofsstadt bietet hervorragende kulturelle Sehenswürdigkeiten.

Route 2

Sterzing und Umgebung

Roßkopfstraße, 1860 m

Der Roßkopf gilt als Hausberg von Sterzing und erhebt sich im W des Städtchens. Ein ehemal. Militärfahrweg führt über Thuins und *Telfes* (1247 m) an seiner SO-Flanke bis zur 🏠 Roßkopfhütte (1860 m) hinauf. Das 10 km lange, meist einspurige Schottersträßchen hat ausgeglichene Steigungen bis zu 11%. SG. ③. Die Abzw. von der Jaufenstraße befindet sich ca. 1 km außerhalb von Sterzing re.

Die **Roßkopf-Schwebebahn** führt von *Sterzing* über die Wiesenhänge von Raminges auf die sanften Almmatten des Roßkopfes, des Hausberges von Sterzing. Die Talstation liegt auf Seehöhe 950 m unmittelbar an der Brennerstraße am nördlichen Stadtrand. Die Seilbahntrasse überquert in westl. Richtung zuerst die Wiesen- und Feldhänge von Raminges, dann einen schmalen Waldgürtel. Oberhalb der Baumgrenze, auf einer Höhe von 1850 m, steht die Bergstation. Im Winter Skilift bis unter den Gipfelkamm in eine Sonnenmulde, 2150 m.

* Roßkopf, 2189 m. Bei günstigen Sichtverhältnissen sollte man den **W 4** leichten Gang zum Roßkopf auf keinen Fall versäumen. Man steigt dabei von der im Sommer und während der Skisaison bewirtschafteten Roßkopfhütte (1860 m) in w. Richtung weglos über Wiesen zum höchsten Punkt hinauf, wo sich eine überraschend stimmungsvolle Rundschau mit eindrucksvollen Talblicken und großartigen Hochgebirgsbildern (Stubaier Alpen) bietet. Besonders lohnend ist dieser auch für Familien geeignete Ausflug im Frühsommer (Blütezeit). Z 1¹/₂ Std.; LA 1—2. Hierzu Wanderwege-Karte 1 Sterzing.

* Telfer Weißen, 2566 m. Wem der Sinn nach „Höherem" steht, der **W 5** kann von der Roßkopfhütte auf bez. Steig (Nr. 23) den Telfer Weißen besteigen, überaus lohnend. Diese Tour läßt sich gut mit einer Überschreitung des Roßkopfs verbinden. Z 4 Std.; LA 2. Hierzu Wanderwege-Karte 1 Sterzing.

* Pfitscher Joch/Passo di Vizze, 2251 m
In Bahnhofsnähe von Sterzing ist die Unterführung der Straße in das **Pfitscher Tal**, das bis zum 2251 m hoch gelegenen *** Pfitscher Joch / Passo di Vizze** für Pkw und einspurige Fahrzeuge befahrbar ist. Der Ausbau des Überganges in das Zillertal (Zamsergrund) ist seit langem geplant; derzeit endet die Straße als Sackstraße auf dem Pfitscher Joch, 32 km. Die abwechslungsreiche Strecke ist touristisch besonders lohnend, weil sie hervorragende * Ausblicke auf die höchste Erhebung der Zillertaler Alpen, den 3510 m hohen Hochfeiler, bietet, an den sie dicht heranführt. Das Tal zeigt sich in der herbstlichen Farbenpracht von seiner besten Seite, wenn die zahlreichen Lärchenwälder in leuchtenden Farben aufflammen. Auch die in die Landschaft hingeduckten, zahlreich verstreuten Heuhütten wirken malerisch. Oberhalb von *St. Jakob in Pfitsch* wird der Fahrweg schmal. In aussichtsreichen Kehren erreicht man schließlich das zerstörte Pfitscher-Joch-Haus (2216 m, Neubau geplant), welches dicht an der ital.-österr. Grenze liegt. Im Berichtsjahr waren zwei kurze Abschnitte der Pfitscher-Joch-Straße S.S. 508 voll ausgebaut, nämlich von *Wiesen* taleinwärts bis zur Abzw. bei km 6 nach *Tulfer* und vom kleinen Stausee bis *Fußendraß*. Alle anderen Streckenabschnitte sind noch aus der „Postkutschenzeit" und harren einer verkehrstüchtigen Modernisierung. Vorwiegend ist dieser Straßenzug nicht staubfrei, schmal und windungsreich. Es gibt Steigungs- bzw. Gefällstrecken bis 13%. Sterzing—Kematen für Pkw knapp zweispurig, Kematen—Stein einspurig mit wenig Ausweichen, die 8 km lange Bergstrecke zwischen Stein (1555 m) und dem 2251 m

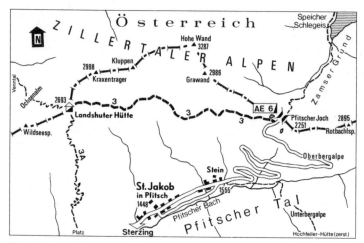

Wanderwege-Karte 2 Pfitscher Joch

hohen Joch ist stellenweise knapp 2 m breit und talseitig nur mangelhaft gesichert! SG. Sterzing—Fußendraß ②, Fußendraß—Stein ②—③, Bergstrecke ④. Frequenz ⑩, nach Fertigstellung der grenzüberschreitenden Verbindung in das Zillertal erwartet man ein stärkeres Verkehrsaufkommen. Auf der Jochhöhe, welche im NW von der Hohen-Sand-Spitze (3287 m) mit dem Stampfl-Kees (= Gletscher), im O von der Rotbacher Spitze flankiert wird, leuchten bei klarem Himmel die kleinen Jochseen wie blaue Augen. Vom Speicher Schlegeis zum Joch fehlen dz. noch runde sechs Straßenkilometer. Jedoch ist seit Sommer 1973 das Pfitscher Joch als Touristenübergang freigegeben, und man benötigt für den Wanderweg hinab zum **Speicher Schlegeis* (1782 m) ca. 1¹/₂ Std.

W 6 *Landshuter Hütte, 2693 m.* Vom Pfitscher Joch führt ein schön angelegter, zu Unrecht nur selten begangener Höhenweg (Mark. 3) in w. Richtung zur Landshuter Hütte / Rif. Venna alla Gerla. Er vermittelt bemerkenswerte Ausblicke auf das Pfitscher Tal und seine Bergumrahmung (Hochfeiler, 3510 m). Von dem Schutzhaus, das kurioserweise auf der ital.-österr. Grenze steht, hat man freie Sicht auch gegen NW (Stubaier Alpen, Kalkkögel, Karwendel). Schöne Flora. Z 5¹/₂ Std.; LA 2. Hinweis: Unbedingt Ausweisdokumente mitführen! Weit mehr HU. (ca. 1250 m) hat man im direkten Anstieg, von der Fraktion Platz (1450 m) im Gemeindegebiet St. Jakob in Pfitsch ausgehend, zu überwinden. Der Wanderweg (Mark. 3 A) beginnt, 3,5 km hinter Kematen, unmittelbar an der alten Durchzugsstraße; er verläuft nach N (Anstiegszeit ca. 3¹/₂ Std.). Hierzu Wanderwege-Karte 2 Pfitscher Joch.

* Riederberg-Alm, 1974 m

Dieser Fahrweg ist vor allem für den Wanderer von Interesse; er zweigt ö. von Sterzing von der Pfitscher-Joch-Straße ab und zieht über den hübsch gelegenen Weiler *Schmuders* (1250 m), worauf er sich zur *** Riederberg-Alm** hinaufwindet. Ca. 4 m breit, nicht staubfrei, Steigungen ausgeglichen, max. 12%. Die Strecke vermittelt bemerkenswerte Tiefblicke auf die mittelalterliche Stadt Sterzing und das Eisacktal mit der Burg Sprechenstein. Vom Fahrwegende hat man prächtige Blicke auf die Feuersteine, die Schneespitze, den Pflerscher Tribulaun (Stubaier Alpen). SG. ③. Von der Riederberg-Alm aus lassen sich leichte Höhenwanderungen zur Hühnerspielhütte (1868 m) und zur Zirogalm (1902 m, Mark.11) unternehmen. Für die Besteigung der aussichtsberühmten ✳ Amthorspitze sind ca. 2½ Std. anzusetzen (Weg Nr. 3).

Ridnauntal

Will man in den von Gletscherbergen umrahmten Talschluß des Ridnaunbaches (Zuckerhütl, Wilder Pfaff, Wilder Freiger, Feuersteine — sämtliche Erhebungen gehören den Stubaier Alpen an), so folgt man zunächst ca. 2 km der Jaufenstraße, zweigt jedoch vor Gasteig rechts ab und gelangt auf normal breiter, staubfreier Nebenstraße über *Stange* am Ausgang des *Ratschingstales* (Marmorbrüche) nach *Mareit*. Hier ist das weithin sichtbare, in exponierter Lage thronende barocke *Schloß Wolfsthurn* nennenswert. Es birgt eine Kapelle und ist von einem gepflegten Park umgeben.

* Gilfenklamm. Außerordentlich lohnend — auch bei schlechtem Wetter — ist ein Besuch der Gilfenklamm. Die eindrucksvolle Schlucht an der Mündung des Ratschingstals kann von Stange (970 m) aus auf einem kühn angelegten, gesicherten Steig besucht werden. Z 1¼ Std.; Hierzu Wanderwege-Karte 1 Sterzing.   **W 7**

Innerratschings, 1290 m

In *Stange* (870 m) li. Abzw. eines anfangs schmalen, dann normal breiten Nebensträßchens in das Ratschingstal, nach Innerratschings 9 km. Die Bergstraße steigt unvermittelt an und ist gegen die Klamm durch Leitplanken abgesichert. Sehr enge, unübersichtliche Kurven, Achtung auf entgegenkommende Postbusse! Nach Überwindung der Talstufe erreicht man den oberen Eingang der Gilfenklamm. Man folgt nun dem Ratschingsbach aufwärts. Vom Talort *Ratschings-Bichl* (1290 m) **Doppelsesselbahn** zur **Rinneralm** (1825 m). Das weitläufige Almgebiet oberhalb der Waldgrenze ist ein ruhiges Wander-, im Winter ein ideales Skigebiet. Ein Doppelschlepplift mit 300 m HU. erschließt hier die weiten, freien Hänge im W des Jaufenpasses. Die Kammlinie bietet prächtige Aussicht auf Ötztaler und Stubaier Alpen, nach S bis zur Presanella!

Die gute Straße setzt sich bis **Ridnaun / Ridanna** (1342 m) 14 km fort. Vor dem Ort rechts auf einem Hügel das Magdalenen-Kirchlein aus dem Jahre 1481 mit sehenswertem, gotischem Schnitzaltar. Sowohl eine untere als auch eine obere „Erzstraße" führt bis zur Erzaufbereitungsstätte bei *Maiern.* Hierher befördert eine Materialseilbahn von *St. Martin am Schneeberg,* mit 2345 m eine der höchstgelegenen Zechen Europas, silberhaltiges Erz, Bleiglanz, Zinkblende und Kupferkies. Man kann bis zum Sonklarhof fahren.

Diese 67 km lange Strecke von Bozen nach Sterzing ist die Höhenvariante zur Straße durch das Eisacktal und ist um 4 km kürzer wie jene. Man muß aber wegen der zu überwindenden Höhenunterschiede wesentlich mehr Fahrzeit aufwenden als auf dem Schnellverkehrsweg im Tal; die Höhenunterschiede sind von Bozen 1949 m, von Sterzing zur Paßhöhe 1263 m. Die Steigungen betragen auf der Südrampe 12%, auf der Nordrampe 13%. Während die Sarntaler Straße bis zum Hauptort Sarnthein schon seit langem besteht, wurde die Verbindung zwischen Sarnthein und Sterzing erst in den Jahren 1936—1938 als strategische Straße über das 2211 m hohe Penser Joch/Passo di Pennes erbaut. Die Straßenbreiten schwanken zwischen 4—7 m. Überwiegend staubfreier Belag. Die Bergstrecken sind besonders kurvenreich. SG. ②—③. Der Paß ist von Ende Mai bis Anfang November offen, Frequenzen ⑩—⑰.

Die Penser-Joch-Straße S.S. 508 beginnt sw. der Autobahnstation Sterzing und überquert den Ridnaunbach. Über der Eisackniederung thront auf einem beherrschenden Felsen die malerische Anlage von Schloß Reifenstein, eine der schönsten und besterhaltenen Burgen Südtirols. Beim Weiler *Elzenbaum*, wo eine Verbindungsstraße zur Brennerstraße S.S. 12 abzweigt, beginnt die windungsreiche Bergstrecke mit einer lange anhaltenden Steigung. Die S.S. 508 gewinnt an der stark bewaldeten N-Flanke des Zinseler rasch an Höhe. Man hat nur wenige Tiefblicke in das Eisacktal mit dem Sterzinger Talbecken, beherrscht von Roßkopf, Telfer Weißen und Amthorspitze. Beim Gh. „Schönblick" sieht man hinab nach Mauls sowie durch die sogenannte „Sachsenklemme" in das Pustertal bis zum Kronplatz und weiter s. auf den Peitlerkofel.

Die Paßstraße biegt nun in das *Egger Tal* ein. Mit einer weit ausholenden, aber nur wenig interessante Ausblicke gewährenden Hangtraverse gewinnt man im Almenbereich hoch über der Waldgrenze die Scheitelhöhe des 2211 m hohen ***Penser Jochs** mit dem Berggasthof „Alpenrose"; hier am Ausgangspunkt mehrerer Wanderwege gute Parkmöglichkeiten. Bemerkenswerte Gipfelschau auf die Stubaier Alpen (Zuckerhütl, Pflerscher Tribulaun), Pfitschertaler (Amthorspitze) und Zillertaler Berge (Hochfeiler, Möseler). Vom Penser Joch durch das Sarntal nach Bozen → R 14.

W 10 *** Zinseler, 2422 m.** Weit gegen N vorgeschobener Eckpfeiler der Sarntaler Alpen, der neben einer prächtigen Gipfelschau bemerkenswerte Tiefblicke in den Talkessel von Sterzing vermittelt. Bez. Steig (Nr. 14). Z 2 Std.; LA 1—2. Hierzu Wanderwege-Karte 3 Penser Joch.

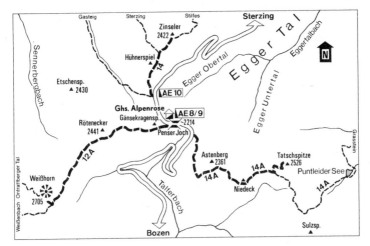

Wanderwege-Karte 3 Penser Joch

** Weißhorn, 2705 m. Im Gegensatz zu einer Fahrt über das Penser Joch, die nur wenig Höhepunkte bietet, ist die Besteigung eines Gipfels im Bereich der Scheitelhöhe überaus lohnend, vor allem wegen der herrlichen Aussicht, die man von den n. Randerhebungen der Sarntaler Alpen durchwegs genießt. In besonderem Maße gilt dies für das Weißhorn / Corno Bianco, dessen Gipfel eine altberühmte Rundschau vermittelt, die in allen vier Himmelsrichtungen bis an die Grenzen Südtirols reicht (Ortler, Ötztaler und Stubaier Alpen, Zillertaler Alpen, Dolomiten, Lagorai, Brenta, Presanella). **W 8**

Der Aufstieg zum Weißhorn, das sich vom Penser Joch als elegante Felspyramide zeigt, setzt Trittsicherheit und etwas Bergerfahrung voraus, insbesondere im obersten Abschnitt, der zwar mark., aber beinahe weglos über Schrofen und gestufte Felsen zum höchsten Punkt leitet. Schöne Flora. Z 5 Std.; LA 3. Hierzu Wanderwege-Karte 3 Penser Joch.

* Tatschspitze, 2526 m. Leichter, aber ebenfalls sehr lohnend ist ein Abstecher zur Tatschspitze, deren Gipfel ein ähnliches, wenn auch nicht ganz so weit reichendes Panorama wie das Weißhorn vermittelt. Ein bez. Steiglein (Nr. 14 A) führt von der Jochstraße (Abzw. ca. 1 km s. vom Paß) um die vorgelagerten Höhen des Astenberges (2361 m) und des Niedecks (2302 m) herum zur Seebergalpe (Wegteilung; re. zum Puntleider See) und anschließend über die kahle, schrofendurchsetzte Westflanke zum Gipfel. Schöne Wanderung, bei entsprechender Vorsicht auch für Familien geeignet. Z 4 Std.; LA 2. Hierzu Wanderwege-Karte 3 Penser Joch. **W 9**

37

Route 3

* Jaufenpaß und Unteres Passeiertal

Fahrtechnische Streckenübersicht und Ratschläge

Über den 2094 m hohen * Jaufenpaß wird fahren, wer auf kürzestem Weg von Innsbruck nach Meran gelangen möchte (111 km). Die staubfreie, im Durchschnitt 5 bis 6 m breite Straße wird auf ihrer N-Rampe auch im Winter bis zum Sterzinger Jaufenhaus (schönes Skiterrain) offengehalten, im S bis zum liftbedienten Skigelände bei der Jaufen-Alm (1875 m). Besonders gefährdete Stellen der S-Rampe wurden durch Leitschienen abgesichert. Die Steigungen auf der N-Seite schwanken zwischen 7 und 9%, hier sind neun, teilweise sehr enge Kehren zu meistern; auf der S-Rampe gibt es kurze Maxima von 12% und zehn Kehren. Die relative Höhe zwischen Meran und dem Jaufenpaß ist mit 1769 m recht beachtlich! Frequenz ⑩. Für die 59 km lange Strecke Sterzing—Meran rechnet man mit einem Mindestzeitaufwand von 75 Minuten.

Landschaftlich bietet die Fahrtrichtung von S nach N etwas mehr, vor allem ist der Ausblick von der Paßhöhe auf die Tuxer und auf die Stubaier Alpen großartig. Verlassen Sie auf der Paßhöhe Ihr Fahrzeug und steigen Sie noch 5 Minuten in westlicher Richtung auf den * Kamm; Sie haben von dort eine umfassende Aussicht auf die Ötztaler Berge um die Hohe Wilde (3482 m).

Wenn man über die Brennerautobahn kommt, so verläßt man diese bei der Anschlußstelle (Gebühreneinhebung) *Sterzing/Vipiteno* und gelangt direkt auf die S.S. 44 in Richtung Jaufenpaß. Benützt man hingegen die Brenner-Staatsstraße, so fährt man vom n. Stadtrand Sterzings nicht durch die mittelalterliche Stadt (Fußgängerzone geplant), sondern umfährt sie im SO. Ein breiter Durchlaß unter dem großen Viadukt der Brennerautobahn, welche die Talweitung bei Sterzing überspannt, gibt den Weg zum Jaufenpaß frei.

Die S.S. 44 nimmt in der breiten Talfurche des Ridnauner Baches zunächst einen schnurgeraden Verlauf auf die Häusergruppe *Gasteig / Casateia* zu, wo rechts eine Straße ins *Ridnauntal* abzweigt, bis *Ridnaun / Ridanna,* 10 km, von dort Aufstieg auf das Zuckerhütl (3507 m). Nach der Brücke über den Jaufenbach beginnt die Steigung, zunächst entlang der Berglehne. In *Kalch* (1443 m) passiert man ein schönes Einzelgehöft mit stattlicher Fassade. Die Straße windet sich durch Lärchen- und Fichtenwälder in mehreren Kehren paßwärts. Oberhalb der Baumgrenze wird der Blick wieder freier, und bald ist das 🏠 Sterzinger Jaufenhaus (1995 m) erreicht.

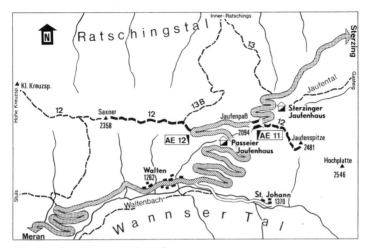

Wanderwege-Karte 4 Jaufenpaß

Nach einem weiteren Fahrkilometer ist man auf dem Scheitel des 2094 m hohen **＊Jaufenpasses / Passo di M. Giovo** angelangt, der wie eine Kimme stark in den felsigen Kamm eingeschnitten ist. Beiderseits des kurzen Scheitels sind Abstellplätze für Pkw. Von hier hat man nach S einen atemberaubenden Blick in die Tiefe, in der ca. 1000 m unterhalb des Passes die Talsohle verläuft, im Hintergrund die Passeirer Berge und die Erhebungen der Texelgruppe mit ihren firnbedeckten Häuptern.

＊Jaufenspitze, 2481 m. Unmittelbar sö. vom Paß erhebt sich die Jaufenspitze, eine Randerhebung der Sarntaler Alpen. Ihre Besteigung auf bez. Weglein (Nr. 12) bietet dem trittsicheren Bergwanderer kaum Schwierigkeiten. Ungeübte nehmen sich allerdings mit Vorteil den Saxner (W 12) zum Ziel. Vom Gipfelkreuz, das die felsige Kuppe krönt, bietet sich eine bemerkenswerte Rundschau (u. a. Texelgruppe, Ötztaler, Stubaier und Zillertaler Alpen); prächtig auch die Tiefblicke in das Wannser Tal mit der kühn angelegten Trasse der Jaufenstraße. Z 2 Std.; LA 2–3. Hierzu Wanderwege-Karte 4 Jaufenpaß. **W 11**

Saxner, 2358 m. Wenig ausgeprägte Erhebung im Zuge des langgestreckten Gratrückens, der sich vom Jaufenpaß bis zur Hohen Kreuzspitze (2743 m) hinzieht. Von der sogenannten „Römerkehre", dem obersten Wendepunkt an der S-Rampe der Jaufenstraße, auf mark. Weg (Nr. 12) leicht erreichbar; auch für Familien. Z 2 Std.; LA 1. Hierzu Wanderwege-Karte 4 Jaufenpaß. **W 12**

Während man auf der Nordrampe im allgemeinen zügig fahren kann, läßt dies die Trassierung auf der Südseite nur teilweise zu; dafür bietet jedoch der Abstieg nach St. Leonhard in Passeier landschaftlich viel Abwechslung. Zunächst führt die Straße an der Nordseite des Wannsertales in einer großen Schleife hinab zum Leitebner Boden mit dem 🏠 Passeirer Jaufenhaus (1824 m). Nach weiteren Kehren folgt das Dorf Walten (1262 m). Hier li. Abzw. eines Fahrweges in das Wannser Tal nach St. Johann (1415 m), 4 km.

Dann fährt man auf Geraden zur zweiten Kehrengruppe hinab; von den Wendepunkten oberhalb St. Leonhard, insbesondere von der Kehre 4 auf Seehöhe 1000 m (Schloßbergkehre), genießt man sehr schöne Ausblicke in das Passeiertal.

In **St. Leonhard** (693 m) ist die Einmündung der vom 30 km entfernten → **** Timmelsjoch/Passo del Rombo** (2483 m) herabziehenden S.S. 44bis.

2 km talabwärts links neben der Straße der Sandhof, das Geburtshaus des Sandwirtes Andreas Hofer, mit Erinnerungen an ihn und den Tiroler Freiheitskampf von 1809.

Von *St. Martin* (597 m) markierter Fußweg (Nr. 1) zur *Pfandler Alm* (1350 m), auf der Andreas Hofer 1809 nach Verrat von den Franzosen abgeführt wurde. Bekanntes Gemälde des Malers Franz von Defregger im Tiroler Landesmuseum Ferdinandeum. Die ursprüngliche Almhütte brannte 1920 ab; heute einfaches Bergwirtshaus.

Erwähnung verdient der ca. 5 km s. von St. Martin in Passeier (597 m) direkt an der Straße gelegene „Quellenhof" als weitbekannte Forellenstation und seit jeher beliebtes Ausflugsziel der Meraner Kurgäste.

In *Saltaus* (493 m) der sehenswerte, 1342 erbaute „Schildhof" mit getäfeltem Saal; die 12 Schildhöfe des Burggrafenamtes waren bäuerliche Feudalansitze mit Vorrechten auf dem Gebiet der Steuern, Jagd und Fischerei. Das letztgenannte Privileg ist noch heute in Kraft.

Nun auf der neuen Umfahrungsstraße hinab zur Passer, die man unterhalb der Zenoburg auf einer großen Brücke quert. Durch den Ortsteil Obermais erreicht man schließlich auf der linksufrigen Cavour-Straße das Stadtzentrum von Meran.

Will man von N kommend direkt zum *Dorf* und *Schloß Tirol* (596 m), so bleibt man noch ca. 1 km auf der alten Jaufenstraße und hat dann re. die beschilderte, ca. 3 km lange Auffahrt.

Zu R 1: Der 1029 m lange und 103 m über dem Talboden sich erhebende Viadukt von Gossensaß ist das äußerlich auffallendste Bauwerk der italienischen Brennerautobahn. Blick in das Pflerschtal mit dem Pflerscher Tribulaun ganz links. Im Vordergrund die Ruine Straßberg. Foto Elisabeth Fuchs - Hauffen

Zu W 7: Die eindrucksvolle Gilfenklamm zwischen Außerratschings und Stange bereichert einen Besuch von Sterzing mit seiner Umgebung. Die gesicherte Promenade ist auch für eine Begehung durch Familien mit Kindern geeignet. Foto Thaler

Zu R 13: Das malerische Eisackstädtchen Klausen wird von der Burg Branzoll und dem mauerumgürteten Kloster Säben überragt. Die Radlseehütte zwischen Hundskopf und Königsangerspitze bildet ein besonders lohnendes Wanderziel. Foto Elisabeth Fuchs - Hauffen

43

Zu W 8, 9 und 10: Der Paßscheitel des Penser Jochs ist dank seiner Hochlage (2211 m) ein besonders günstiger Ausgangspunkt für Wanderungen auf das Weißhorn, die Tatschspitze (über dem Wegweiser ihre kahle Westflanke) oder auf den Zinseler. Foto Walter Denzel

Zu R 4: Von der Südrampe der Timmelsjochstraße bieten sich Prachtblicke durch das Seewertal auf Hohen First, Granatenkogel und Seewerferner. Foto E. Fuchs - Hauffen

Route 4

** Timmelsjoch und Oberes Passeiertal

Die Strecke durch das Ötztal über das Timmelsjoch ins Passeiertal stellt die kürzeste Verbindung von den Orten des bayrisch-schwäbischen Raumes *(Ulm—Kempten, Augsburg—Füssen)* mit *Meran* her. Das Joch selbst hat zwar vom Innerötztal in das hintere Passeiertal Westoststrichtung, doch liegt der Gesamtstraßenzug generell in der Nordsüdlinie und schließt eine übergangsarme Lücke über den Alpenhauptkamm zwischen Brenner- und Reschenpaß. Die Timmelsjoch-Hochalpenstraße weist auf ihrer 12 km langen, asphaltierten Nordrampe eine max. Steigung von 11% auf, die Straßenbreite beträgt 6 m. Schwierigkeitsgrad ②. Sie wird in der Regel vom 1. Juni bis zum 10. Oktober offengehalten. Entfernung vom Eingang in das Ötztal (Abzw. B-171) bis Scheitelhöhe des Timmelsjoches 60 km.

Die Südrampe befindet sich im weiteren Ausbau und ist dz. nur für Pkw und Kleinbusse von den ital. Behörden zugelassen. Für Wohnwagengespanne und für große Reiseomnibusse ist sie wegen der engen Streckenabschnitte im oberen Passeiertal gesperrt. Geschwindigkeitsbeschränkung zwischen Schönau und Moos 30 km/h, zwischen Moos und St. Leonhard i. P. 50 km/h. Offenhaltung von 6 bis 19 Uhr bzw. 7 bis 21 Uhr ital. Sommerzeit. SG. ③, Frequenz. ⑩.

Das ** **Timmelsjoch** (2483 m) ist der einzige gletscherfreie Paßübergang zwischen dem *Brennerpaß* und dem *Reschenpaß*. Es trennt die *Stubaier Alpen* und die *Ötztaler Alpen* im Zuge des Zentralalpenkammes. Dieser stellt heute die Staatsgrenze zwischen Österreich und Italien dar. Das Timmelsjoch ist seit alters her ein sehr frequentierter Übergang von Südtirol nach Nordtirol (das Innerötztal wurde vom Passeiertal aus besiedelt).

Die Bezeichnung „Timmels" gilt nicht nur für die betreffende Paßalm, sondern erstreckt sich auf beide Talweitungen im S und N des Joches analog der Benennung „Wipptal" zu beiden Seiten des Brenners. Alljährlich werden hier 1000 bis 1200 Schafe aus dem Passeier und dem Tisenser Mittelgebirge zur Sommerweide über das Joch in das Gurgler Gebiet getrieben.

Die beste Aussicht hat man von der auf einem Hügel gelegenen Unterkunft (2509 m) der österr. Zollwache. Man kann von hier die elegante Trassenführung aus dem Timmeltal zwischen Kehre VI und XI mit einem eindrucksvollen Tiefblick gut verfolgen. Ausgedehnte Firnfelder ziehen vom Granatenkogel und Hohen First herab und vermitteln dem Autotouristen den hochalpinen Charakter dieser Region. Über die Sarntaler Alpen hinweg reicht die Aussicht von dieser Stelle bis zu Schlern, Langkofel und Marmolata!

45

Die Südtiroler Seite wartet zunächst mit einer dem Fels abgerungenen Hangstrecke auf. Abgrundtief blickt man in das *Passeirer Timmelstal* hinab. Man kommt an halb verfallenen ehemaligen Militärunterkünften vorbei. Ähnlich der Straße über das Penser Joch hatte Mussolini in den frühen dreißiger Jahren hier eine großzügig angelegte Militärstraße gegen Österreich gebaut; durch das dann folgende Achsenbündnis Berlin—Rom blieb die Bauausführung jedoch unvollendet. Die Breite der Fahrbahn schwankt zwischen 4 und 7 m. Die max. Steigung (Gefälle) beträgt hier 9%. Man passiert mehrere Tunnels, davon einen mit 700 m Länge. Nach diesem großen Tunnel öffnet sich von den oberen Kehren eine prächtige Aussicht nach S auf Hohen First (3405 m) und Seewerferner. Mit zwei Serpentinengruppen im Gebiet der Glanegger Alm senkt sich die Straße hinab gegen den Seewerbach. Man fährt unterhalb der Schönauer Alm durch die kleinen Orte *Schönau* und *Moos* in das Passeiertal hinab. Bei ST. LEONHARD i. P. trifft man auf die vom → Jaufenpaß herabziehende Straße.

Die „Große Kehre", ein beliebter Rast- und Aussichtspunkt in 2200 m Seehöhe, lädt zum Verweilen ein.

ca. 1 km ö. des Wh. Saltnuß (1662 m), von der Timmelsjochstraße li. ausgehend, Weg Nr. 30 zur 🏠 Schneeberghütte (2355 m) der CAI-Sektion Meran, 2 Std. Guter Stützpunkt zur Begehung des Botzer (3251 m) und für Wanderungen zu den einsamen Gletscherseen (Egetensee und Trüber See), welche auch über das Ridnaun- bzw. Lazzacher Tal zu erreichen sind.

Pfelders, 1628 m

Ein lohnender Abstecher führt von *Moos in Passeier* (1012 m) über *Piatt* (1146 m) in das hochalpine, zwischen Gurgler Kamm und Texelgruppe liegende *Pfelderer Tal/Val di Plan*. Die recht schmale, nicht staubfreie Straße endet nach 10 km in *Pfelders/Plan* (1628 m). Von hier auf gutem Karrenweg in ca. 4 Std. Aufstieg zur 🏠 Eisjöchlhütte (früher Stettiner Hütte, 2875 m), ital. „Rifugio Petrarca"; die Hütte ist Basis für mehrere großartige Gipfeltouren, u. a. Hohe Wilde (3480 m), $2^1/_2$ Std., Hohe Weiße (3278 m), $1^1/_2$ Std. Den Fahrweg von Pfelders nach *Lazins* (1782 m) kann man mit Pkw benützen und verkürzt den Anstieg zur Eisjöchlhütte um ca. 45 Min.

An der Vervollkommnung der **kombiführer auto + wanderschuh** wird redaktionell ständig gearbeitet. Berichtigungen und Verbesserungsvorschläge werden unter Hinweis auf diese Ausgabe dankbar entgegengenommen.

Route 5

Meran und Umgebung

Meran/Merano, 323 m

Die Stadt liegt eingebettet in eine unvergleichlich reizvolle, von malerischen Gegensätzen geprägte Landschaft und bildet den touristischen Mittelpunkt Südtirols. Der weltberühmte Kurort an der Passer war von 1363 bis ins 15. Jh. Hauptstadt Tirols. **Meran** bietet zu allen Jahreszeiten eine reiche Palette von Urlaubsmöglichkeiten, vom Erholungs- und Kuraufenthalt bis zur Teilnahme an einer Tourenwoche in der hochalpinen Texelgruppe.

** Tappeinerweg. Unter den vielen Spazierwegen und Promenaden, **W 13** die den Weltruf Merans als Kurort mitbegründeten, ist der altberühmte Tappeinerweg wohl der interessanteste. Er verdankt seine Entstehung der Initiative und dem Weitblick des Kurarztes Dr. Franz Tappeiner, der 1893 aus eigenen Mitteln diesen einzigartigen Höhenweg anlegen ließ. Hoch über den Dächern Merans quert er, gesäumt von üppiger subtropischer Vegetation, die sw. Hänge des Küchelberges, ursprünglich bis zum Schlehdorfsteig, der direkt zur Stadt hinableitet, heute, nach zweimaliger Verlängerung, bis hin zur Straße Gratsch — Schloß Thurnstein. Man genießt herrliche Ausblicke auf Meran und seine Gebirgskulisse — vor allem im Frühling, wenn auf den Höhen noch reichlich Schnee liegt, im Tal unten aber bereits die Blüte eingesetzt hat, ein unvergeßliches Erlebnis!

Der Ausgangspunkt des Tappeinerweges befindet sich an der Zenobergstraße. Man erreicht ihn vom Stadtzentrum aus am besten über die Winterpromenade und die sich passeraufwärts anschließende Gilfpromenade. Z 2¹/₂ Std.; LA 1. Hierzu Wanderwege-Karte 5 Meran.

** Waalwege. Die schönste „Meraner Runde" folgt den Waalen, jenen **W 14** Bewässerungsgräben, die den ganzen Talkessel umziehen und das lebenspendende Naß den Feldern zuleiten. Diese künstlich angelegten Kanäle, die man übrigens auch in anderen Teilen der Alpen, so z. B. im Wallis, wo sie „Heilige Wasser" oder „Bisses" genannt werden, kennt, sind größtenteils mehrere hundert Jahre alt; der Plarser Waal ist urkundlich bereits 1333 erwähnt. Begleitet werden die Waale auf ihrem vielgewundenen Lauf von Waalwegen. Sie dienten ursprünglich nur der Wartung dieser wichtigen Bewässerungsanlagen; heute vermitteln sie darüber hinaus dem Wanderer ein gültiges Bild der einzigartigen Meraner Landschaft.

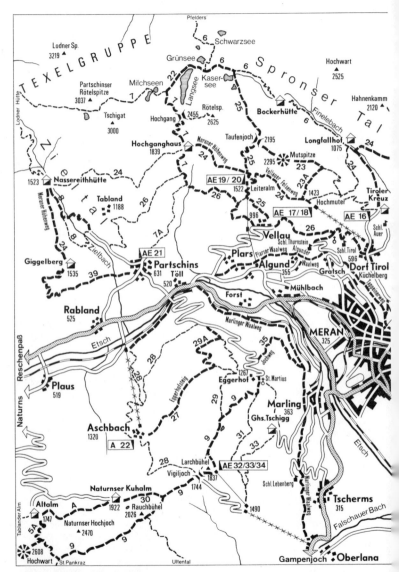

Wanderwege-Karte 5 Meran

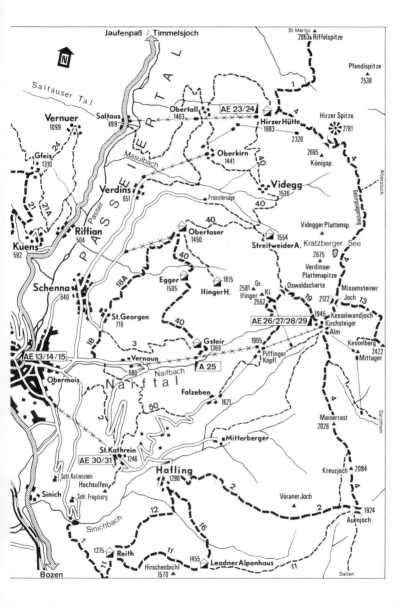

Vom Stadtzentrum ausgehend, erreicht man über den Tappeinerweg die Straße Gratsch – Schloß Thurnstein. Auf ihr kurz bergan, dann (bei einer Kreuzwegstation) li. hinab zum Algunder Waal. Nun auf Waalwegen nach Plars (398 m) und weiter nach Töll (520 m, 2¹/₂ bis 3 Std.), das unmittelbar an der S. S. 38 liegt. Hier über die Etsch zum Beginn des Marlinger Waals, dem man zuerst in ö., später in s. Richtung bis nach Marling folgt. Z 4¹/₂ Std. (bis Marling) bzw. 5 Std. (bis Meran); LA 2. – Hinweis: Die Begehung des Marlinger Waalweges verlangt wegen einem dem Fels abgerungenen, mit Geländern allerdings gut gesicherten Teilstück ö. von Töll etwas Vorsicht; im übrigen ist diese Wanderung völlig ungefährlich. Hierzu Wanderwege-Karte 5 Meran.

W 15 ** **Schloß Tirol, 625 m.** Auf einer von weither sichtbaren Kuppe n. über Meran erhebt sich Schloß Tirol, die Stammburg des Landes. Sie geht in ihren ältesten Teilen auf das 12. Jh. zurück. Unter dem heute noch erhaltenen Bestand sind der romanische Reliefschmuck an Portalen und Fenstern und die Ausstattung der Burgkapelle (Fresken und Glasgemälde aus dem 14. Jh., Gestühl und Seitenaltäre) hervorzuheben. Berühmt ist der Blick durch die Doppelbogenfenster des Rittersaales auf das Etschtal.

Außerordentlich beliebt ist die Wanderung von Meran hinauf zum Schloß. Man steigt dabei, sofern man es nicht vorzieht, den Sessellift zum Segenbühel (Bergstation 510 m) zu benützen, über den Tappeinerweg und den Tiroler Steig bergan. Von Dorf Tirol (596 m) führt ein breiter Weg zur Burg. Er verläuft durch einen 83 m langen Stollen, das sogenannte „Knappenloch"; unmittelbar dahinter bietet sich ein Blick auf die Erdpyramiden im Köstengraben. Z 3¹/₂ Std.; LA 1–2.

Wer nicht den gleichen Weg zurückgehen will, kann vom Schloß über das uralte Kirchlein St. Peter (wertvolle Fresken aus dem 11.–15. Jh.) nach Thurnstein absteigen. Oberhalb von Gratsch erreicht man den Tappeinerweg, der zur Stadt zurückleitet. Z 4–4¹/₂ Std.; LA 1–2. Überaus lohnende Variante! Hierzu Wanderwege-Karte 5 Meran.

W 16 * **Gfeis, 1310 m.** Beliebtes Wanderziel, von Dorf Tirol bzw. vom Tiroler Kreuz (806 m, Zufahrt 2 km) auf mark. Wegen über den Longfallhof (1075 m) oder über den Mutlechner (837 m) in je ca. 2 Std. erreichbar. Der aus ein paar Bauernhöfen bestehende Weiler zeichnet sich durch seine schöne Lage hoch am Hang des Hahnenkamms (2120 m) aus. Man genießt bemerkenswerte Ausblicke ins Passeiertal und auf die im O aufragenden Gipfel der Sarntaler Alpen (von li. Hohe Warte, Alpler Spitze, Hirzer, Alpplattspitzen, Ifinger). Gegen S reicht die Sicht über die breite, fruchtbare Ebene des Etschtales bis hinaus zu den bewaldeten Höhen um Auer (Hornspitzen), über denen bei günstigen Witterungsverhältnissen – etwa an einem klaren Herbsttag – sogar die Gipfel der Lagoraikette zu erkennen sind. Eine lohnende Rundwanderung, für Familien geeignet. In Gfeis zwei Gasthöfe. Z (Ausgangspunkt Tiroler Kreuz) 3¹/₂ Std.; LA 1–2. Hierzu Wanderwege-Karte 5 Meran.

* Vellauer Felsenweg. Das dichte und gepflegte Wegnetz an der Süd- **W 17**
ostflanke der Texelgruppe eröffnet dem Bergfreund vielfältige Möglichkeiten zu schönen Wanderungen. Da in diesem Gebiet zudem zwei
Liftanlagen bestehen, entfallen die recht anstrengenden Aufstiege we-
nigstens teilweise, was vor allem im Hochsommer eine willkommene
Erleichterung darstellt.

Dorf Tirol ist Ausgangspunkt einer Gondelbahn, die in wenigen Min.
den HU. zum aussichtsreich gelegenen Gasthof Hochmuter (1423 m)
überwindet. Von der Bergstation führt der Vellauer Felsenweg, ein
neu angelegter interessanter Höhenweg (Mark. 24), fast eben durch
die Südhänge der Mutspitze zur Leiteralm (1522 m, $^3/_4$ Std.). Er vermittelt prächtige Ausblicke auf das Burggrafenamt, den unteren
Vinschgau und einige Berggruppen Südtirols (Ultener Berge, Mendel,
Sarntaler Alpen, Lagorai, w. Dolomiten). Von der Leiteralm steigt man
entweder auf bez. Wegen über Vellau nach Dorf Tirol ab (Mark. 25/
26) oder man bemüht als „Abstiegshilfe" den Lift hinab bis Vellau
(908 m). Auch für Familien und ältere Menschen. Z 3 Std.; LA 1–2.
Hierzu Wanderwege-Karte 5 Meran.

** Mutspitze, 2295 m. Die Mutspitze, steil über Meran aufragender **W 18**
Felsgipfel, markiert den Endpunkt jenes langen Grates, den der
Tschigat (3000 m) gegen O entsendet. Sie gilt zu Recht als hervorragende Aussichtswarte mit weiter Umschau. An klaren Tagen erkennt
man im NO über der Einsattelung des Jaufen den Olperer (3476 m);
genau im S erhebt sich am fernen Horizont der kahle Rücken des
Pasúbio. Glanzvoll die Tiefblicke ins Etschtal, das sich dem Betrachter
in seiner ganzen Schönheit darbietet.

Günstiger Ausgangspunkt für die Besteigung der Mutspitze ist die
Bergstation der Gondelbahn Dorf Tirol – Hochmuter. Von der Leiteralm führt ein mark. Steig steil hinauf ins Taufenjoch (2195 m), das den
Übergang zur Spronser Seenplatte vermittelt, und über den felsigen,
langen Grat weiter zum Gipfel. Beim Abstieg nimmt man den mit 23
bez. Weg, der über die Südostflanke ins Tal hinableitet. Nach ca.
1 Std. erreicht man die Lippengaden (1730 m), die höchstgelegenen
Heuhütten an der Mut; hier bei der Wegteilung re. ab und der Mark.
23 A folgend zum Hochmuter, dem Ausgangspunkt der Mutspitzrunde.
Z 5 Std.; LA 2–3. Hierzu Wanderwege-Karte 5 Meran.

* Hochganghaus, 1839 m. Obwohl in erster Linie Stützpunkt bei Be- **W 19**
steigungen des Tschigat und weiterer Dreitausender der Texelgruppe,
ist das Hochganghaus / Rif. del Válico, nicht zuletzt wegen seiner
prächtigen Lage an den Südabhängen der Rötelspitze, auch für den
Wanderer von einigem Interesse. Beliebt ist die folgende leichte, aber
sehr reizvolle Tour: Bergfahrt mit dem Sessellift zur Leiteralm, dann
Aufstieg zur Schutzhütte und anschließend Abstieg über die Gampl-
wiese und den Oberplatzer (1302 m) nach Vellau. Durchwegs gute,
einwandfrei bez. Wege (Mark. 24/7/26), auch für Familien geeignet.
Z 3 Std.; LA 1–2. Hierzu Wanderwege-Karte 5 Meran.

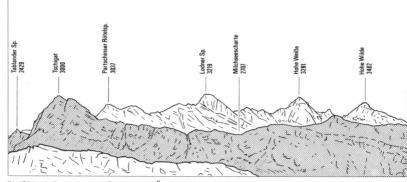

PANORAMA: Texelgruppe und Gurgler Kamm (Ötztaler Alpen) von der Rötelspitze (W 20)

W 20 ** **Spronser Seen.** Die „Spronser Runde" ist ungeachtet der Nähe Merans eine Tour von hochalpinem Charakter, die Ausdauer und ein gewisses Maß an Bergerfahrung verlangt, also nichts für ganz Ungeübte! Von der Leiteralm quert man zunächst auf dem Meraner Höhenweg (Nr. 24) zum Hochganghaus, wo der steile und recht mühsame Aufstieg (Mark. 7, Drahtseilsicherungen) zum Hochgang (2455 m, 3 Std.) beginnt. Die zwischen Tschigat (3000 m) und Rötelspitze (2625 m) eingelagerte Scharte bietet eine hervorragende Aussicht, die sich im S auf Sarntaler Alpen, Dolomiten, Lagorai, Brenta, Presanella und Ortlerberge, im N auf das oberste Spronser Tal und seine Gipfel richtet. Jenseits vom Joch steigt man kurz ab zum Langsee (2377 m), dem größten der insgesamt acht Spronser Seen. Dann geht es, am Grünsee vorbei, hinunter zum Kasersee. Hier re. ab und auf einem mit 25 bez. Steiglein fast eben zum Taufenjoch (2195 m), wo sich ein ähnlicher, wenn auch nicht so weit reichender Ausblick wie vom Hochgang bietet. Abschließend steil hinab zur Leiteralm. Z 6 Std.; LA 3.

Die „Spronser Runde" läßt sich, entsprechende Kondition vorausgesetzt, gut mit der Besteigung der Rötelspitze (2625 m) verbinden. Eine rot-weiße Mark. leitet vom Hochgang über den Westgrat zum Gipfel, der eine umfassende, durch gegensätzliche Bilder beeindruckende Rundschau vermittelt. Z 1¹/₄ Std.; LA 3. — Wem die Rundtour unter Einschluß der Gipfelbesteigung als Tagesprogramm zu anstrengend ist, kann im Hochganghaus nächtigen. Der steile Aufstieg zum Hochgang ist frühmorgens ohnehin leichter zu bewältigen, insbesondere an heißen Sommertagen. Hierzu Wanderwege-Karte 5 Meran.

W 21 * **Giggelberg, 1535 m.** Partschins/Parcines (637 m), das sich einer reizvollen Lage an der Mündung des Zieltals erfreut, ist Ausgangspunkt der „Giggelbergrunde", einer beliebten und überaus lohnenden Rundtour. Sie führt durch die Südostflanke der Zielspitze (3006 m) hinauf

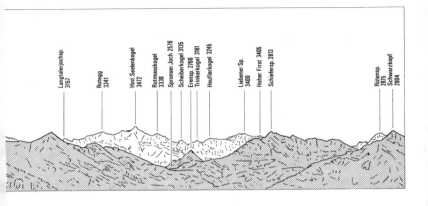

Langtalerjochsp. 3157 — Rotegg 3341 — Hint. Seelenkogel 3472 — Rotmooskogel 3338 — Spronser Joch 2576 — Scheiberkogel 3135 — Erenisp. 2760 — Trinkerkogel 3161 — Heufflerkogel 3245 — Liebener Sp. 3400 — Hoher First 3405 — Schiefersp. 2813 — Rötensp. 2875 — Schwarzkopf 2804

zum Giggelberg. Stützpunkte am Weg, für den eine reine Gehzeit von ca. 5 Std. anzusetzen ist, bilden der ganzjährig bewirtsch. Bauernhof Giggelberg (1535 m) und die Nassereithhütte (1523 m). Es empfiehlt sich, die Runde gegen den Uhrzeigersinn, also mit Aufstieg durch das Zieltal und Abstieg über den Gruberhof (1121 m), zu machen, hat man so doch die lohnenderen Ausblicke. Auf keinen Fall versäumen sollten Sie den kurzen Abstecher zum großartigen Partschinser Wasserfall (15 Min. hin und zurück). Z 5 Std.; LA 2. Hierzu Wanderwege-Karte 5 Meran.

Aschbach, 1320 m. Etwas außerhalb von Rabland (525 m), am re. Ufer **W 22** der Etsch, befindet sich die Talstation der Seilschwebebahn nach Aschbach. Der winzige Weiler erfreut sich einer schönen Lage an den größtenteils bewaldeten Nordabhängen des Larchbühels; die Aussicht reicht von den Bergen um das untere Münstertal (Piz Chavalatsch) etschabwärts bis zu den Gipfeln der Texelgruppe. Instruktiver Blick in das hochalpine, von Dreitausendern umschlossene Zieltal.

Für den Abstieg ins Tal stehen mehrere Möglichkeiten offen. Der direkte Weg (1½ Std.) hat die Mark. 28; weitaus lohnender ist es allerdings, den „Eggerhofsteig" (Nr. 27) zu nehmen und über die Quadrathöfe (836 m) nach Töll hinabzuwandern. Z 2½ Std. (bis Töll) bzw. 3 Std. (bis Rabland); LA 1–2. Hierzu Wanderwege-Karte 5 Meran.

Hirzer-Bahnen

Im Zuge einer intensiven Erschließung der w. Sarntaler Alpen für den Wintersport sind im NO von *Meran* mehrere Liftanlagen entstanden, die eine Vielzahl schöner Skiabfahrten an der Westflanke des Hirzer (2781 m) ermöglichen.

53

Beim Weiler Saltaus, 6 km n. von Meran, liegt unmittelbar an der Straße zum Jaufenpaß die Talstation der **Seilschwebebahn,** welche über Obertall (1403 m) die Bergstation **Klammeben** (1976 m) erreicht. Eine andere **Kabinenbahn** verbindet Verdins (851 m, Zufahrt von Meran über Schenna) mit **Oberkirn** (1441 m); ihr schließen sich zwei Sessellifte an (Bergstationen 1860 und 2320 m).

An den Westabhängen des **Ifinger** (2581 m) zieht ebenfalls eine **Seilbahn** empor; ihre Bergstation **Obertaser** (1450 m) ist Ausgangspunkt lohnender Höhenwanderungen.

W 23 *** Riffelspitze, 2063 m.** Ein mark. Weg (Nr. 1) führt von der Hirzer Hütte in n. Richtung über Prantach hinab ins Passeiertal. Es empfiehlt sich bei guten Witterungsverhältnissen, ihm bis zur Riffelspitze, einem der Pfandlspitze (2538 m) nw. vorgelagerten Felssporn, zu folgen. Dieser leichte, mit nur geringfügigen Anstiegen verbundene Abstecher vermittelt herrliche Ausblicke ins Passeiertal und auf zahlreiche Hochgipfel im W (Ortler, Texelgruppe, Passeirer Berge, Stubaier Alpen). Besonders lohnend im Frühsommer, wenn beiderseits des Weges riesige Alpenrosenfelder blühen. Z 3 Std.; LA 1–2. Hierzu Wanderwege-Karte 5 Meran.

W 24 **** Hirzer Spitze, 2781 m.** Obwohl ihm die Krone des höchsten unter den Sarntaler Bergen gebührt, steht der Hirzer etwas im Schatten seines berühmteren Nachbarn, des Ifinger, der sich unmittelbar ö. über Meran erhebt und als meistbesuchter Gipfel in der näheren Umgebung der klassischen Südtiroler Kurstadt gilt. Durch den Bau mehrerer Liftanlagen, die den mühsamen und zeitraubenden Aufstieg zur Hirzer Hütte (1983 m) ausschalten, ist der einst einsame Felsgipfel nun „näher gerückt". Seine Besteigung, überaus lohnend, bietet keine größeren Schwierigkeiten; Voraussetzung sind Trittsicherheit und etwas Ausdauer.

Von der Schutzhütte führt ein mark. Steiglein (Nr. 4) in sö. Richtung über die Tallner Alm steil hinauf zu einer namenlosen Hochscharte zwischen Hirzer und Königspitze (2695 m). Dahinter zuerst kurz hinab, dann li. über Schrofen und gestufte, gut begehbare Felsen zum höchsten Punkt. Hier eröffnet sich ein herrliches Panorama, das an klaren Tagen gegen W bis zur Bernina, im NO bis zum Großglockner reicht. Sehr schön die Zackenreihe der Dolomiten, die den Horizont im SO beherrschen. Z 4¹/₂ Std.; LA 2–3. Hierzu Wanderwege-Karte 5 Meran.

Haflinger Hochplateau („Meran 2000 m")
Die gesamte Erschließung des neugeschaffenen Skizentrums von Hafling hat die Kurstadt an der Passer unter dem treffenden Namen „Meran 2000 m" lanciert. Es bietet lawinensichere Abfahrten bis in den Frühling hinein, wenn sich die gottgesegnete Schale des Burggrafenamtes bereits in den duftenden Mantel aus Blütenschnee unzähliger Apfelbäume hüllt.

Die **Naiftal-Seilbahn** (Talstation 680 m, 4 km vom Meraner Orts-
zentrum entfernt) hat ihre Bergstation am **Piffinger Köpfl,** 1905 m, das
zum wichtigen Knoten- und Ausgangspunkt mehrerer, untereinander
koordinierter Aufzugsanlagen (Skizirkus) geworden ist. Im Berichtsjahr
befanden sich bereits sechs Sessel- und ein Gondellift in Betrieb, und es
ist zu erwarten, daß hier der „Liftboom" noch weiter anhält. Ziel ist es,
um die *Kirchsteiger Alm* (1950 m) ein Netz von Abfahrten, für jeden
Geschmack und für jedes Können, nach allen Richtungen anzulegen.

Eine ca. 8 km lange Straße verbindet Meran mit *Hafling* (1290 m), welche aus dem Naiftal mit nur zwei Kehren den beträchtlichen HU. auf
das Hochplateau überwindet. Im Bj. noch in Bau.

* Obertaser, 1450 m. Ähnlich wie drüben in der Texelgruppe bestehen **W 25**
auch an der Westflanke der Sarntaler Berge einige interessante Hö-
henwege, so z. B. zwischen Falzeben und der Hirzer Hütte. Günstiger
Ausgangspunkt für eine Teilbegehung dieses reizvollen, auf halber
Höhe zwischen Talsohle und den Sarner Gipfeln verlaufenden Steiges
ist die Mittelstation (1220 m) der Ifinger Seilschwebebahn. Der mit 40
mark. Weg führt vom Gasthaus Gsteir (1369 m), zu dem man in ca.
20 Min. aufsteigt, in n. Richtung über den „Rabenschnabel" und den
Eggerhof (1505 m) zum Obertaser (1450 m, 2 Std.) bzw. zur Bergstation der von Oberschenna heraufkommenden Seilbahn. Man hat herrliche Ausblicke, die sich vor allem auf Meran und seine Bergumgebung richten. Vom Gasthof Taser wandert man auf schönem Weg
(Nr. 18 A) über den Schennaberg hinab nach St. Georgen (716 m; se-
henswertes romanisches Kirchlein) und zurück zur Talstation der Ifinger Seilbahn. Z 4¹/₂ Std.; LA 1—2. Hierzu Wanderwege-Karte 5 Meran.

** Kl. Ifinger, 2552 m. Eigentlicher Hausberg von Meran ist der Ifinger, **W 26**
dessen Gipfel die Stadt um mehr als 2200 m überragt. Durch die sy-
stematische Erschließung des Haflinger Hochplateaus für den Wintersport wurde seine Besteigung wesentlich erleichtert. Der bequemste
Aufstieg führt, teilweise mark., von der Kirchsteiger Alm (1945 m) über
die zwischen Ifinger und Alpplattspitze (2675 m) eingelagerte Oswald-
scharte (2323 m) und den mäßig steilen Ostgrat. Vom Gipfel des
Kl. Ifinger genießt man eine prächtige Aussicht, die durch den wenig
höheren Hauptgipfel (2581 m) kaum beeinträchtigt wird. Besonders
reizvoll sind die Tiefblicke in die Täler der Etsch, der Passer und des
Falschauer Bachs (Ulten). Gegen S schaut man über bewaldete Höhenzüge weit hinaus bis zu den Randerhebungen der Alpen (Pasúbio,
Monte Baldo), im N sind über den Passeirer Bergen die vergletscherten Stubaier Gipfel sichtbar. Vom Kl. Ifinger kann man über steile,
grasbewachsene Hänge direkt zum Naifjoch (2030 m) und weiter zum
Piffinger Köpfl (1905 m) absteigen (unmark., Wegspuren). Z 3¹/₂ Std.;
LA 2—3. Der Übergang vom Kl. zum Gr. Ifinger verlangt schwierige
Kletterei und bleibt deshalb den geübten und entsprechend ausgerü-
steten Bergsteigern vorbehalten. Hierzu Wanderwege-Karte 5 Meran. 55

W 27 **** Hirzer Spitze, 2781 m.** Unter den Gipfeln der w. Sarntaler Alpen gilt neben dem Ifinger vor allem der Hirzer als lohnendes Tourenziel. Seine Besteigung von der Kirchsteiger Alm aus verlangt zwar keine Kletterfertigkeit, ein gewisses alpines Rüstzeug ist aber dennoch unerläßlich, zumal im Bereich des recht langen Weges kein Stützpunkt besteht. Ein Umstand, der sich vor allem bei einem überraschend eintretenden Wettersturz (Gewitter!) sehr nachteilig auswirken kann. In einem solchen Fall suche man unbedingt rechtzeitig einen geeigneten Unterschlupf.

Der Aufstiegsweg (Nr. 4, „Gebirgsjägersteig") ist durchwegs gut bez.; er verläuft zwischen dem Missensteiner Joch (2122 m) und der Anteranalpe durch die Ostflanke der Plattspitzen, wobei man prächtige Ausblicke auf die Dolomiten hat. Von der Alpe leitet die Mark. über die schrofendurchsetzte Südflanke zum Gipfel. Weitreichendes, stimmungsvolles Panorama. Z 5–6 Std.; LA 2–3. Hierzu Wanderwege-Karte 5 Meran.

W 28 *** Kesselberg, 2422 m.** Der breite, gegen das Sarntal vorgeschobene Gratrücken des Kesselberges bietet eine bemerkenswerte Aussicht, die lediglich im NW durch höhere Nachbargipfel etwas beeinträchtigt wird. Dafür genießt man herrliche Ausblicke gegen W, S und gegen SO, wo die Zinnen und Türme der Dolomiten den Horizont beherrschen. Als markanteste Erhebungen sind zu erkennen (von li.): Peitler Kofel, Aferer Geiseln, Geisler Spitzen, Sella, Langkofel, Marmolata, Schlern, Rosengarten und Latemar.

Von der Kirchsteiger Alm führt ein bez. Weg (Nr. 13) über das Missensteiner Joch (2122 m) zum Gipfel des Kesselberges. Im Bedarfsfall verkürzen die beiden Sessellifte Mittager (Bergstation 2260 m) und Kesselwandjoch (2300 m) den Aufstieg. Z 2¹/₂ Std.; LA 1–2. Hierzu Wanderwege-Karte 5 Meran.

W 29 **** Kreuzjoch, 2084 m.** Unter den verschiedenen Bergwanderungen, die mit Ausgangspunkt Kirchsteiger Alm möglich sind, ist jene, die über das Kreuzjoch zum Auenjoch (1924 m) und anschließend über die Voraner Alm (1875 m) hinab nach Hafling führt, eine der schönsten und abwechslungsreichsten. Die erste Hälfte der Wegstrecke folgt dem Hauptkamm der sw. Sarntaler Alpen und vermittelt dabei weitgehend freie Sicht. Lediglich gegen N ist der Ausblick durch Ifinger, Alpplattspitze und Kesselberg etwas verstellt; um so eindrucksvoller präsentieren sich die im SO aufragenden Dolomiten. Sehr reizvoll auch der Blick über den Tschöggelberg hinaus zum fernen Silberband der Etsch. Durchwegs leichte Wege, einwandfrei mark. (Nr. 4/2). Der Abschnitt Kirchsteiger Alm — Auenjoch ist (wie auch der Süd- und Westaufstieg zum Hirzer) Teil des Europäischen Fernwanderweges Nr. 5, der vom Bodensee über die Alpen nach Verona führt. Z 4¹/₂ Std.; LA 1–2. Hierzu Wanderwege-Karte 5 Meran.

W 30 *** Hafling, 1290 m.** Sö. von Meran liegt auf einer sonnigen Mittelgebirgsterrasse Hafling/Avelengo, beliebte Sommerfrische und heute auch vermehrt besuchter Wintersportplatz. Der Ort besitzt dz. noch keine durchgehende Straßenverbindung, man erreicht ihn von Obermais (361 m) aus mit einer Seilschwebebahn, die den Höhenunterschied zur Bergstation St. Kathrein (1246 m) in 7 Min. überwindet. Eine 2,5 km lange Stichstraße stellt die Verbindung mit dem jenseits des Sinichbachs gelegenen Ortskern her; ein weiterer Fahrweg zieht in einigen Serpentinen hinauf zu der Häusergruppe von Falzeben (1621 m), wo man Anschluß an den Skizirkus von Meran 2000 hat (Sessellift zum Piffinger Köpfl, 1905 m).

Unter den mark. Wegen, die für den Abstieg nach Meran in Frage kommen, ist vor allem jener hervorzuheben, der über den prächtig gelegenen Gasthof Reith (1275 m) und Schloß Katzenstein verläuft (Bez. 12/11/1). Er vermittelt bemerkenswerte Tiefblicke auf Meran und die breite, fruchtbare Ebene des Etschtals. Z 3^1/$_2$—4 Std.; LA 1—2. Hierzu Wanderwege-Karte 5 Meran.

* Leadner Alpenhaus, 1455 m. Die Mittelgebirgsterrasse von Hafling **W 31** mit ihren weiten Wiesen und Wäldern, den schmucken Bauernhöfen und jenen kleinen blondmähnigen Pferden, die so etwas wie ein Wahrzeichen der Sarntaler Berge geworden sind, bietet zahlreiche Möglichkeiten zu lohnenden Wanderungen und Spaziergängen, die durchwegs auch Familien und älteren Menschen empfohlen werden können. Ein gültiges Bild dieser malerischen Landschaft vermittelt der Ausflug zum Leadner Alpenhaus, eine leichte Rundtour auf bequemen, durchwegs gut mark. Wegen (Nr. 16/11/12). Die im Zuge dieser Wanderung zu bewältigenden Höhenunterschiede halten sich in engen Grenzen (insgesamt ca. 300 m), Wendepunkte im Wegverlauf bilden das Leadner Alpenhaus und der aussichtsreich gelegene Gasthof Reith (1275 m). Vom Weg Nr. 11 aus (Abzw. zwischen Lenkhof und Reith) empfiehlt sich der kurze Abstecher hinauf zum Rotensteinkogel (1486 m), dessen abgeflachte, gegen das Etschtal vorgeschobene Gipfelkuppe eine vorzügliche Rundschau vermittelt. Z 3—4^1/$_2$ Std.; LA 1—2. Hierzu Wanderwege-Karte 5 Meran.

* Vigiljoch, 1490 m

In *Oberlana*, rund 8 km s. von Meran, nimmt die **Seilschwebebahn** zum **Vigiljoch** ihren Ausgang. Sie überwindet in wenigen Min. den HU. zur 1490 m hoch gelegenen Bergstation und erschließt zusammen mit dem **Sessellift,** der die Weiterbeförderung zum **Larchbühel** (1837 m) übernimmt, ein reizvolles Wander- und Tourengebiet sw. der Kurstadt.

* Marlinger Joch. Vom Larchbühel kann man auf verschiedenen We- **W 32** gen nach Oberlana absteigen. Besonders empfehlenswert ist der mit 9 bzw. 35 mark. Weg, der über das Marlinger Joch und den Eggerhof (1267 m) zum Marlinger Waal hinabführt. Er vermittelt prächtige Ausblicke auf den Talkessel von Meran und seine eindrucksvolle Bergumrahmung (Texelgruppe, Sarntaler Alpen); vom obersten Wegabschnitt hat man zudem freie Sicht gegen W (Ötztaler Alpen, Ortlerberge). Eine leichte, auch für Familien mit Kindern problemlose Bergabwanderung. Z 4^1/$_2$ Std.; LA 1—2. Hierzu WW.-Karte 5 Meran.

W 33 **** Hochwart, 2608 m.** In der Liftstation am Larchbühel besteht ein günstiger Ausgangspunkt für die Besteigung der Hochwart, die, wie ihr Name schon andeutet, bei entsprechender Witterung eine herrliche Rundschau bietet. Sie umfaßt im W Ortlerberge und Sesvennagruppe, im N Ötztaler Alpen, Texelgruppe und Stubaier Alpen, im NO Sarntaler und Zillertaler Alpen, im O die Dolomiten, im S Lagorai, Brenta, Presanella und einige Ultener Berge. An klaren Tagen, wenn kein Dunstschleier die Sicht beeinträchtigt, ist im NO sogar die Firnkuppe des Großglockners zu erkennen! Reizvoll auch die Talblicke in den Vinschgau, das untere Ultental und das Etschtal.

Die interessante Bergfahrt läßt sich auf mark. Wegen als Rundtour durchführen. Es empfiehlt sich dabei, den Aufstieg über die Altalm (1747 m, 1¹/₂ Std. vom Larchbühel, empfehlenswerte Halbtagswanderung!) bzw. die Nordflanke der Hochwart zu nehmen. Besondere Schwierigkeiten sind nicht zu meistern, Voraussetzung ist neben Trittsicherheit allerdings etwas Ausdauer, da rund 1000 m HU. und beträchtliche Horizontaldistanzen zu bewältigen sind. Z 6¹/₂ Std. (ab Bergstation Vigiljoch-Seilbahn 7¹/₂ Std.); LA 2–3. Hierzu Wanderwege-Karte 5 Meran.

W 34 *** Rauchbühel, 2026 m.** Wem die Besteigung der Hochwart zu anstrengend ist, der sollte bei günstigen Witterungsverhältnissen zumindest den lohnenden Abstecher zum Rauchbühel unternehmen. Von dieser nur knapp über die Baumwuchsgrenze aufragenden, wenig ausgeprägten Kuppe bietet sich eine bemerkenswerte Aussicht, die mehrere Gebirgsgruppen Südtirols umfaßt. Besonders reizvoll ist der Blick über das Etschtal und die s. Ausläufer der Sarntaler Berge hinüber zu den Dolomiten, eindrucksvoll die Parade der Dreitausender im N (Ötztaler Alpen, Texelgruppe). — Der leichte Aufstieg ist durch den mit 9 mark. Weg weitgehend vorgezeichnet. Auch für Familien geeignet. Z 2 Std.; LA 1–2. Hierzu Wanderwege-Karte 5 Meran.

Route 6

Unterer Vinschgau

* Schnalstal / Val di Senales, 2014 m

Abzw. von der S.S. 38 zwischen *Staben* und *Compatsch*, 16 km westl. von Meran. Die Straße ist bis Karthaus normal breit ausgebaut und asphaltiert. Die durchschnittlichen Steigungen betragen auf diesem Streckenabschnitt 13%. Im oberen Tal schmal mit Ausweichen. Merkliche Steigungen bis max. 20%. SG. ②—③, unterhalb Kurzras ③. Bis zum Straßenende 24 km. Von Karthaus Abzw. eines Fahrweges ins Pfossental bis *Vorderkaser* (1693 m), 9 km; von hier zu Fuß Mark. 39 zu den Eishöfen und zum Eisjöchl (2895 m), 4 Std.

Wanderwege-Karte 6 Kurzras

Aus dem blüten- und obstprangenden Vinschgau tritt die Straße unvermittelt in eine hohe Felsenklamm ein, um über eine Talstufe das von Wäldern und Wiesen freundlich umgebene *Karthaus / Certosa* (1237 m) zu gewinnen. 3 km weiter die einfache Sommerfrische *Unsere Frau im Schnalstal / Madonna di Senales* (1508 m) an der Mündung des Mastauner Tales. Durch schütteren Wald und Wiesen kommt man im weiteren Anstieg zum Staubecken von *Obervernagt* (1664 m); auf dem See, an dessen N-Ufer die Straße weiterzieht, spiegeln sich Lagaun- und Salurnspitze. Die letzte Wegstrecke nach **Kurzras** (2014 m) ist steil und in einem schlechten Zustand. Parkmöglichkeiten beim Gh. „Kurzhof".

Die Vernagthöfe zählen zu den höchsten Bergbauernhöfen Südtirols. In den Sommermonaten können das Hochjoch (2875 m) sowie das weiter ö. gelegene Niederjoch (3012 m) als Touristenübergänge zwischen Süd- und Nordtirol, nämlich zum Hochjochhospiz bzw. durch das Rofental nach Vent benützt werden → W 35.

Die Erschließung des Hochjochgletschers (unweit der „Schönen Aussicht") übernahm die **Schnalstaler Gletscherbahn** von Kurzras aus. Die Bergstation **Grawand** befindet sich in 3250 m Seehöhe. Die Großkabinen haben ein Fassungsvermögen für jeweils 80 Fahrgäste. Neben dieser Mammutseilbahn sind im Sommer und im Winter auch Schlepplifte in Betrieb. Die Skiabfahrt nach Kurzras hat eine Länge von 8,5 km. Das weiter w. im Salurnkamm gelegene 3045 m hohe Langgrubjoch wird von Kennern und Könnern des Frühjahrs-Tourenskilaufs (Tiefschneefahrern) seit vielen Jahren besonders geschätzt.

W 35 *** Hochjoch, 2875 m, und *** Im hintern Eis, 3270 m.** In unmittelbarer Nähe der österr. Grenze, nur wenig unterhalb vom Hochjoch / Giogo Alto, liegt das Schutzhaus „Zur schönen Aussicht" / Rif. Bellavista (2842 m); von Kurzras in 2¹/₂ Std. auf gutem Steig (Mark. 3) erreichbar. Seine nähere Umgebung bietet, wie der sinnige Name schon verrät, eine reizvolle Aussicht, die sich vor allem auf den langgestreckten Salurnkamm, den Hochjochferner und einige Gipfel des Schnalskammes (Grawand, Finailköpfe, Finailspitze) richtet. Der Grenzübergang am Hochjoch ist wie jener am benachbarten Niederjoch (3016 m, Similaunhütte) für Wanderer und Bergsteiger freigegeben; Ausweispapiere unbedingt mitführen! Z 4 Std.; LA 2.

In den Hochsommermonaten läßt sich, günstige Witterungsverhältnisse und entsprechende Ausrüstung vorausgesetzt, die Wanderung zur „Schönen Aussicht" mit der Besteigung eines stolzen Dreitausenders verbinden. In 1¹/₂ Std. erreicht man von der Schutzhütte über Schrofen und Firnreste (Wegspuren, Steinmänner) den Gipfel Im hintern Eis, wo sich eine großartige Rundsicht auftut, die weite Teile der zentralen Ötztaler Alpen umfaßt. Man genießt eine unvergleichliche Schau auf die eis- und felsstarrende Hochgebirgswelt; besonders eindrucksvoll baut sich der langgestreckte Weißkamm mit den beiden höchsten „Ötztalern", der Weißkugel (3738 m) und der Wildspitze (3772 m), auf. Über der Mündung des Venter Tals sind einige Gipfel der Stubaier Alpen sichtbar, und im S lugen über dem Salurnkamm die firnbedeckten Höhen der Ortler-Cevedale-Gruppe hervor. Schöner Tiefblick auf Kurzras. Z 6¹/₂ Std. (von Kurzras); LA 3. Hierzu Wanderwege-Karte 6 Kurzras.

W 36 *** Kortscher Schafberg, 3103 m.** Die Weißkugel entsendet gegen SO den langen, teilweise vergletscherten Salurnkamm, der eine ganze Anzahl hoher Gipfel trägt. Die meisten sind dem ambitionierten Bergsteiger vorbehalten; eine Ausnahme bildet der Kortscher Schafberg. Er ist Ziel einer lohnenden, aber recht langen Tour. Von Kurzras quert man zunächst die schütter bewaldeten Hänge des Kofelberges. Dann über den Lagaunbach und steil (Mark. 4) hinauf zum Tascheljöchl (2769 m, 2¹/₂ Std.). Auf dem Paß, der den Übergang ins Schlandrauner Tal vermittelt, stehen die Ruinen der ehemaligen Heilbronner Hütte. Nun in w. Richtung über den breiten Gratrücken,

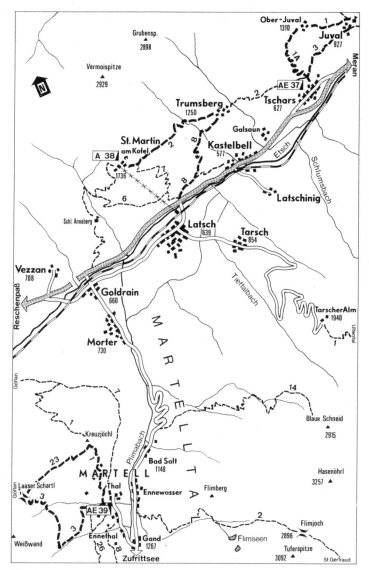

Wanderwege-Karte 7 Latsch

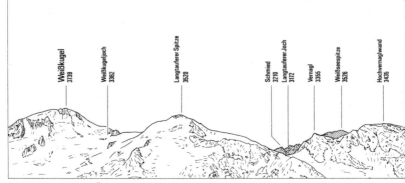

PANORAMA: Weißkamm (Ötztaler Alpen) vom Hintern Eis (W 35)

vorbei am düsteren Hungerschattensee, zu dem selten besuchten aussichtsreichen Gipfel hinauf (Steigspuren). Eine Tour für Liebhaber einsamer Hochgebirgslandschaften und wenig begangener Pfade! Z 6 Std.; LA 3. Hierzu Wanderwege-Karte 6 Kurzras.

W 37 **** Schloß Juval, 927 m.** Hoch über der engen, schluchtenartig eingerissenen Mündung des Schnalstals thront Schloß Juval. Zu der mächtigen alten Feste, deren Ursprünge bis ins 12. Jh. zurückreichen, führt von Tschars/Ciardes (636 m) ein Weg (Mark. 3) hinan, den Kenner unter die allerschönsten des Vinschgaus einreihen. Sein Verlauf wird weitgehend durch den „Schnalswaal" (auch Tscharser Waal genannt) vorgezeichnet. Dieser bereits im frühen 16. Jh. angelegte Waal, die Lebensader des Sonnenberges und eines der schönsten Beispiele seiner Art in Südtirol, quert in vielen Windungen die steilen Hänge, wobei sich dem Wanderer, der ihm folgt, eine Fülle stets wechselnder Ausblicke und Detailbilder bieten. Nach zirka 1¹/₂ Std. Gehzeit erreicht man Schloß Juval, von wo ein direkter Abstieg auf dem alten Burgweg (Nr. 1) nach Staben möglich ist. Empfehlenswerter ist es allerdings, auf mark. Wegen (Nr. 1 / 1 A) zu den Höfen von Mitter- und Oberjuval (1310 m) aufzusteigen und anschließend über die Schafplatte und die verstreut an den Steilhang ob Tschars „geklebten" Gehöfte wieder ins Tal hinabzuwandern. Z 4¹/₂ Std.; LA 2. Hierzu Wanderwege-Karte 7 Latsch.

W 38 *** St. Martin am Kofel, 1736 m.** Wer sich rasch einen instruktiven Blick über den unteren Vinschgau verschaffen möchte, dem sei eine Fahrt von Latsch mit der kleinen Seilschwebebahn hinauf nach St. Martin am Kofel empfohlen. Die extreme Lage an dem steilen, gegen S gerichteten Sonnenhang, etwa auf halber Höhe zwischen der Etsch und der 2929 m hohen Vermoispitze, stempelt diesen Weiler zu einem Aussichtspunkt ersten Ranges. Besonders schön zeigt sich aus hoher Warte der geomorphologische Verlauf und Aufbau des Haupttales.

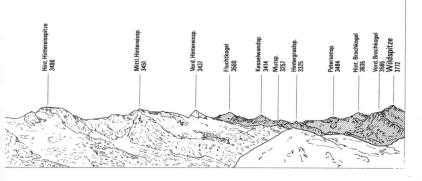

St. Martin am Kofel ist Ausgangspunkt mehrerer Bergwanderungen. Besonders lohnend ist der mit 2 bzw. 8 bez. Weg, der über Trumsberg (1250 m) nach Latsch hinableitet. Wer ihn begeht, erfährt, unter welch harten Bedingungen hier am Vinschgauer Sonnenberg Menschen arbeiten und leben müssen. Z 2¹/₂ Std.; LA 2. Hierzu Wanderwege-Karte 7 Latsch.

** Martelltal / Val Martello, 2100 m

Die Straße zieht aus dem mittleren Vinschgau von *Goldrain / Coldrano* (662 m) in südwestl. Richtung das Hochtal hinauf und gestattet schöne Ausblicke auf die Eisriesen der Ortlergruppe, insbesondere auf die vergletscherte Zufallspitze/Monte Cevedale (3769 m). Die 24 km lange Strecke ist bis auf etwa 4 km unterhalb des Hotels „Martelltal" auf den wichtigsten Abschnitten neu angelegt und gut ausgebaut (staubfrei). Schwierigkeitsgrad ②. Nur der oberste Abschnitt erfordert wegen der engen Serpentinen, wobei die Steigungen in den Kehren liegen, Praxis und perfekte Fahrtechnik. Schwierigkeitsgrad ③. Die Fahrbahn im oberen Abschnitt nur ca. 3 m breit, jedoch findet man eine genügende Anzahl von Ausweichen vor. Die Höchststeigung beträgt ca. 18%, Verkehrsfrequenz ⑰, Mindestzeitaufwand hin und zurück 2¹/₂ Std.

Der Taleingang wird überragt von den Burgruinen Untermontan und Obermontan, wo im Jahre 1837 die sogenannte Berliner Handschrift des Nibelungenliedes aufgefunden wurde. In unmittelbarer Nähe von *Obermontan* in einem Bauernhof sehenswerte Falknerei. Zufahrten von Latsch und Morter.

Zwischen dem Marmorbruch oberhalb *Morter* (729 m) und den Eisenquellen von *Bad Salt* (1148 m) gewinnt man auf einer Serpentinenstrecke rasch an Höhe. Auf der w. Talseite die Häuser der weit verstreuten Gemeinde Martell/Martello. An der Straße das malerische Dorf *Gand,* von dem re. die Zufahrt nach *Ennethal / La Valle* (1312 m), Sitz der Gemeinde *Martell,* abzweigt.

63

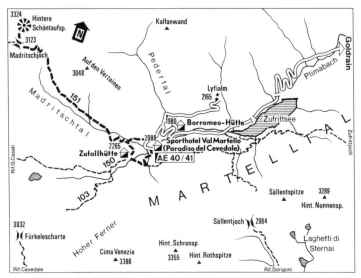

Wanderwege-Karte 8 Martelltal

Von Gand bis zum Zufritt-Haus Fahrweg mit befestigtem Grund und Engstellen von 2,3 m! Man kommt am einsam gelegenen Gh. „Waldheim" vorbei und hat wenig weiter li. die Kapelle „St. Maria in der Schmelz" (1556 m). Die Straße setzt sich zwischen steilen, bewaldeten Talflanken fort. Nachdem man eine Talstufe überwunden hat, öffnet sich bei den „Mahdern" ein schöner Gletscherblick auf die Zufrittspitze (3438 m). Man fährt über mehrere Serpentinen und durch einen Felstunnel zur Staumauer und weiter am westl. Ufer des fjordartigen Stausees von Zufritt (1812 m) entlang. Am See-Ende ist li. das Gh. „Zufritt". Dann auf mäßigem Fahrweg der Plima aufwärts zur 🏠 Rif. Borromeo (2005 m).

Eine letzte Serpentinengruppe führt zur höher gelegenen, einfach bewirtschafteten 🏠 Enzian-Hütte mit Parkmöglichkeiten. Schließlich endet der Fahrweg, nachdem man die Holzbrücke über die romantische, vom Plimabach gebildete Schlucht überschritten hat, in hochalpiner Region beim **Paradiso del Cevedale** (2088 m).

W 39 *** Laaser Schartl, 2404 m.** Von Thal kann man über den Sonnenberg zum Laaser Schartl aufsteigen, eine reizvolle Wanderung. Sie verlangt zwar etwas Ausdauer, für die aufzuwendende Mühe aber entschädigt sie durch prächtige Ausblicke auf die Ötztaler Alpen, den

Vinschgau, das Martelltal und die im S aufragenden Gipfel der

Ortler-Cevedale-Gruppe reichlich. Der mark. Weg führt, vorbei an stattlichen alten Bauernhöfen und Feldern, „steil wie Kirchendächer", hinauf zu dem breiten Gratrücken, der vom Weißwandl (2777 m) gegen O hin abfällt. Z 5 Std.; LA 2. Hinweis: Genau auf Mark. achten, da sich im Gemeindegebiet von Martell (am Sonnenberg) zahlreiche Wege kreuzen. Hierzu Wanderwege-Karte 7 Latsch.

Zufallhütte, 2265 m. Vom Straßenendpunkt empfiehlt sich der kurze **W 40** Aufstieg zur hübsch auf einer Felsnase gelegenen Zufallhütte / Rif. Corsi, ein leichter, auch für Familien geeigneter Abstecher, der einige schöne Blicke auf das obere Martell und seine hochalpine Kulisse vermittelt. Der Name des Schutzhauses leitet sich von einem Wasserfall der Plima ab (z'Fall), weshalb die Betonung hier auf der zweiten Silbe liegt. Z 1 Std.; LA 1. Hierzu Wanderwege-Karte 8 Martelltal.

*** Hintere Schöntaufspitze, 3324 m. Zu den großartigsten Aussichts- **W 41** punkten in der Ortler-Cevedale-Gruppe zählt auf Grund ihrer günstigen zentralen Lage in diesem Hochgebirgsraum die Hintere Schöntaufspitze. Ihre Besteigung über das Madritschjoch (3123 m, bis hierher Mark. 151, 3 Std.) und den breiten Südgrat bietet dem erfahrenen Bergwanderer im Hochsommer keine Schwierigkeiten. Z 6 Std.; LA 3. Vgl. W 51. Hierzu Wanderwege-Karte 8 Martelltal.

Route 7

* Reschenpaß und Oberer Vinschgau

Fahrtechnische Streckenübersicht

Durch ihren abschnittweise neuzeitlichen Ausbau, der bereits im Hinblick auf das Schnellstraßenprojekt Ulm—Mailand mit Untertunnelung des Stilfser Jochs erfolgte, gewinnt die Route über den Reschenpaß immer mehr an Bedeutung. Verkehrsfrequenz ①—⑪. Zwischen Kajetansbrücke und Nauders erheischt die alte, zwar sanierte Ghega-Trasse durch mehrere Tunnels und enge Kurven größere Vorsicht. Steigungsmaximum 10%, Schwierigkeitsgrad ②, für Caravan-Gespanne bequemer Übergang. Nach Möglichkeit ganzjährig geöffnet. Landeck—Landesgrenze am Reschen-Scheideck 47 km. Hervorragenden Ausbau hingegen treffen Sie beiderseits der Grenze zwischen Nauders und St. Valentin auf der Haide bei Fahrbahnbreiten von 8 m an. Die Straße durch den Vinschgau erlaubt gutes Vorwärtskommen.

* Reschenscheideck, 1510 m

Die Straße führt von *Nauders* mäßig aufwärts. 2 km hinter dem Gh. „Fuhrmannsloch" erreicht man dichtauf die österr. und die ital. Grenzübertrittsstelle, nach weiteren 2 km das *** Reschenscheideck/** 65

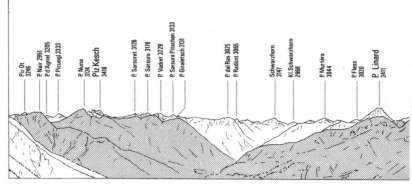

PANORAMA: Engadiner Berge vom Piz Lat (W 44)

Passo di Resia (1510 m), die Wasserscheide zwischen Inn und Etsch auf dem Zentralkamm der Alpen. Die Paßhöhe gewährt einen schönen Blick auf die Ortlergruppe.

Die Straße führt weiter durch den Ort *Reschen/Resia,* dann entlang dem Ostufer des Reschensees, der durch die Aufstauung der Etsch mit dem früheren Mittersee vereinigt wurde und in den Sommermonaten im aufgestauten Zustand 7,5 km lang und 1,5 km breit ist. Durch die künstliche Überflutung des Talbeckens ist das alte Dorf Graun unter dem Seespiegel versunken, nur der Kirchturm ragt wie ein mahnender Finger aus dem Wasser; es ist dies ein grotesker Anblick. Das neue *Graun/Curon* stellt sich, etwas höher am Berghang angelegt, im Schmuck seiner neuen, stilvollen Häuser vor. Auch die neue Straßenanlage um den Stausee ruft mit ihren Kunstbauten Bewunderung hervor. Man gelangt an einer Staumauer vorbei und erreicht am Nordende des waldumrandeten *Haidersees/Lago della Muta* den Ort *St. Valentin auf der Haide.*

Rojental, ca. 2070 m

Zufahrt entweder vom Ort *Reschen* (vor der Kirche re. ab) oder von *St. Valentin auf der Haide* über die Mühlhäuser und entlang dem W-Ufer des Reschen-Stausees. Durch den Gierner Wald aufwärts in das Rojental zu einer Weggabelung. Man hält sich li. und folgt dem Lauf des Baches nach *Rojen* (1968 m). Schließlich fährt man noch ein Stück talauf und gelangt bei den Almhütten (ca. 2070 m) zum Wegende, 4 km ab Weggabelung. Schwierigkeitsgrad ②—③.

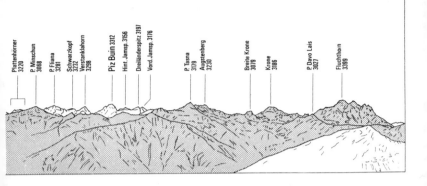

Peaks labeled in the panorama (left to right): Plattenhörner 3220, P. Minschun 3068, P. Fliana 3281, Schwarzkopf 3232, Verstanklahorn 3298, Piz Buin 3312, Hint. Jamsp. 3156, Dreiländerspitz. 3197, Vord. Jamsp. 3176, P. Tasna 3179, Augstenberg 3230, Breite Krone 3079, Krone 3186, P. Davo Lais 3027, Fluchthorn 3399

**Gravelat, ca. 2000 m

Weit lohnender ist es, von der vorerwähnten Straßengabelung zum
**Gravelat zu fahren. Der Aufstieg vollzieht sich auf einer 2,5 m breiten,
ungeteerten, aber gut befestigten ehemal. Militärstraße bei einer max.
Steigung von 10%. Auf der stellenweise unübersichtlichen Bergstrecke sind
nur wenig Ausweichen vorhanden. Schwierigkeitsgrad ③. Man kommt an
einigen in Verfall befindlichen Festungsanlagen vorüber. In höher gelegenen Regionen säumt auffallend schöner Zirbenbestand den Weg. Die
von einzelnen Felsblöcken durchsetzten, sanft geneigten Almböden sind
ein ideales Wandergebiet. Schon vom Endpunkt des Sträßchens, 6 km, mit
geräumigem Wendeplatz, hat man eine informative Rundschau, die sich
gegen den ✳ Piz Lat (2808 m) noch wesentlich steigert. Tiefblick auf den
glitzernden Reschensee, den dunkleren Haidersee, im S erhebt sich der
firnbedeckte Ortler. Es lohnt sich aber auch, die leichte Wanderung bis zur
Dreiländerecke (2179 m) mit Blick auf die Berge des Samnauns und des
unteren Engadins zu unternehmen.

** Piz Lat, 2808 m. Eine bemerkenswerte Aussicht, die gleichermaßen W 44
durch malerische Tiefblicke (Inntal, Reschensee) und eine herrliche
Gipfelschau (Sesvennagruppe, Silvretta, Samnaungruppe, Ötztaler
Alpen, Ortlergruppe) besticht, genießt man vom Piz Lat, der unmittelbar s. vom Dreiländereck aufragt. Ein mark. Steiglein (Nr. 5), dessen
Ausgangspunkt sich ca. 2 km n. von der oben genannten Straßengabelung am Fahrweg nach Gravelat befindet, vermittelt den leich-
testen Aufstieg; er verläuft entlang der Südostflanke des Berges.
Z 4 Std.; LA 2. Hierzu Wanderwege-Karte 10 Reschen.

Langtauferer Tal, Melag, 1912 m

Von *Graun* führt ein nur teilweise ausgebauter Fahrweg in das hochalpine
Langtauferer Tal, bis *Melag* (1912 m), 12 km.

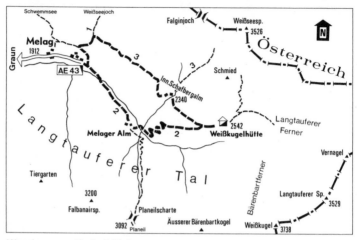

Wanderwege-Karte 9 Melag

W 43 * **Weißkugelhütte, 2542 m.** Der Abstecher in das Langtauferer Tal gewinnt an Reiz, wenn man ihn mit der leichten Wanderung zur Weißkugelhütte / Rif. Palla Bianca verbindet. Es empfiehlt sich, den über die Innere Schafbergalm führenden Steig zu nehmen, da dieser. ungleich lohnendere Ausblicke bietet als der mit 9 bez., weitgehend der Talsohle folgende Weg. Schon nach kurzem Aufstieg wird die Sicht auf den herrlich vergletscherten Talschluß frei. Majestätisch erhebt sich die Weißkugel (3738 m), zweithöchster Gipfel der Ötztaler Alpen, aus dem Kranz ihrer Trabanten. Z 4 Std.; LA 2. Hierzu Wanderwege-Karte 9 Melag.

** Plamord, 1970 m

Lohnender Abstecher, Abzw. von der S.S. 40 zwischen *Reschen* und *Graun* li. bei einer Häusergruppe. Auf einem schmalen, ehemal. Militärsträßchen durch schönen Lärchenwald hoch über der Etschquelle aufwärts. Bei max. Steigung von 12%, Schwierigkeitsgrad ③, zum Straßenendpunkt (ca. 1970 m) mit geräumiger Wendeplatte, 5 km. Von der ersten großen, gut befestigten Kehre hat man bereits schöne Ausblicke auf die beiden Seen und zur Ortlergruppe, die sich mit zunehmender Höhe noch steigern. In Richtung zur österr. Grenze (zu Fuß) trifft man noch heute zahlreiche Betonklötze aus der Mussolini-Ära im Gelände an, die als Sperren gedacht waren.

Von St. Valentin auf der Haide (1470 m) führt eine **Kleingondelbahn** auf die * **Haider Alm** (2120 m); eine prächtige Aussicht hat man auch von dem weiter nördlich gelegenen * **Schöneben** (2050 m) aus, das man von St. Valentin auf einem 8 km langen, schmalen Bergsträßchen erreicht. Schwierigkeitsgrad ③.

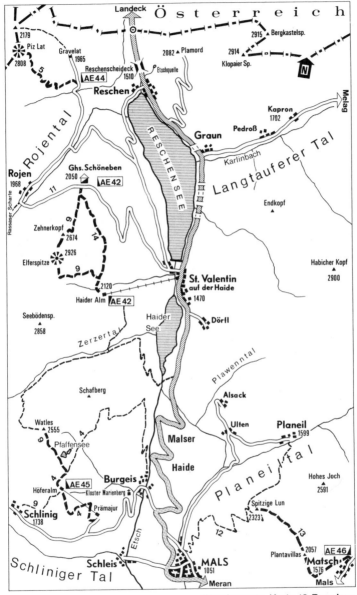

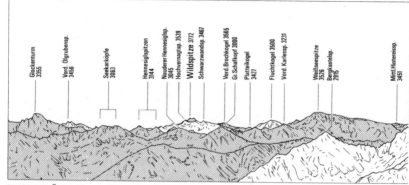

PANORAMA: Ötztaler Alpen vom Piz Lat (W 44)

W 42 ** Elferspitze, 2926 m.

Wenn die ö. Sesvennaberge zu den weniger besuchten Gegenden Südtirols zählen, so ist das wohl eher der unmittelbaren Nähe berühmterer Gipfel als dem Fehlen landschaftlicher Reize zuzuschreiben. Für alle jene, die gern etwas abseits der ausgetretenen Pfade wandern, die Ursprünglichkeit suchen und sich an einer Begegnung mit freilebenden Tieren (Gemsen, Murmeltiere) erfreuen können, bilden die Täler und Höhen sw. vom Reschenpaß ein wahres Dorado. Zu den schönsten Unternehmungen in diesem noch weitgehend unberührten Gebirgsraum zählt die Besteigung der Elferspitze / Cima Undici, eine dankbare Tour, die sich gut als Rundwanderung durchführen läßt. Als Ausgangspunkt wählt man entweder die Bergstation der Haider-Alm-Gondelbahn oder Schöneben; der Zeitaufwand ist in beiden Fällen etwa gleich. Z 6 Std.; LA 2–3.

Wer sich nicht für die Elfer-Tour entscheiden kann, sollte zumindest einen Abstecher auf dem aussichtsreichen, knapp über der Baumwuchsgrenze verlaufenden Höhenweg unternehmen, der Schöneben mit der Haider Alm verbindet (Mark. 9 / 14). Hierzu Wanderwege-Karte 10 Reschen.

Die ausgedehnte Malser Haide durchfährt man in sechs bequemen Kehren, gleichsam wie auf einer schiefen Ebene. Dieser Abstieg in den Talkessel gewährt hervorragende Ausblicke auf die Laaser Spitze (3308 m) und auf die Tschenglser Hochwand (3375 m), im Hintergrund auf Monte Cevedale (3764 m), die Pyramide der Königsspitze (3857 m) und rechts davon auf König Ortler (3905 m).

Schliniger Tal, 1738 m

Von *Burgeis* (1216 m) oberhalb Mals führt eine abschnittsweise ausgebaute Straße in aussichtsreicher Lage in das Schliniger Tal, nach *Schlinig* (1738 m), 10 km, SG. ②—③. Der Ort vermittelt den Zugang zur verf.

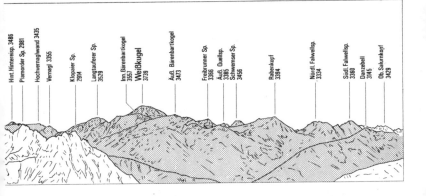

Hnt. Hinteresp. 3486 · Piamorder Sp. 2981 · Hochvernaglwand 3435 · Vernagl 3355 · Klopaier Sp. 2914 · Langtauferer Sp. 3529 · Inn.Bärenbartkogel 3557 · Weißkugel 3739 · Außl. Bärenbartkogel 3473 · Freibrunner Sp. 3366 · Außl. Quellsp. 3385 · Schwemser Sp. 3456 · Rabenkopf 3394 · Nördl. Falwellsp. 3334 · Südl. Falwellsp. 3360 · Danzebell 3145 · Ob. Saturnkopf 3429

Alten Pforzheimer Hütte/Rif. Rasass (2256 m) in der abgeschiedenen Sesvennagruppe. Eine Abzw. bei km 5 re. ist die Zufahrt zum geräumigen Parkplatz *Praemajur* an der Talstation (1660 m) des **Doppelsesselliftes** zur **Höferalm**; Bergstation (2080 m) mit bewirtsch. Blockhaus, im Winter zum Steinmandl und Watleskopf (2555 m).

* Watles, 2555 m. Lohnende Halbtagswanderung, auch für Familien **W 45** geeignet. — Der unmittelbar w. von Burgeis aufragende Watles, eine Randerhebung der Sesvennagruppe, gilt als vorzügliche Aussichtswarte. Von seiner kahlen Gipfelkuppe hat man einen herrlichen Blick auf den Obervinschgau, die Ötztaler Alpen und die vergletscherten Höhen um König Ortler. Ein neuer Doppelsessellift, der Prämajur mit der Höferalm (Bergstation 2080 m) verbindet, erleichtert den Aufstieg erheblich. Z (mit Abstieg nach Prämajur) 3¹/₂ Std.; LA 1–2.

Der Ausflug auf den Watles läßt sich gut mit einem Besuch des Benediktinerklosters * Marienberg verbinden, das oberhalb von Burgeis unweit der Straße nach Schlinig liegt. Die zweitürmige Stiftskirche birgt eine Vielzahl sakraler Kunstwerke; besonders hervorzuheben sind die in ihrer Art seltenen * Fresken (um 1160) in der Krypta. Hierzu Wanderwege-Karte 10 Reschen.

Beim altertümlichen Dorf *Burgeis* hat man die *Fürstenburg*. Re. an der Berglehne hell leuchtend die stattliche *Benediktinerabtei Marienberg* (1336 m), gegründet im 12. Jh. Türmereich zeigt sich *Mals* (1051 m), das umfahren wird. Man folgt der Straße über Tartsch direkt nach *Schluderns*, das von der besuchenswerten **** Churburg,** einer der interessantesten und besterhaltenen Burgen Südtirols, überragt ist.

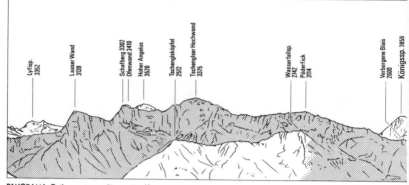

PANORAMA: Ortlergruppe von Plantavillas (Spitzige Lun, W 46)

Planeiltal, 1599 m

Auf einem schmalen Fahrweg kann man von *Mals* über den Weiler *Ulten* (1424 m) nach *Planeil* (1599 m) gelangen. Das kleine Bergbauerndorf liegt reizvoll über der Mündung des gleichnamigen, stillen Hochtals.

Matscher Tal, Glieshof, 1807 m

Eine Oase der Stille ist das reizvolle **Matscher Tal,** in das man von Mals bzw. Tartsch aus fahren kann. Auf mäßig ansteigendem, etwa 8 km langem Sträßchen erreicht man *Matsch / Mazia*, dessen schlanker Kirchturm den Wanderer schon grüßt, bevor das 1537 hoch gelegene Dörfchen selbst sichtbar wird. Die Häuschen, mit Ausnahme des stattlichen Pfarrhauses, sind klein, bescheiden, schindelgedeckt, mit winzigen Fenstern und dicken Mauern. Folgt man dem Saldurbach weiter aufwärts, so gelangt man zum 🏠 Inneren Glieshof (1807 m), Ausgangspunkt für Bergsteiger. Den prächtigen Talschluß bilden die firngeschmückten Gipfel des Salurnkamms.

W 46 ** **Spitzige Lun, 2323 m.** Von Matsch empfiehlt sich bei guten Sichtverhältnissen der leichte Aufstieg über Plantavillas (2057 m) zur Spitzigen Lun (Mark. 13). Es ist dies gewiß keine Tour für unentwegte Gipfelstürmer, viel eher etwas für Genießer, ein Weg, der zum Dahinschlendern, zum Schauen und Verweilen einlädt, ein Gang hoch über dem Tal der jungen Etsch angesichts eisumstarrter Felsgiganten. Prunkstück der weiten Aussicht, die gegen N bis zur Samnaungruppe reicht, ist die stark vergletscherte Ortler-Cevedale-Gruppe, deren Gipfel den Horizont im S beherrschen; daneben hat man reizvolle Tiefblicke auf die Malser Haide und die beiden Seebecken am Reschenpaß. Z 3¹/₂ Std.; LA 2. Hierzu Wanderwege-Karte 10 Reschen.

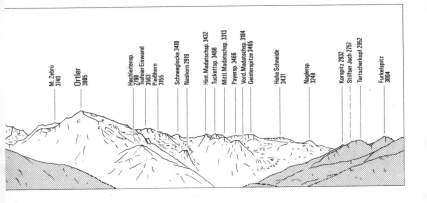

M. Zebrù 3740 · Ortler 3905 · Hochleitensp. 2798 · Trafoier Eiswand 3563 · Pleißhorn 3155 · Schneeglocke 3410 · Naturnsp. 2919 · Hint. Madatschsp. 3432 · Tuckettsp. 3466 · Mittl. Madatschsp. 3313 · Payersp. 3466 · Vord. Madatschsp. 3184 · Geistersspitze 3465 · Hohe Schneide 3431 · Naglersp. 3248 · Korsspitz 2932 · Stilfser Joch 2757 · Tartscherkopf 2952 · Furkelspitz 3004

W 47

* Tannas, 1454 m. Zu den reizvollsten Ausflügen an der Vinschgauer Sonnseite zählt die leichte Höhenwanderung von Gschneir nach Tannas. Sie vermittelt bemerkenswerte Ausblicke auf den breiten, fruchtbaren Talboden mit seinen mächtigen Murkegeln und die jenseits der Etsch aufragenden Dreitausender der Ortlergruppe. Der mit 23 bez. Weg ist bequem zu begehen, er weist mit Ausnahme des Abschnittes Gsal—Tannas, also der Querung des oft recht ungebärdigen Tannaser Bachs, kaum nennenswerte Steigungen auf. Bei der Häusergruppe Gsal empfiehlt es sich, die Wanderung kurz für einen Besuch des Kirchleins St. Peter (1364 m) zu unterbrechen. Das kalkweiße, 1769 errichtete Gotteshaus zeichnet sich durch seine besonders malerische Lage aus.

Während jetzt von Laas / Lasa über Allitz eine staubfreie Serpentinenstraße nach Tannas hinaufführt, erreicht man den Weiler Gschneir z. Z. von Schluderns aus nur über einen schmalen geschotterten Fahrweg, 5 km. Z 3¹/₂ Std.; LA 1—2.

Die Wanderung nach Tannas (bzw. nach Gschneir, je nach Wahl des Ausgangspunktes) läßt sich durch Einbeziehung eines zwar unmark., aber gut begehbaren Weges, der die hoch gelegenen Höfe von Obertels (1563 m), Unter- und Oberfrinig (1745 m) berührt, zu einer interessanten Runde erweitern, die dem aufmerksamen Beobachter ein gutes Bild von der Natur des Vinschgaus und seiner Bewohner vermittelt. Z 5 Std.; LA 2. Hierzu Wanderwege-Karte 11 Spondinig.

W 48

* Köfelplatte, 2420 m. Ausdauernden Wanderern kann die Besteigung der Köfelplatte (auch Kalter genannt) empfohlen werden. Ein mit 21 mark. Steiglein führt von Gschneir durch den Schludernser Wald hinauf zur Schludernser Alm und weiter zur Gipfelkuppe. Der weit gegen das Etschtal vorgeschobene Ausläufer des langen, von der Litzner Spitze (3205 m) herabziehenden Grates vermittelt eine vor-

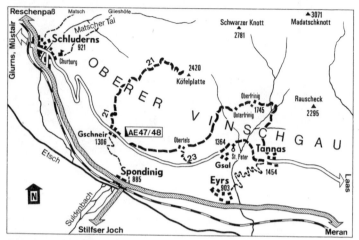

Wanderwege-Karte 11 Spondinig

zügliche Rundschau, die für die Mühen des langen und steilen Auf-
stieges (rund 1100 m HU.) reichlich entschädigt. Z 6 Std.; LA 2. Hierzu Wanderwege-Karte 11 Spondinig.

Die Weiterfahrt auf der S.S. 40 in Richtung Schlanders gewährt
nach S schöne Ausblicke auf den Ortler. Am Beginn des mittleren
Vinschgaues liegt *Spondinig/Spondigna;* hier, an der Mündung des
Suldentales in das obere Etschtal, zweigt re. die berühmte Straße
zum → ***Stilfser Joch, 27 km, ab. Sie gilt nach wie vor als
„Königin der Alpenstraßen".

Route 8

*** Stilfser Joch

Entfernung Spondinig / Spondigna bis Bormio 50 km (Spondinig bis Stilfser Joch 27 km).

Der Straße über das *Stilfser Joch* kommt heute nicht mehr die Bedeutung
eines so wichtigen Verkehrsweges wie zur Zeit ihrer Erbauung (1820) zu.

74

Heute muß man die Stilfser-Joch-Straße fast ausschließlich als Touristenstraße betrachten, die, in Verlängerung der Nordsüdlinie *Fernpaß—Reschenpaß* liegend, auf dem Weg zu den Oberitalienischen Seen gerne befahren wird. Ohne Zweifel zählt sie nach wie vor zu den interessantesten und attraktivsten Hochalpenstraßen. Bis zur Fertigstellung der Straße über den *Col de l'Iseran* im Jahre 1936 war die *Stilfser-Joch-Straße* die höchste im gesamten Alpenraum (der Höhenunterschied zwischen beiden Straßen beträgt nur 13 m).

Noch bis heute hält sie einen anderen Rekord: seit ihrer Eröffnung hat sich an der Trassenführung nichts Nennenswertes geändert. Es wurden lediglich Verbreiterungen der Fahrbahn und Vergrößerungen der Wendeplatten vorgenommen. Wo die erste Anlage zu eng war, wurden vom bergseitigen Hang Abtragungen vorgenommen und die nun überhängenden Felsbalmen durch Stützmauern abgefangen.

Fahrtechnische Streckenübersicht und Ratschläge

Die Paßstraße ist in der Regel von Juni bis Oktober offen. Der Zustand der Straße ist gut. Die gesamte Strecke Spondinig—Bormio ist staubfrei. Die Wendeplatten sind betoniert. Auf der Ostrampe treffen wir 48 numerierte Kehren zwischen Gomagoi und dem Joch an. Die Straßenbreite beträgt in den Geraden 5 m, in den Kehren etwas mehr. Der Radius in den Wendeplatten genügt jedoch nicht für große Omnibusse. Diese müssen in besonders engen Kehren reversieren und halten den Verkehr stark auf. Die Steigung beträgt maximal 12%, im Durchschnitt 9%. An den Fahrer werden keine außergewöhnlichen Anforderungen gestellt. Er empfindet die Befahrung als ein sportliches Erlebnis. Der Motor erleidet wegen der dünneren Luft jenseits der 2000-m-Grenze einen spürbaren Leistungsabfall. An schönen Sommertagen ist die Verkehrsdichte beträchtlich. Die Strecke verlangt Ausdauer, Schwierigkeitsgrad Ostrampe ③, Westrampe ②. Lohnender ist es, die Route über das Stilfser Joch von O nach W zu befahren, in welcher Reihenfolge auch die Beschreibung der Paßfahrt verfaßt wurde. Frequenzen: O Ⓜ, W bis Umbrailpaß Ⓜ, bis Bormio Ⓜ—Ⓝ. Mindestzeitaufwand für Gesamtstrecke 2¹/₂ Std.

*** Stilfser-Joch-Nationalpark

Der Park wurde bereits 1935 mit dem Ziel gegründet, eine der schönsten und reizvollsten Alpenlandschaften zu erhalten und vor weiterer Zersiedelung zu schützen. An dem 95.000 ha umfassenden Gebiet sind, der Rangordnung folgend, die Provinzen Bozen, Sondrio und Trient beteiligt. Er ist der größte ital. Nationalpark, und sein Kerngebiet, das Ortlermassiv, ist allen zünftigen Bergsteigern wohl bekannt.

Die wechselvollen Gesteinsunterlagen, wie Kalke, Dolomite, Quarzphyllite, Glimmerschiefer und Gneise, bedingen nicht nur ein mehrfach geprägtes Landschaftsbild, sondern spiegeln sich auch in der Vegetation wider. Der Park hat im Talbereich des Vinschgaues noch Anteil an den prächtigen Federgrassteppen, doch wenig höher beginnen die Wälder: Föhre, Fichte Lärche, an schattigen N-Hängen in tieferen Lagen sogar die Tanne.

Die Waldgrenze bilden ausgedehnte Zirbenwälder von stellenweise noch urwaldhaftem Charakter, so z. B. im Sulden-, Martell- und Pejotal.

Das Gebiet des Nationalparks ist geologisch, zoologisch und botanisch bereits gut durchforscht. Obwohl ein absolutes Reservat — sämtliche Pflanzen und Tiere sind geschützt, Jagd und Fischerei sind verboten —, steht der Park auf gut markierten Wegen jedem Interessenten offen. Auch Führungen bieten Gelegenheit, Natur, Schönheit und Erholungswert dieser einmaligen Landschaft kennenzulernen.

Man verläßt die Vinschgaustraße (Vinschgau = oberes Etschtal) in **Spondinig / Spondigna** (885 m), fährt auf der S.S. 38 über eine Eisenbahnkreuzung und die Etschbrücke, dann kerzengerade auf einem 2,5 km langen Damm durch die Niederung des Suldenbaches nach Prad. Hinter Prad beginnen die ersten Steigungen.

Oberhalb der Brücke über den Suldenbach liegt der Ort *Stilfs / Stelvio* (1311 m), nach dem das Joch benannt wurde. Ein 3 km langer Fahrweg dorthin zweigt von Gomagoi ab.

Die Sicht ist durch das eingeschnittene Tal mit seinen aufragenden steilen Hängen beschränkt. Im Rückblick zeigt sich die pyramidenförmige Berggestalt der Weißkugel (3746 m, Ötztaler Alpen).

*Suldental, 1906 m (Innersulden)

Von *Gomagoi* (1267 m) zweigt nach SO eine asphaltierte, normal zweispurige Straße nach St. Gertraud im **Suldental** und Innersulden (1906 m) ab. Niemand versäume diesen wirklich lohnenden Abstecher von 11 km mit hervorragenden Ausblicken auf den Suldenferner und den gewaltigen Ostabsturz des „König Ortler" (3905 m)! Schwierigkeitsgrad ②, Verkehrsfrequenz ⑭, Mindestzeitaufwand hin und zurück 1¹/₂ Std.

Innersulden ist wegen seiner idealen Hänge ein gern besuchtes Ziel der Skiläufer und wird besonders im Frühjahr bevorzugt. Der **Langenstein-Sessellift,** dessen Talstation (1906 m) nahe der Kirche ist, überwindet den Höhenunterschied bis zur Bergstation am Langenstein (2326 m) in 9 Min.

Herrliche Landschaftsbilder vermittelt der schön angelegte Morosini-Weg (Mark. 3), auf dem man in ca. 1 Std. wieder ins Tal hinabsteigt.

Die **Cevedale-Seilbahn** von Sulden (1900 m) über die Zwischenstation Schaubach-Hütte (2600 m) zur Bergstation am ✳ **Eisseegrat** (3200 m) ist als höchste Seilbahn Südtirols geplant. Sie soll das ideale Frühjahrs- und Sommerskigebiet um den berühmten Monte Cevedale (3769 m), der mit seinem ausgedehnten und ungefährlichen Gelände höchster Skiberg in den Ostalpen ist, erschließen. Im Bj. befand sich die Seilbahnetappe Sulden—Schaubachhütte/Rif. Citta di Milano in Bau.

Zu W 17: Von der Bergstation der Gondelbahn beim Gasthaus Hochmuter führt als neu angelegter Höhenweg der Vellauer Felsenweg fast eben durch die Südhänge der Mutspitze zur Leiteralm. Er vermittelt prächtige Ausblicke auf das Burggrafenamt, den Unteren Vinschgau und auf markante Südtiroler Bergzüge. Foto Elisabeth Fuchs - Hauffen

Zu W 20: Südtirol, Land der Gegensätze: Kaum zehn Kilometer von den Meraner Kurpromenaden entfernt, erlebt der Wanderer in der Texelgruppe hochalpine Szenerien. Blick vom Hochgang auf den Langsee. Foto Eugen E. Hüsler

Zu W 35: Die „Schöne Aussicht" ist Stützpunkt für Gipfeltouren im Bereich des obersten Schnalstals. Blick auf das Schutzhaus und den Hochjochferner. Foto Eugen E. Hüsler

Zu W 40: Vom „Paradiso Valmartello" empfiehlt sich der kurze Aufstieg zur Zufallhütte unterhalb des Monte Cevedale als leichter Abstecher. Auch die Wanderung der Plima aufwärts eignet sich für Familien und größere Gruppen. Foto Elisabeth Fuchs - Hauffen

Zu W 38: Blick von St. Martin am Kofel (1738 m) nach Süden in das Martelltal. Zu diesem lohnenden Aussichtspunkt (Ortlerpanorama) führt von Latsch im Unteren Vinschgau eine kühn angelegte Seilbahn. Charakteristisch für die Talmündung ist der breitgefächerte Schuttkegel beiderseits des Plimabaches. Am Eingang in das Martelltal erkennt man den Ort Morter. Foto Elisabeth Fuchs - Hauffen

Zu W 41: Der Weg vom Martell hinauf zum hochalpinen Madritschjoch vermittelt dem Wanderer bemerkenswerte Ausblicke auf zahlreiche Gipfel und Gletscher der Ortlergruppe. Foto Eugen E. Hüsler

Zu R 8: Blick von den obersten Kehren der Stilfser-Joch-Straße auf die eindrucksvolle Trassenführung, die sich seit ihrer Erbauung 1820 nicht wesentlich geändert hat. Jenseits des Trafoier Tales erkennt man die Suldener Berggruppe mit der Tschenglser Hochwand. Foto H. Truöl

Zu W 41 und 51: Von der Hinteren Schöntaufspitze genießt man den zu Recht berühmten Blick auf das „klassische Dreigestirn" Ortler – Zebrù – Königsspitze. Foto Eugen E. Hüsler

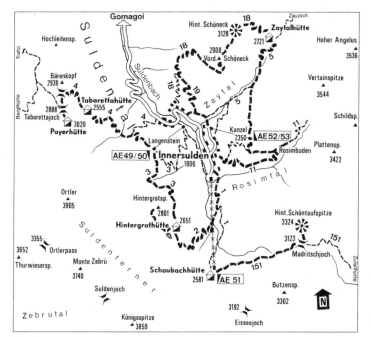

Wanderwege-Karte 12 Sulden

** Hintergrathütte, 2651 m. Von der Liftstation am Langenstein kann **W 49** man auf mark. Steig (Nr. 3) zur Hintergrathütte / Rif. del Coston wandern, ein herrlicher Gang zwischen Himmel und Erde: re. die gewaltigen Grate und Eiswände des Ortler, tief unten das Tal, am ö. Horizont eine vielgipflige Bergkette (von li. Tschenglser Hochwand, Hoher Angelus, Vertainspitze, Schildspitze, Hint. Schöntaufspitze, Butzenspitze). Nach einer guten Stunde Gehzeit erreicht man die Hintergrathütte, wo auch der Blick gegen S auf die Königsspitze frei wird. Diese stolze Pyramide, unstreitig die schönste Gipfelgestalt der Ortlergruppe, wurde erstmals 1864 von dem englischen Alpinisten C. C. Tuckett mit drei Begleitern erstiegen.

Nw. über dem Schutzhaus erhebt sich die Hintergratspitze (2801 m), eine hervorragende Aussichtskanzel, von der man einen umfassenden Blick auf die hochalpine Kulisse des Suldentals genießt. In 40 Min. auf Steigspuren unschwierig zu erreichen.

Der Abstieg von der Hintergrathütte nach Sulden (Mark. 2) vermittelt in seinem oberen Abschnitt interessante Einblicke in die eisige Urlandschaft des Suldenferners. Z 3¹/₂ Std.; LA 2. Hierzu Wanderwege-Karte 12 Sulden.

85

W 50 **** Payerhütte, 3020 m.** Bekanntester und zugleich ältester Touren-stützpunkt im Hochgebirgsraum der Ortlergruppe ist die stattliche, knapp über der 3000-m-Marke gelegene Payerhütte / Rif. G. Payer. Sie wurde bereits 1875 durch die Sektion Prag des DÖAV erbaut und nach dem später als Polarforscher bekannt gewordenen Erschließer dieser Berge, Julius von Payer, benannt. Für die Bergwanderer ist das Schutzhaus auch als selbständiges Tourenziel von Interesse. Der mark., meist erst ab Mitte Juli begehbare Aufstiegsweg (Nr. 10/4) berührt die kleine, aussichtsreich gelegene Tabarettahütte (2555 m, bis hierher vom Langenstein 1¹/₂ Std.) und das Tabarettajoch (2888 m); er vermittelt eine Vielzahl lohnender Szenerien, unter denen vor allem die Einblicke in die eis- und felsstarrende Hochge-birgswelt des Ortler, die freie Sicht von der Payerhütte gegen NW und N (Silvretta, Sesvenna- und Samnaungruppe, Ötztaler Alpen) und ein überraschender Tiefblick auf die kühne Trasse der altehr-würdigen Stilfser-Joch-Straße hervorzuheben sind. Z 5 Std.; LA 3. Hierzu Wanderwege-Karte 12 Sulden.

W 51 ***** Hintere Schöntaufspitze, 3324 m.** Zu den wenigen Dreitausendern der Ortler-Cevedale-Gruppe, die auch dem Bergwanderer zugänglich sind, zählt die Hint. Schöntaufspitze. Ausgangspunkt für ihre Bestei-gung ist die herrlich gelegene Schaubachhütte / Rif. Città di Milano (2581 m) unweit der Mittelstation der Cevedale-Seilschwebebahn. Bis zum Gipfel sind lediglich rund 750 m HU. zu überwinden, was aller-dings dem ausgeprägt hochalpinen Charakter dieser Tour keinen Abbruch tut. Wer sie in sein Programm einzubeziehen gedenkt, sollte auf jeden Fall Trittsicherheit, Ausdauer und Erfahrung in der Beur-teilung objektiver Gefahren mitbringen. Wetterstürze, begleitet von Schneetreiben, beißender Kälte und dichtem Nebel, pflegen im Hoch-gebirge oft schneller als erwartet einzutreten.

Der Anstiegsweg, der vom Schutzhaus am stark zurückgegangenen Ebenwandferner vorbei zum Madritschjoch (3123 m, bis hierher Mark. 151) und anschließend über die mäßig geneigte Südflanke zum Gipfel führt, vermittelt herrliche Blicke auf das klassische Dreigestirn Ortler-Zebrù-Königsspitze. Vom höchsten Punkt genießt man eine unver-gleichliche Rundschau, die nicht weniger als 40 Dreitausender der Ortler-Cevedale-Gruppe einschließt. Z 4 Std. (von der Schaubach-hütte) bzw. 7 Std. (von Sulden); LA 3. Hierzu Wanderwege-Karte 12 Sulden.

W 52 **** Rosimboden, 2473 m.** Einen vorzüglichen Aussichtspunkt an der orographisch re. Talflanke erschließt der Kanzel-Sessellift. Die nur wenige Min. beanspruchende Bergfahrt führt in eine Seehöhe von 2350 m und läßt sich gut mit der beschaulichen Wanderung zum Rosimboden und anschließendem Abstieg nach Sulden (Mark. 11) ver-binden. Ein herrlicher Halbtagsausflug, der auch Familien und älteren Menschen empfohlen werden kann. Z 2¹/₂ Std.; LA 1—2. Hierzu Wan-derwege-Karte 12 Sulden.

*** Hinteres Schöneck, 3128 m. Mit dem Hint. Schöneck, der letzten, nur wenig ausgeprägten Erhebung in dem langen Gratrücken, den die Tschenglser Hochwand (3375 m) gegen SW entsendet, schließt sich der Kreis der Dreitausender um Sulden. Die felsige Kuppe, eine Aussichtswarte par excellence, ist das Ziel einer großartigen Bergfahrt, die allerdings Trittsicherheit und Ausdauer verlangt, sind doch im obersten Teil des recht langen Aufstiegs einige etwas ausgesetzte Stellen (Drahtseilsicherungen) zu überwinden. Der Abstieg über das Vordere Schöneck (2908 m) und die Stieralpe hinunter nach Sulden mit seinen rund 1200 m HU. hat schon manchem wackeren „Alpinisten" weiche Knie verschafft!

Ausgangspunkt der „Schöneck-Runde" ist die Liftstation auf der Kanzel (2350 m), Stützpunkt am Weg die schön gelegene Zaytalhütte (Düsseldorfer Hütte) / Rif. Serristori (2721 m, 1¹/₂ Std.). Das zum Frühjahrsskilauf und in den Sommermonaten bewirtschaftete Schutzhaus gilt als günstige Basis für die Besteigung weiterer Dreitausender der Ortlergruppe, bei denen es sich aber durchwegs, trotz Steiganlagen wie z. B. am Nordwestgrat der Vertainspitze, um anspruchsvollere Gipfelziele handelt. Z 5 Std.; LA 3. Hierzu Wanderwege-Karte 12 Sulden.

Nachdem man in Gomagoi zwischen den Mauern der ehemaligen Festung hindurchgefahren ist, beginnt die eigentliche Paßstraße. Das schwierige Gelände zwingt die Straße, viermal den Trafoier Bach überquerend, die Talseite zu wechseln. Knapp vor Trafoi weitet sich das Tal, und ein Teil der Ortlergruppe öffnet sich unseren Blicken. Wir sehen die Vordere, die Mittlere (3313 m) und die Hintere Madatschspitze, die Trafoier Eiswand (3553 m), die Schneeglocke, das Nashorn und den Unteren Ortlerferner.

*Heilige-Drei-Brunnen, 1607 m

Von *Trafoi* empfehlenswerter Abstecher auf einem 2 km langen, schmalen Fahrweg zu den *Heiligen Drei Brunnen mit kleiner Wallfahrtskirche im Talschluß und großartigem Blick auf die nahen Hängegletscher.

* Berglhütte, 2191 m, und Tabarettakugel, 2591 m. Von den Hl. Drei Brunnen führt ein mark. Weg (Nr. 186) in zahlreichen Windungen hinauf zur schön gelegenen Berglhütte / Rif. A. Borletti (z. Z. nicht bewirtschaftet). Er vermittelt einige bemerkenswerte Ausblicke auf die erhabene Hochgebirgslandschaft um König Ortler. Bei entsprechender Vorsicht auch für Familien geeignet. Z 2¹/₂ Std.; LA 1—2.

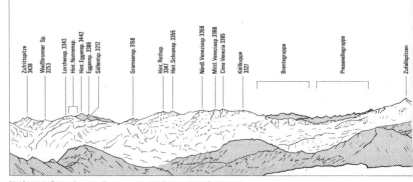

PANORAMA: Ortler-Cevedale-Gruppe von der Hint. Schönlaufspitze (W 41, W 51)

Die Halbtagswanderung zur Berglhütte läßt sich gut zu einer prächtigen Höhenrunde ausdehnen. Markante Punkte im weiteren Wegverlauf bilden dabei die verfallene Edelweißhütte (2481 m) und die Alpenrosenhütte (2029 m, Bewirtschaftung unsicher); den höchsten Punkt von 2591 m erreicht man an der Tabarettakugel. Z 5¹/₂ Std.; LA 2. Hierzu Wanderwege-Karte 13 Stilfser Joch.

** Schafseck, 2250 m

Von Trafoi (1543 m) führt ein **Sessellift** auf den ✳ **Kleinboden** (Bergstation 2153 m) zur 🏠 Furkelhütte / Rif. Forcola, mit einem der schönsten Blicke auf den direkt gegenüberliegenden Ortler. Auf den Kleinboden führt auch ein alter schlechter Kriegsfahrweg. Schwierigkeitsgrad ④. Dieser zweigt von der Straße Gomagoi—Stilfs/Stelvio bei der Brücke über einen alten Bewässerungskanal nach links ab (Beschilderung fehlt!).

Man kommt auf dem ca. 17 km langen Serpentinenweg am Weiler St. Martin (1505 m) vorüber und fährt auf einer bewaldeten Strecke im Tal des Platzbaches hoch. Schwierigkeit bereitet die Überquerung einer Furt mit Querrinnen. Der folgende kehrenreiche Aufstieg selbst bietet landschaftlich wenig, verläuft jedoch durch ein Naturschutzgebiet (Teil des italienischen Nationalparkes Ortler—Cevedale); hier kommt man an einem kleinen, eingezäunten Gehege mit Rehen und einem Adler vorbei. Auf der ✳ Trafoier Alm (2050 m) öffnet sich ein großartiges Panorama der Ortlergruppe. Nach weiteren drei Kehren gelangt man li. zur 🏠 Furkelhütte (2153 m), re. mit einer letzten Serpentine zum ** Schafseck (2250 m).

W 55 *** **Piz Chavalatsch, 2763 m.** Selten besucht, aber dennoch ein echter „Leckerbissen": der Piz Chavalatsch, n. Eckpfeiler des langgestreckten Fallaschkamms, der das untere Münstertal vom Trafoier Tal trennt. Sein Gipfel bietet eine unvergleichlich schöne Rundschau, reich an Gegensätzen und stimmungsvollen Bildern. Unbestrittener Glanzpunkt bildet hier der „Vinschgaublick"; sehr eindrucksvoll auch die Parade der vergletscherten Ortlerriesen.

88

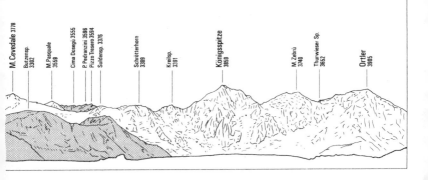

Der Weg zum Piz Chavalatsch ist nicht mark., die Orientierung bietet aber keine Schwierigkeiten, da meist Sichtverbindung besteht. Er nimmt an der letzten Straßenkehre unter dem Schafeck seinen Ausgang, führt fast eben um den vom Piz Sielva (2851 m) herabziehenden Grat herum und quert dann, mäßig an Höhe gewinnend, die Stilfser Alm (Murmeltiere!). Über das Schartl (2593 m) erreicht man schließlich den Gipfel. Z 5 Std.; LA 3. Hierzu WW.-Karte 13 Stilfser Joch.

*** Stilfser Joch, 2757 m

Hinter Trafoi beginnt der hervorragendste Streckenabschnitt bis zum Joch. Man fährt hoch über der Talsohle und kommt auf kurze Sichtweite an den Gletscher heran, welcher auf der gegenüberliegenden Berglehne herunterzieht. Der untere Ortlerferner bietet sich dem Betrachter in seiner ganzen Ausdehnung. Die Straße schraubt sich in Windungen empor.

Ca. 4 km oberhalb von Trafoi gelangt man in 1863 m Höhe zu einer wildromantischen Aussichtsstelle, die den Namen ✳ „Weißer Knott" führt. Gönnen Sie sich hier und Ihrem Fahrzeug eine kurze Rast angesichts der majestätischen Bergwelt! Der Obelisk erinnert an die Erstbesteigung des Ortlers durch den Jäger Josef Pichler aus dem Passeier am 27. 9. 1804. Hier auch einfache Einkehrstation.

Man verläßt nun das Trafoital. Nach einer kehrenreichen, ca. 5 km langen Strecke, vorbei an der Cantoniera del Bosco, erreicht man in 2188 m Höhe die nach dem Kaiser Franz I. von Österreich benannte Franzenshöhe. Blick auf die freiwerdende Ortlerspitze und den Madatschgletscher. Ausgangspunkt für Gletschertouren. Die Straße windet sich in gut zu verfolgenden Kehren das Trafoier Tal jochwärts. Stereotyp folgt Kehre auf Kehre. Nur nackte Felsen und spärlich begrünte Schotterhalden begleiten die Straße. Wie Schwalbennester kleben die gemauerten Kehren an der Berglehne. Nach einer längeren Geraden und der Felskehre „Jüngstes Gericht" ist die Höhe des ***Stilfser Joches, 2757 m, erreicht.

Auf der Paßhöhe selbst steht das Hotel „Stilfser Joch". Die zahlreichen bunten Andenkenläden an der Straße schränken die Parkierungsmöglichkeiten für die Kraftfahrzeuge stark ein und der offizielle Parkplatz bleibt vornehmlich der Benützung durch Postomnibusse vorbehalten. Der bei Kehre 1 unterhalb der Paßhöhe neu angelegte Parkplatz hilft die Not etwas mildern. Bemerkenswert ist die reizende Bergkapelle mit offenem Glockenstuhl.

Das originelle, als Turmbau nach tibetanischem Vorbild errichtete Berghaus 🏠 Tibet-Hütte (2800 m) erreicht man in wenigen Gehminuten vom Stilfser Joch auf bequemem Fußweg.

Wer auch im Hochsommer den Freuden des Wintersportes nachgehen möchte, findet hier eine besondere Attraktion. Vom Stilfser Joch bringen zwei Aufzüge die Enthusiasten in wenigen Minuten in ein firniges Skiparadies. Wer Lust hat, kann sich Stunden später unter den Badegästen am Comer See tummeln.

a) Direkt hinter dem Häuserkomplex auf der Jochhöhe, etwa dort, wo der oben erwähnte Weg stark anzusteigen begann, befindet sich jetzt die Talstation eines **Gondelliftes** für je 2 Personen (offene Stehkabinen mit einem Gitter bis in Brusthöhe), der etwa 100 m nordwestlich der **Naglerhütte** (3050 m) endet. Von hier **Schlepplift** zur ✳ **Naglerspitze** (3248 m) mit vortrefflicher Aussicht auf Ortler, Piz Palü und Diavolezza.

b) Etwa 200 m östlich der Talstation des Stehliftes, bereits jenseits der sich dort entlangziehenden Talmulde, ist die Talstation eines **Sesselliftes,** der etwa parallel zu dem Gondellift führt. Jedoch ist ein Kuriosum zu vermerken: Im oberen Drittel läuft er nämlich unter dem Gondellift hindurch, um an der **Pirovano-Hütte** (3026 m) zu enden.

c) Mit der **Kabinen-Seilbahn** (Fassungsvermögen je 25 Personen) von der Naglerhütte (Ebenferner 3037 m) zur Bergstation **Livrio-Hütte** (3177 m) erreicht man das Hauptgebiet für den Sommerskilauf. Hier hat die berühmte Sommerskischule der CAI-Sektion Bergamo ihr Zentrum. In nur drei Min. überqueren die Kabinen den Livrio-Gletscher. Diese Seilbahn ist Teil eines Großprojektes, welches noch eine Reihe weiterer Verbindungen im Stilfser-Joch-Gebiet vorsieht.

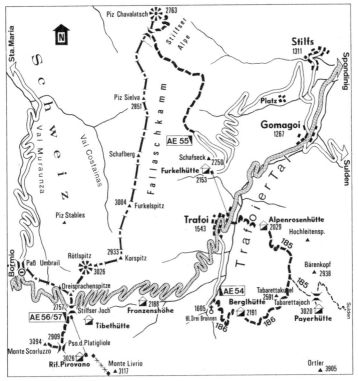

Wanderwege-Karte 13 Stilfser Joch

* Dreisprachenspitze, 2843 m, und ** Rötlspitz, 3026 m. Unmittelbar n. **W 56**
über dem Stilfser Joch erhebt sich die Dreisprachenspitze / Cima
Garibaldi / Piz da las trais Linguas, Ziel eines alpinen Spaziergan-
ges, den man bei guter Fernsicht nicht versäumen sollte. Von der
steinigen Kuppe, auf der bis 1919 die Grenzen Italiens, Österreichs
und der Schweiz zusammenliefen, hat man eine prächtige Aussicht,
die gegen SW bis zur Berninagruppe, gegen NO bis hin zu den
Ötztaler Alpen reicht. Im SO beherrschen die vergletscherten Gipfel
der Ortlergruppe das Blickfeld. Man erkennt von li. als markanteste
Erhebungen: Ortler, Monte Zebrù, Thurwieser Spitze, Trafoier
Eiswand, Mittl. Madatschspitze, Tuckettspitze und Geisterspitze.
Z ½ Std.; LA 1.

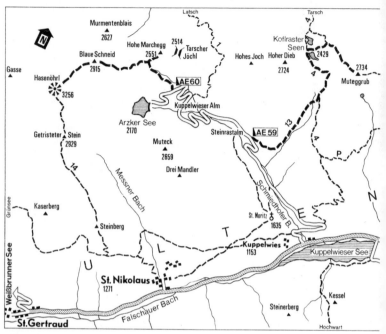

Wanderwege-Karte 14 Ultental

Entsprechende Ausrüstung vorausgesetzt, kann man von der Dreisprachenspitze aus leicht den Rötlspitz, die höchste Erhebung im Zuge des Fallaschkamms, besteigen. Die Kammwanderung vermittelt herrliche Ortlerbilder, während der knapp auf Schweizer Territorium liegende Gipfel ein uneingeschränktes 360-Grad-Panorama bietet. In der Grenzzone unbedingt Ausweispapiere mitführen! Z 2 Std. (vom Stilfser Joch); LA 2. Hierzu Wanderwege-Karte 13 Stilfser Joch.

W 57 *** Monte Scorluzzo, 3094 m.** Leichter Dreitausender und lohnender Aussichtsgipfel sw. vom Stilfser Joch. Seine Besteigung vom Stilfser Joch über den Platigliolepaß (2909 m) und die mäßig geneigte Ostflanke (Wegspuren) bietet in den Hochsommermonaten keine Schwierigkeiten, setzt aber Trittsicherheit voraus. Überreste von Kriegsstellungen, auf die man gelegentlich trifft, erinnern an die Ortlerfront 1915 bis 1918. Z 2 Std.; LA 2–3. Hierzu WW.-Karte 13 Stilfser Joch.

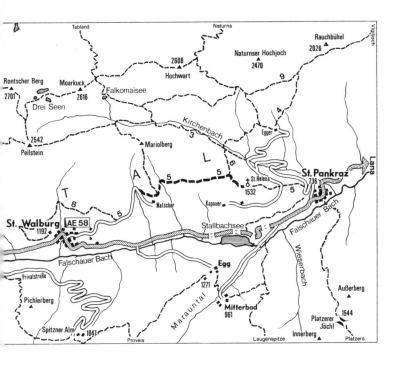

Route 9

*Ultental

*Ultental

Das etwas abgelegene *Ultental/Val d'Ultimo* durchmißt ca. 40 km und unterscheidet sich landschaftlich ganz wesentlich vom Etschtal in der unmittelbaren Umgebung Merans. Zwischen der Niederung und dem Talschluß reicht die Vegetationsskala von Obstplantagen über Weinberge und Kastanienhaine hinauf zu dunklen Wäldern und stillen Bergseen, in denen sich firnbedeckte Dreitausender spiegeln. An seiner NW-Flanke wird das Ultental gegen den unteren Vinschgau von einer Bergkette begrenzt, die in der 3438 m hohen Zufrittspitze gipfelt und nach N ihre Ausläufer im **Larchbühel** (1824 m) und im **Vigiljoch** besitzt, welche Aussichtspunkte von Oberlana aus mit einer **Seilbahn** bzw. mit einem **Sessellift** bequem erreichbar sind.

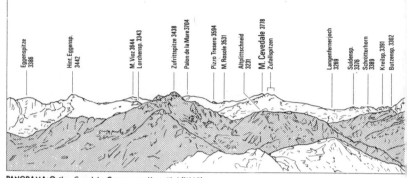

PANORAMA: Ortler-Cevedale-Gruppe vom Hasenöhrl (W 60)

Von **Oberlana** gewinnt man in fünf Kehren gegen das Windeck rasch an Höhe und fährt dann an der Berglehne hoch über dem Falschauer Bach an mehreren Einzelgehöften vorbei. Auf der gegenüberliegenden Seite steht über dem Talausgang das Schloß Braunsberg. Es folgt ein windungsreicher Streckenabschnitt. Unweit des Schlosses Eschenlohe benützt die Straße eine neuerrichtete Brücke mit 152 m Spannweite, worauf ein kurzer Tunnel folgt.

Im Zusammenhang der Anlage von Stauseen im mittleren und oberen Ultental wurde die Straße teilweise modernisiert, in manchen Abschnitten auch völlig neu trassiert. Äußerst kurvenreich ist jedoch die Strecke Lana— St. Pankraz (mit sehr enger Ortsdurchfahrt) geblieben. Der Ausbau endet im SW des Kuppelwieser Sees, auch Zoggler Stausee genannt; daran schließt ein sehr schmaler Streckenabschnitt (Achtung auf entgegenkommende Postomnibusse!) bis *St. Gertraud* an. SG. ②—③.

Auf der 6 km langen und schmalen Bergstrecke St. Gertraud—Weißbrunner See sind abgründige Stellen durch Leitschienen randgesichert. SG. ②—③, Frequenz ⑩. Mindestzeitaufwand von Oberlana hin und zurück 2½ Std. Achtung! Mehrere Warntafeln weisen auf die Gefahr plötzlicher Wassereinbrüche im Gefolge von Schleusenbetätigungen an den Wasserkraftanlagen hin. Meiden Sie deshalb den Aufenthalt an flachen Flußufern!

Die enge Ortsdurchfahrt von *St. Pankraz* erheischt Vorsicht; hier führt die Straße wie in der längst verflossenen Postkutschenzeit kurioserweise zwischen zwei alten Tiroler Bauernhäusern hindurch, welche untereinander mit einem überdachten Gang verbunden sind.

2 km sw. von St. Pankraz ist bei *Lad* li. die Abzw. nach *Mitterbad* (Arsen-Eisenquelle) im *Marauntal*, 3 km, dem Ausgangsort für die Besteigung der aussichtsberühmten Kleinen und Großen Laugenspitze → W 65.

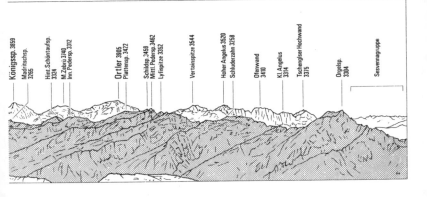

Es folgt eine Neubaustrecke mit vier, meist beleuchteten Tunnels. Hinter *St. Walburg* (1190 m) beginnt der landschaftlich schönste Talabschnitt. In der Talweitung fährt man am Ufer des *Kuppelwieser Sees* entlang.

* St. Helena, 1532 m. Am Ultener Sonnenberg sind mit Ausgangs-　**W 58** punkt St. Walburg verschiedene schöne Spaziergänge möglich. Überaus lohnend ist der Ausflug zum Kirchlein St. Helena, eine leichte, auch für Familien und ältere Menschen problemlose Wanderung, die einen guten Eindruck von der stillen Berglandschaft des Ultentals vermittelt. St. Helena, das man auf bequemen Wegen (Mark. 5) in 2¹/₂ Std. erreicht, liegt malerisch auf einer bewaldeten Anhöhe über St. Pankraz. Die erste urkundliche Nennung des Gotteshauses geht auf das Jahr 1388 zurück, eine Neuweihe ist für 1698 bezeugt. Nahebei Gasthof. Z 4¹/₂ Std.; LA 1—2. Hierzu WW.-Karte 14 Ultental.

* Arzkersee/Lago di Quaira, 2170 m

Für den Bergfahrer von Interesse ist ein anfangs asphaltiertes Sträßchen, welches bei km 23 (ab Oberlana) am Sägewerk der Fraktion *Steinern,* ca. 500 m vom bekannten Gh. „Kuppelwiese" entfernt, von der Hauptstraße re. abzweigt. Es führt, die Uferseiten des Schmiedhofer Baches mehrmals wechselnd, mit Ausblicken auf die gegenüberliegende St. Walburger Hochwart das Hochtal hinauf. Nach 7 km erreicht man die Jausenstation „Steinrast", wenig weiter die *Kuppelwieser Alm,* 1808 m. Im neuerlichen Anstieg aussichtsreich über die Lachalm zum prächtig von Bergen umrahmten *** Arzkersee** (2170 m) hinauf. Das 12 km lange Werksträßchen ist ca. 3 m breit und hat Ausweichstellen auf Sicht. SG. ③. Im Berichtsjahr wiesen Tafeln darauf hin, daß diese Privatstraße noch nicht kollaudiert sei, was in der Praxis „Benützung auf eigene Gefahr" bedeutet.

W 59 * **Koflraster Seen, 2429 m,** und ** **Muteggrub, 2734 m.** Mit dem Bau der Werkstraße zum Arzker Stausee ist der Aufstieg zu mehreren aussichtsreichen Höhen auf der Ultener Sonnenseite verkürzt worden. Die meist nur wenig ausgeprägten Erhebungen in dem langen Bergkamm, der sich vom Hasenöhrl (3256 m) bis zum Larchbühel (1837 m) hinzieht und den Vinschgau vom Ultental trennt, bieten durchwegs hervorragende Ausblicke. Dies gilt auch für die beiden im Kammverlauf gelegenen Koflraster Seen, zu denen man von der Straße in ca. 2¹/₂ Std. aufsteigt (Mark. 13). Besonders schön ist der Blick von der zwischen Hohem Dieb (2724 m) und Muteggrub (2734 m) eingelagerten Seensenke über das Etschtal hinweg auf die firnbedeckten Gipfel der Ötztaler Alpen. Z 4 Std.; LA 2.

Gute Fernsicht vorausgesetzt, sollte man den überaus lohnenden Aufstieg zum Muteggrub nicht versäumen. Der nur selten besuchte Gipfel läßt sich von den Seen aus in 1 Std. auf einem mark. Steiglein leicht bezwingen. Großartig die Rundschau: Ortler, Piz Sesvenna, Weißkugel, Similaun, Hochfeiler, Großglockner, Langkofel, Marmolata, Cimone della Pala, Cima Tosa, Presanella – all diese stolzen Höhen kann das geübte Auge in dem Gipfelmeer entdecken, das man vom Muteggrub aus überblickt. Wahrhaftig eine reiche Ausbeute! Hierzu Wanderwege-Karte 14 Ultental.

W 60 * **Hohe Marchegg, 2551 m,** und *** **Hasenöhrl, 3256 m.** Zu den lohnendsten Bergfahrten in der ö. Ortlergruppe zählt die Besteigung des Hasenöhrls, eines stattlichen Dreitausenders, der bei günstigen Witterungsverhältnissen eine unvergleichliche „Südtiroler Gipfelschau" vermittelt. Der Aufstiegsweg nimmt an der obersten Kehre der Arzker Straße seinen Ausgang (Hinweistafel), er ist durchwegs gut mark., verlangt aber etwas Übung (im oberen Abschnitt sind einige ganz leichte Kletterstellen eingestreut) und Ausdauer (rund 1100 m HU.). Dank ihrem den aussichtsreichen Graten folgenden Wegverlauf bietet die Hasenöhrl-Tour eine nicht abreißende Kette herrlicher Landschaftsbilder. Besonders hervorzuheben sind die Tiefblicke auf die Gletscherzungen an der Nord- und Ostflanke des Gipfels, auf den Arzker Stausee und hinab in die Talsohle des Vinschgaus; als „Schlußakkord" genießt man am höchsten Punkt einen prächtigen Blick in das Kerngebiet der Ortlergruppe. Z 6 Std.; LA 3.

Wer sich die Besteigung des Hasenöhrls nicht zutraut, sollte zumindest bis zur Kammhöhe zwischen Ultental und Vinschgau wandern. Von der Einsattelung (ca. 2450 m) erreicht man auf nicht bez. Wegen in 20 Min. leicht die aussichtsreiche Kuppe der Hohen Marchegg. Z 2 Std.; LA 2. Hierzu Wanderwege-Karte 14 Ultental.

In der Fraktion *St. Nikolaus* (1256 m) wurde das alte Schulhaus abgetragen und die sonnengebräunten Balken am ö. Ortsrand von einem einheimischen Zimmermeister originalgetreu wieder zusammengesetzt. Es dient seit 1973 als Unterkunft für das *Ultener Talmuseum*. Der Schritt

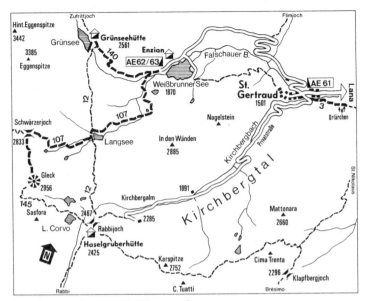

Wanderwege-Karte 15 Weißbrunner See

durch die knarrende Türe führt in eine Vergangenheit, die behutsam für die Zukunft konserviert wurde: Hier hat man eine Sammlung altväterischer Dinge ausgebreitet, wie z. B. alte Truhen, Spinnräder, einen Webstuhl; in einem „Alpentiere-Kabinett" geben sich Fuchs, Murmeltier, Hirsch und Gams ein Stelldichein der Ausgestopften.

Zur Gemeinde Ulten/Ultimo zählen die drei Fraktionen *St. Walburg* (1190 m), 19 km von Lana, *St. Nikolaus* (1256 m), 27 km von Lana und *St. Gertraud* (1501 m), 31 km von Lana. Die Fahrt bis in den Talschluß gestaltet sich abwechslungsreich. Zunächst hat man eine Uferstraße entlang dem langgestreckten Kuppelwieser See, dann Wiesen und Auwäldchen, zuletzt fährt man durch Nadelwald und auf einer Bergstrecke hinauf zum trogartig gelegenen Weißbrunner See.

„Ultener Riesen". St. Gertraud hält für den Naturfreund eine echte **W 61** Sehenswürdigkeit bereit, die sogenannten „Ultener Riesen" Es handelt sich dabei nicht um übergroße Fabelwesen, sondern um einige Lärchen, deren Alter auf gegen 2000 Jahre geschätzt wird. Entsprechend gewaltig sind denn auch die Ausmaße dieser Baumgiganten: den größten vermögen fünf Männer kaum zu umspannen! Eine blaue Mark. (Nr. 3, Falschauer Mühlweg) leitet von St. Gertraud an der orographisch re. Talseite hinan zu den sehenswerten alten Lärchen. Z ³/₄ Std.; LA 1. Hierzu WW.-Karte 15 Weißbrunner See.

Weißbrunner See/Lago di Fontana Bianca, 1870 m

Vor *St. Gertraud/Gertrude* gelangt man zu einer Straßenteilung: Geradeaus zum obersten Kirchdorf des Ultentales, 2 km, re. zunächst 3 km fast eben durch die Talweitung des Falschauer Baches, dann kräftig ansteigend zum Speichersee. Bei km 40 endet die Werkstraße am Weißbrunner See auf einem geräumigen Parkplatz. Das Alpenrose-Wirtshaus befindet sich unweit der Materialseilbahn zum Grünsee. Die Straße über die Dammkrone ist gesperrt.

W 62 **Grünseehütte, 2561 m.** Vom Weißbrunner See kann man in 2 Std. auf bez. Steig (Nr. 140, im Berichtsjahr ziemlich vernachlässigt) zum hochalpinen Grünsee aufsteigen, der als oberste Staustufe in die Kraftwerksgruppe Ulten einbezogen ist. An seinem Ostufer steht die neue Grünseehütte / Rif. U. Canziani, günstiger Ausgangspunkt für die Besteigung der Zufrittspitze (3438 m) und weiterer Dreitausender der Ortlergruppe. Z 3 Std.; LA 2. Hierzu Wanderwege-Karte 15 Weißbrunner See.

W 63 **** Gleck, 2956 m.** Einsamer „Fast-Dreitausender" im Ultener Talschluß. Seine Besteigung verlangt Ausdauer und Trittsicherheit (rund 1100 m HU.), entschädigt aber für die aufzuwendende Mühe durch eine Vielzahl bemerkenswerter Landschaftseindrücke. Besonders hervorzuheben ist die Gipfelschau, eine stimmungsvolle Mischung von Nahbildern und Fernblicken. Der mark. Aufstiegsweg (Nr. 107) führt vom Weißbrunner See an mehreren dunklen Seeaugen vorbei ins Quellgebiet des Falschauer Baches und anschließend hinauf zum Schwärzerjoch (2833 m), das den Übergang ins oberste Rabbital vermittelt. Hier li. ab und über den langen Nordgrat zum Gipfel. Z 5^1/$_2$ Std.; LA 3. Hierzu Wanderwege-Karte 15 Weißbrunner See.

Route 10

* Gampenjoch/Passo delle Palade

Die gut ausgebaute und staubfrei gemachte, normal breite S.S. 238 über das 1518 m hohe Gampenjoch / Passo delle Palade weist Steigungen bis zu 9% auf und ist von April bis November offen. Die Strecke kann auch von Bergungewohnten leicht befahren werden, Schwierigkeitsgrad ②. Meran—Cles 58 km. Frequenz ⑩—⑩.

Wer die Strecke über das Gampenjoch nach Belieben in sein Fahrtenprogramm aufnehmen kann, der teile es sich so ein, daß er sie von S (Nonsberg) nach N (Lana) befährt; diese Fahrtrichtung bietet landschaftlich mehr, insbesondere hat man während des Abstiegs vom Gampenjoch schöne Ausblicke hinab auf das fruchtbare Etschtal in der Ausdehnung von Bozen bis Meran, hinüber zu den Mittelgebirgsterrassen um Salten, Mölten und Hafling, welche den Sarntaler Alpen vorgelagert sind; der Fernblick reicht nach O zu Schlern, Rosengarten und Latemar.

Besonders zu empfehlen ist ein Rundfahrt von Meran nach Bozen, über den **Mendelpaß und das *Gampenjoch wieder zurück nach Meran. Niemand sollte es bei guten Sichtverhältnissen versäumen, einen Abstecher auf den 1737 m hohen ✳ Penegal mit berühmter Aussicht zu unternehmen. Gipfelstraße direkt vom Mendelpaß aus.

Von **MERAN/MERANO benützt man die Ausfahrt über die Etschbrücke bei Marling und zieht durch die intensiven Obstanbau aufweisende fruchtbare Beckenlandschaft über *Tscherms* nach Oberlana (316 m). Hier ist die Talstation der Seilbahn auf das eine gute Aussicht bietende Vigiljoch, Bergstation 1490 m, Fahrzeit 6 Min.

In Oberlana beginnt die Paßfahrt auf einer in den felsigen Hang gehauenen Anstiegsstrecke. Vor dem Eingang in den zweiten Tunnel genießt man prächtige Ausblicke auf die breite Talfurche des Etschtales mit seinen ausgedehnten Kulturgründen.

* St. Hippolyt, 758 m. Unmittelbar beim Tunnelausgang re. Fußsteig W 64 zum Kirchlein St. Hippolyt. Das kleine, ehrwürdige Gotteshaus krönt einen felsigen Höhenrücken, der, wie Funde belegen, bereits in prähistorischer Zeit besiedelt war. Berühmt ist die Aussicht, die als eine der schönsten des Burggrafenamtes gilt und nicht weniger als 20 Ortschaften und gegen 40 Burgen einschließt. Reizvoll auch die nähere Umgebung mit den kleinen, in eine liebliche Hügellandschaft eingebetteten Dörfern Völlan und Tisens. Jenseits vom Etschtal erheben sich die Sarntaler Alpen mit der markanten Pyramide der Ifinger Spitze (2581 m), von N öffnet sich das Passeiertal, li. davon die Ausläufer der stillen Texelgruppe. Z 1 Std.; LA 1.

Die schön gelegenen Terrassendörfer *Tisens / Tesimo* (631 m) und *Prissian / Prissiano* (610 m), letzteres von Fahlburg, Wehrburg und Zwingenburg umgeben, erreicht man auf einer links abzweigenden Zufahrt.

Dann wendet man sich nach W in das Prissianer Tal. Nachdem man *Gfrill* und das kleine *Bad Gfrill* passiert hat, beschreibt die Straße eine große Schleife zum *Gampenjoch (1518 m), das, zwischen bewaldeten Höhen eingeschnitten, keinerlei Aussicht bietet. 99

W 65 ** Laugenspitze, 2433 m.** Dank ihrer weitgehend isolierten, von keinem Nachbargipfel beeinträchtigten Lage bietet die Laugenspitze / M. Luca ein umfassendes Panorama, eine wahre „Südtiroler Gipfelschau"! Am Horizont reihen sich berühmte Höhen aneinander: Ötztaler, Stubaier und Zillertaler Alpen, Dolomiten, Brenta, Presanella, Ortler-Cevedale-Gruppe. Nur gegen S hin ist der Ausblick freier und verliert er sich im Dunst ferner Bergketten.

Die Besteigung der Laugenspitze setzt zwar Trittsicherheit voraus, bietet dem bergerfahrenen Wanderer aber keine Schwierigkeiten. Die beiden Anstiegswege, von denen der eine über die Südseite (besser mark.), der andere über die Nordostflanke verläuft, haben ihre Ausgangspunkte je ca. 1 km unterhalb vom Gampenjoch an der Paßstraße. Sie treffen unter dem Gipfel beim kleinen Laugensee zusammen und lassen sich gut zu einer Rundtour verbinden. Bemerkenswerte Flora. Z 6 Std.; LA 2–3. Hierzu Wanderwege-Karte 24 Mendelgebirge.

Die Strecke nimmt auf der südlichen Paßrampe einen zielstrebigen Verlauf. Die kleinen Orte *Unsere Liebe Frau im Walde / Senale* (1351 m) und *St. Felix / S. Felice* bilden mit *Laurein / Lauregno* und *Proveis / Proves* die vier deutschsprachigen Gemeinden am Nonsberg. Die deutschitalienische Sprachengrenze verläuft vom Mendelpaß in Richtung auf das Gampenjoch. Von St. Felix lohnende Fußwanderung zum *Tretsee* (Markierung Nr. 9), ca. 1 Std., Abzweigung beim Gasthaus „Rose". Der See war im Berichtsjahr ausgetrocknet.

Von „Unsere liebe Frau im Walde" Bau einer neuen Straße zu den Nachbargemeinden *Laurein / Lauregno* und *Proveis/Proves* (1420 m); diese Verbindung wird künftighin die direkte Zufahrt von Südtirol zu den abgeschiedenen Orten am Deutschnonsberg herstellen. Im Sommer ein stilles Wandergebiet, im Winter ein schneesicheres, zukunftsträchtiges Skigebiet.

In *Fondo* (988 m) trifft man auf die S.S. 42 (Mendel-Tonale-Straße), die nach O auf die **Mendel, 11 km, führt und nach SW zum Ponte Mostizzolo hinabzieht, 19 km. **Clès** (658 m) kann man sowohl über *Cagno* auf der neuen, den Nordzipfel des aufgestauten *Lago di S. Giustina* überquerenden Straßenbrücke als auch auf der über *Sanzeno* und *Dermulo* verlaufenden S.S. 43dir. erreichen. Die erstgenannte Strecke ist zwar um 3 km kürzer, aber sehr windungsreich.

Freude am Autofahren und am erholsamen Wandern in den schönsten Alpenregionen durch die Kombination **auto + wanderschuh.** Im Osten schließt der Band DOLOMITEN, im Norden der Band TIROL an.

 Denzel-Autoführer-Verlag, A-6020 Innsbruck, Maximilianstraße 9

Route 11

Etschtal Meran-Bozen

Das Südtiroler Etschland läßt sich in vier Gebiete einteilen: Den *Vinschgau* von der Etschquelle bis zur Talstufe bei der Töll, das *Burggrafenamt* mit dem Becken von Meran, dem Passeiertal und dem Ultental, das *Bozner Unterland,* welches gegen die Dolomiten durch das Bozner Porphyrplateau begrenzt ist, und schließlich das zwischen Etsch und dem Mendelstock gelegene *Überetsch.*

Die S.S. 38 von Meran nach Bozen weist im allgemeinen einen guten Ausbau auf, hat jedoch einige gefährliche Kurven. Die Verkehrsfrequenz erreicht in Spitzenzeiten die Stufe ① und die 28 km lange Straße gilt als sehr unfallträchtig. Die Straße folgt stets dem linken Ufer der Etsch in einer an Obst- und Weingärten überreichen, breiten Talung.

Zu besonders verkehrsreichen Zeiten kann man re. der Etsch auf „Entlastungsstraßen" besser vorwärtskommen: Man benützt dann die Route Meran—Tscherms—Lana—Andrian—Unterrain—Frangart—Bozen. Bis 1977 soll Meran durch eine 25 km lange kreuzungsfreie Schnellstraße beim Knoten *Bozen-Süd* an die Brennerautobahn angeschlossen sein.

Man verläßt ****MERAN / MERANO** in Untermais und hat links am Hang den Blick auf das Schloß Katzenstein, dahinter ragt die Fragsburg (734 m) auf, welche man von Obermais aus auf schmalem Fahrsträßchen erreichen kann.

Hinter *Burgstall / Postal* (267 m) ist links die Talstation der **Seilbahn** nach **Vöran** (1182 m), welches Bergdorf aussichtsreich auf dem Mittelgebirge liegt. Vom gegenüberliegenden Etschufer grüßen Schloß Neu-Brandis neben der Ruine Alt-Brandis herüber. Man passiert die Orte *Gargazon* und *Vilpian* (264 m).

Von sich reden macht das Rosendorf *Nals* (331 m); der hier gezogene Weißsirmianer wird dem Liebhaber eines guten Tropfens Südtiroler Weine köstlich munden. Auf dem Weg nach *Sirmian* sind die Schwanenburg (sehenswerter Innenhof), die Schloßruine Payersberg und vor allem die aussichtsreich auf einem Hügel hoch über der Etsch thronende Kapelle St. Appolonia (900 m) beliebte Ausflugsziele.

W 66 **** St. Jakob, 922 m.** Von Vilpian führt eine gute Straße, 2 km, über die Etsch nach Nals (331 m). Das bekannte Weindorf, hübsch am Fuß der Mittelgebirgsterrasse von Tisens gelegen, ist Ausgangspunkt einer lohnenden Rundwanderung, die einen vorzüglichen Eindruck von der Vielfalt und Schönheit der Etschlandschaft vermittelt. Die Runde beginnt bei der Schwanburg in Nals und führt zunächst hinauf zu der über einem steilen Felsabsturz thronenden Ruine Payersberg. Im weiteren Anstieg (Mark. 9) passiert man den Weiler Sirmian (687 m) und die reizvoll gelegene kleine Hügelkirche St. Appolina (902 m, 1¹/₂ Std.). Dann geht es fast eben und meist durch Wald (Mark. 8) weiter zum Kirchlein St. Jakob, das in seinem Innern kostbare romanische Fresken (12. Jh.) birgt. Nun in n. Richtung über den Flecken Grissian (933 m) hinab nach Prissian (610 m). Der Ort liegt an der Straße Nals—Tisens, umgeben von seinen drei stattlichen Burgen, Fahlburg, Wehrburg und Zwingenburg. Abschließend wandert man auf gutem Weg (Mark. 2), vorbei an den Ruinen von Casatsch, der sechsten Burg an dieser abwechslungsreichen Runde, zum Ausgangspunkt zurück. Auch für Familien. Z. 4¹/₂ Std.; LA 1–2. Hierzu Wanderwege-Karte 24 Mendelgebirge.

*Mölten, 1140 m

Am n. Ortsrand von *Vilpian* (264 m) liegt unmittelbar an der S.S. 38 die Talstation der **Seilschwebebahn** nach **Mölten.** Von ihrer Bergstation, die nach kurzer Fahrt erreicht ist, hat man in das Bergbauerndorf noch ca. 50 Gehminuten.

Z. Zt. befindet sich eine 4—5 m breite Bergstraße in Bau, die Mölten für den Autoverkehr erschließen wird. Ihre Trasse gewinnt bei Höchststeigungen von 10% an der steilen Westflanke des Tschaufernocks mit einigen Serpentinen rasch an Höhe und führt dann über *Verschneid* (1104 m) nach *Mölten* (1140 m), 15 km. Im Berichtsjahr fehlte der bautechnisch schwierige untere Abschnitt, so daß es nur kleinen und wendigen Fahrzeugen möglich war, die miserable Auffahrt von *Terlan* aus zu benützen.

W 67 **St. Ulrich, 1346 m.** W. von Mölten, auf einer weithin sichtbaren Kuppe, die Siedlungsspuren aus prähistorischer Zeit aufweist, erhebt sich das Kirchlein St. Ulrich, ein schlichter romanischer Bau. Es ist sowohl von Mölten (Mark. 13 / U) als auch von der Seilbahnstation (Mark. S / U) aus auf schönen Wegen leicht erreichbar. Nahebei Gasthof. Z 1–2 Std.; LA 1. Hierzu Wanderwege-Karte 16 Salten.

W 68 *** Vöran, 1204 m.** Das vielverzweigte Wegenetz am Tschöggelberg bietet reichlich Gelegenheit zu Wanderungen und Spaziergängen, die ein gutes Bild von der stillen, noch recht ursprünglichen Mittelgebirgslandschaft vermitteln. Bedingt durch das eher sanft-hügelige Terrain sind sie durchwegs als leicht einzustufen. Vor allem zwischen

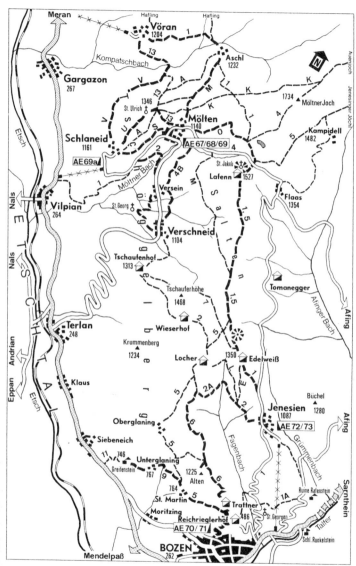

Wanderwege-Karte 16 Salten

Mölten und Vöran, das sich einer aussichtsreichen Lage rund 900 m über der Etsch erfreut, lassen sich reizvolle Rundwanderungen durchführen, die auch Familien und älteren Menschen empfohlen werden können. Die Wegverhältnisse sind durchwegs zufriedenstellend; wichtig ist allerdings, daß man sich genau an die Mark. hält, um jeweils an das gewünschte Ziel zu gelangen. Z 3—4 Std.; LA 1—2. Hierzu Wanderwege-Karte 16 Salten.

W 69 *Salten (Lafenn, 1527 m).** Beliebtes Ausflugsziel, mark. Wege O und 4 von Mölten. Z 2¹/₂ Std.; LA 1—2. Vgl. W 73. Hierzu Wanderwege-Karte 16 Salten.

W 69a *Möltner Rundwanderung. Eine besonders empfehlenswerte Halbtagestour auf meist ebenen Wegen. Auffahrt von Vilpian, Talstation an der SS. 38, mit Seilbahn zur Bergstation Hahnlegg. Hier eindrucksvoller Tiefblick in das Etschtal mit seinen Burgen und beckenfüllenden Obstkulturen. Darüber markante Erhebungen wie Laugenspitze, Gantkofel und Penegal. Man folgt anfangs dem schattigen Fahrweg nach Mölten, biegt jedoch nach ca. 1 km re. auf den schmalen Steig mit Mark. 2 ein, welcher zur Schwablmühle am Möltner Bach hinableitet. In kurzem Anstieg erreicht man die Fahrstraße Mölten-Verschneid und folgt dieser bis zur Häusergruppe Versain. Hier re. auf Weg mit Mark. „G" abwechslungsvoll durch Wald und Wiesen weiter zur weithin auf einer Kuppe sichtbaren Kapelle St. Georg. Über die Felder nach Verschneid (1104 m) mit malerischen walmdachartigen und strohbedeckten Wirtschaftsgebäuden. Von der Kirche wählt man nach Mölten den Waldweg mit Mark. 4 B und meidet damit die Fahrstraße. Das schmucke Bergdorf Mölten liegt hingebreitet auf einem sonnseitigen Hang und wurde als Kastell Melatum erstmalig 590 n. Chr. erwähnt! Sehenswerte Pfarrkirche aus dem 13. Jh. mit stimmungsvollem Bergfriedhof. Zurück zur Seilbahnstation Hahnlegg entweder aussichtsreich auf Weg „S" über Schlaneid oder auf staubigem, durch den Wald führenden Fahrweg (45 Min.). LA 1—2; Z 4 Std.

Hinter der weinberühmten Ortschaft TERLAN / TERLANO (248 m) sieht man von der Hauptstraße aus auf einem Felsvorsprung die Ruine Maultasch, etwas weiter talabwärts auf steilem Fels die Ruine Greifenstein. *Siebeneich / Settequerce* läßt man links liegen und fährt dicht am Moritzinger Schwefelbad vorüber. Schließlich trifft man nach Durchquerung des Neufeldes auf eine Straßenteilung: rechts auf der „Südtiroler Weinstraße" zu den Ortschaften des Überetsch und zur Mendel, geradeaus der kerzengeraden Pappelallee folgend nach **BOZEN** / BOLZANO (262 m).

Route 12

Bozen und Umgebung

Bozen/Bolzano, 262 m

Am Zusammenfluß von Eisack und Talfer liegt die Hauptstadt Südtirols. Bereits 15 n. Chr. als römische Militärstation Pons Drusi erwähnt, seit 680 Sitz eines bayrischen Pfalzgrafen und 1363 bis 1919 habsburgisch, ist die Stadt nicht nur wirtschaftlicher und Verkehrsmittelpunkt des Landes, sondern auch kulturelles Zentrum Südtirols. Die historische Bedeutung findet ihren Ausdruck in zahlreichen Kunstdenkmälern. Unter ihnen sind besonders hervorzuheben: die *Pfarrkirche, ein von der deutschen Spätgotik beeinflußter Bau; das Franziskanerkloster mit seinem filigranhaften Kreuzgang. Ferner die stattlichen Bürgerhäuser aus drei Jahrhunderten (16.—18. Jh.), die alte Pfarrkirche in Gries mit dem herrlichen **Schnitzaltar von Michael Pacher. Viele Burgen und Schlösser findet man in der näheren Umgebung Bozens. Die Lage der Stadt ist auch landschaftlich reizvoll. Im Halbrund von steilen, teils bewaldeten, teils von Rebleiten umschlossenen Hängen öffnet sich der Bozner Talkessel weit gegen SW hin zur Etsch. Im O ragt über dem schluchtartigen Eggental der sagenumwobene Rosengarten empor.

* Guntschnapromenade. Vielbegangene Bergpromenade. Sie beginnt unmittelbar oberhalb der alten Grieser Pfarrkirche und windet sich, gesäumt von subtropischer Vegetation (u. a. Agaven, Zypressen, Pinien und Kakteen), in zahlreichen kunstvoll angelegten Serpentinen an steiler Berglehne zu den Guntschnaer Weinleiten hinauf. Nach 30 Minuten erreicht man den Reichrieglerhof (486 m), mit prächtiger Aussicht auf die Stadt, das Unterland und hinüber zu den Felszinnen der Dolomiten (Rosengarten, Latemar). Von hier kann man entweder den gleichen Weg zurückgehen oder über die Miramontistraße zur Talfer absteigen. Z 1 Std.; LA 1. Hierzu Wanderwege-Karte 16 Salten. **W 70**

Wer den Abstecher zum Reichrieglerhof unternimmt, sollte auf keinen Fall einen kurzen Besuch in der alten Grieser Pfarrkirche versäumen. Sie birgt in der Erasmuskapelle ein echtes Juwel spätmittelalterlicher Sakralkunst, den gotischen ** Flügelaltar von Michael Pacher (1475), nach dem Altar von St. Wolfgang das bedeutendste Werk des Meisters.

* Ruine Greifenstein, 746 m. Auf einem jäh zum Etschtal hin abfallenden Porphyrfelsen thront hoch über Siebeneich die Ruine Greifenstein, einst eine wehrhafte Feste, heute ein wegen seiner weiten **W 71**

Aussicht aufgesuchtes Wanderziel. Der kürzeste Zugang (Mark. 11), von der S.S. 38 über steile Hänge direkt zur Burgruine, ist recht mühsam und deshalb besonders im Hochsommer weniger empfehlenswert; ungleich lohnender ist es, über die Guntschnapromenade zum Gasthaus Trattner aufzusteigen und anschließend auf schönem, fast ebenen Weg (Mark. 5/9) durch die Südhänge des Altenberges nach Unterglaning (767 m, 2 Std.) zu wandern. Von hier aus erreicht man in ca. 30 Minuten, zuletzt auf etwas ausgesetztem Steiglein, die befestigte Kuppe. Herrliche Aussicht. Z 4¹/₂ Std.; LA 2. Hierzu Wanderwege-Karte 16 Salten.

Im N von Bozen, unweit der St.-Anton-Brücke, befindet sich die Talstation der **Seilschwebebahn** nach **Jenesien/S. Genesio.** Sie überwindet in 7 Min. den Höhenunterschied zu dem aussichtsreich am Südostrand des Salten gelegenen Bergdorfes.

*Jenesiersträßchen (1087 m)

Das wohl schmalste und auch steilste Fahrsträßchen Südtirols mit einer Dauersteigung von 22% führt von Bozen nach *Jenesien* (1087 m). Die maximalen Steigungen liegen in den Wendepunkten und können mit 30% eingeschätzt werden! Es gibt auf der 6,3 km langen Strecke Engstellen von nur 1,90 m Breite. Geschwindigkeitslimit 20 km/h ist vorgeschrieben. Besonders ausgesetzte Stellen sind durch Leitplanken abgesichert. Unübersichtliche enge Kurven und nur wenig Ausweichen. SG. ③—④, nur berggewohnten Fahrern von Klein- und Mittelklassewagen zu empfehlen.

Man zweigt vom Gscheibten Turmweg nach 150 m re. ab, überquert die Fagenbachbrücke, um dann li. in den Jenesierweg einzubiegen (geradeaus Rafensteiner Weg). Hinter der Brücke sofort den 1. Gang einlegen, da die kräftige Steigung unvermittelt beginnt. Man fährt bei *St. Georgen* abschnittsweise mitten durch die „Weinpergeln" bis im oberen Streckenteil Laub- und Nadelbäume einen höheren Vegetationsgürtel anzeigen. Auf den letzten Kilometern vor Jenesien wurde die Straße 4—5 m breit ausgebaut, sie ist durchgehend asphaltiert bzw. betoniert.

Die Straße setzt sich, gute Aussicht auf Schlern und Rosengarten bietend, ö. des Salten bis *Flaas* (1357 m) fort, wo sie die Verbindung mit den Tschöggelberger Gemeinden *Mölten* und *Aschl* erhält. Im Berichtsjahr in Bau.

W 72 ***Altenberg, 1225 m.** Von Jenesien kann man auf gutem Weg über den Altenberg nach Bozen absteigen. Eine bequeme Bergabwanderung, die mit einer Fülle bemerkenswerter Szenerien aufwartet. Man hat abwechslungsweise freie Sicht auf die abenteuerliche Zackenreihe der Dolomiten im O und auf das Überetsch im S, den hoch hinauf bewaldeten Mendelkamm und die Brentagipfel im SW; auf dem letzten Viertel des Weges, beim Abstieg durch die Südflanke des Alten, wird auch der Blick auf den Bozner Talkessel und das Unterland frei. Man folge den Mark. 2, 2 A und 6. Z 2–2¹/₂ Std.; LA 1–2. Hierzu Wanderwege-Karte 16 Salten.

** Salten (Lafenn, 1527 m). W 73

Der Salten ist unter Kennern längst ein Begriff. Sein breiter, abgeflachter Rücken erhebt sich nw. von Jenesien. „Pferdehimmel und Wanderparadies", so ließe sich diese malerische Mittelgebirgslandschaft zwischen Etsch und Talfer charakterisieren. Zahlreiche mark. Wege, meist ohne größere Steigungen, eröffnen vielfältige Wandermöglichkeiten weitab von Lärm und Hektik. Die höchste Kuppe des Salten, die Lafenn, krönt das Kirchlein St. Jakob, ein schlichter Bau aus dem 13. Jh. mit spätgotischem Chor (16. Jh.). Es schaut weit über das Land, gegen W bis zu den ewig weißen Gipfeln um König Ortler, im SO tief hinein in die Felslandschaft der Dolomiten und gegen S bis zu jenen letzten Bergketten, hinter denen die Ebene beginnt. Am lohnendsten ist es, den Weg von Jenesien über das Gh. Edelweiß zum Salten zu wählen (Rückwegvariante über das idyllisch gelegene Gh. Locher). Man folgt von Jenesien zunächst dem Fahrsträßchen in Richtung Flaas (Mark. 2). Gleich am Waldrand beginnen die gut mark. Wanderwege. Bei der ersten Wegeteilung hält man sich re. auf dem mit „E" bezeichneten Steig (geradeaus neu angelegter Waldweg „L" zum Locherwirt). Nach den ersten Serpentinen Prachtblick auf Jenesien mit Schlern und Rosengarten als klassischen Hintergrund. Weiter bequem ansteigend in ca. 1 Std. zum Gh. Edelweiß, inmitten einer Waldlichtung gelegen. Nun der Mark. 1 folgend, leitet der Weg durch schütteren Lärchenwald auf die Kammlinie des aussichtsreichen Salten. Man kommt an den ehemal. Flakstellungen der Deutschen Wehrmacht vorbei, wo sich eine umfassende Rundsicht erstmals eröffnet: Im O über dem schluchtartigen Einschnitt der Talfer das Rittner Horn, daran schließen sich gegen SO die Dolomiten an, im S türmt sich hinter dem Penegal die Brenta auf, im SW Laugenspitze und Hochwart mit der Senke des Ultentales, im W die Texelgruppe mit Roteckgletscher. Besonders im Herbst eine zauberhafte Landschaft, welche in ihrem Kern vom mot. Verkehr auch künftighin verschont bleiben muß! Man trifft auf die Wegvereinigung mit Nr. 5 (ab hier empfehlenswerter Rückweg über Gh. Locher) und hat bis St. Jakob in Lafenn eine einzigartige Kammwanderung über sanft gewellte Almböden. Z 4¹/₂ Std. (Jenesien); LA 1–2. Andere Ausgangspunkte sind Vöran (Aschl), Mölten und Flaas. Hierzu Wanderwege-Karte 16 Salten.

* Oswaldpromenade. W 74

An der Mündung des Sarntals, unweit von Schloß Klebenstein, nimmt die Oswaldpromenade ihren Ausgang. Sie gewinnt in mehreren Serpentinen, begleitet von gepflegten Anlagen mit z. T. subtropischem Pflanzenschmuck, an den steilen Südhängen des Rittner Berges an Höhe. Dabei genießt man den bemerkenswerten Tiefblick auf Bozen und seine nähere Umgebung. Nach ca. 30 Min. ist bei zwei charakteristischen Felsen, den „Wilden Män-

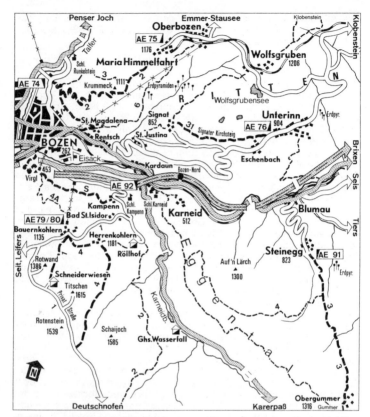

Wanderwege-Karte 18 Titschen

nern", der höchste Punkt der Bergpromenade, knapp 150 m über der Stadt, erreicht. Beim Weiterweg wird auch der Blick gegen O, auf den Rosengarten, dessen Zinnen und Türme sich über bewaldeten Vorbergen erheben, frei. Vor allem am Spätnachmittag, wenn die letzten Strahlen der untergehenden Sonne auf die schroffen und hellen Kalkfelsen treffen, kann man unvergeßliche Eindrücke erleben! Die Oswaldpromenade senkt sich abschließend durch Weingüter hinab nach St. Magdalena (369 m), ihrem s. Endpunkt. Z $1^1/_2$ Std.; LA 1. Hierzu Wanderwege-Karte 18 Titschen.

Kunstfreudige Laien wie anspruchsvolle Kenner bedienen sich der **SB-Farb-Kunst-führer** aus dem Südtiroler Bildverlag – Bozen. Handlich im Format und praktisch durch ihre Faltweise, vermitteln sie eine rasche und übersichtliche Information sowie einen guten Überblick über die Kunst- und Kulturgeschichte Südtirols. In allen einschlägigen Geschäften erhältlich.

** Rittner Straße, 1380 m

Ausgangspunkt der Panoramastraße ist der 2,5 km von **Bozen** entfernte Vorort *Rentsch / Rencio* an der alten Brennerstraße. Sie erschließt nunmehr auch dem Kraftfahrer das landschaftlich reizvolle Hochplateau zwischen Eisack und Talfer, das 50 Jahre lang nur mit einer Zahnradbahn zu erreichen war. Diese wurde 1966 von einer leistungsfähigeren **Seilschwebebahn** abgelöst, deren je 50 Personen fassende Großkabinen die Höhendifferenz von Bozen bis **Oberbozen** (1221 m) in wenigen Minuten überwinden. Als lokale Adhäsionsbahn pendelt die alte Zugsgarnitur auch heute noch zwischen Oberbozen und *Klobenstein*, 8 km.

Die 6—7,5 m breite Rittner Straße windet sich zunächst in fünf aussichtsreichen Kehren durch die berühmten Rebhänge von *St. Justina* (452 m) und dem Leitach empor. Die Steigungsverhältnisse entlang der Lehne des Rittner Berges sind ausgeglichen und überschreiten nirgends 7%. Schwierigkeitsgrad ②. Man gelangt am einzeln gelegenen Gh. „Lun" vorbei. Während der weiteren Auffahrt nach *Unterplatten* taucht der sagenumwobene Rosengarten mit seinen bizarren Vajolettürmen in erhabener Schönheit auf. Nach Überwindung einer zweiten Serpentinengruppe hat man den Einkehrgasthof „Eberle" erreicht und wenig später ist die Sicht auch auf das behäbige Schlernmassiv, kühn flankiert von Santner- und Euringerspitze, frei. Li. der Straße auf einer kleinen Anhöhe ein spätgot. Kirchlein. Wenig unterhalb vom Gh. „Eberle" Abzw. des einspurigen, verbotenen Fahrweges (Mark. 1) nach *Signat* über die besonders aussichtsreiche Terrasse.

Die Rittner Straße zieht nun in einer weit ausholenden Schleife zum reizvoll auf einer Mittelgebirgsterrasse gelegenen Dorf *Unterinn/Anna di Sotto* (904 m). Hier Abzw. eines Fahrsträßchens über *Wolfsgruben* (1206 m) nach *Oberbozen / Soprabolzano* (1221 m). Die Höhendifferenz gegenüber Bozen beträgt nahezu 1000 m, weshalb die „Dependance" ganz andere klimatische Verhältnisse aufweist als die Talferstadt. Das Rittner Plateau bietet bes. im Sommer einen angenehmen Aufenthalt und ist wegen seiner fast ebenen Spazierwege für Kinder und ältere Leute geeignet.

* Krummeck, 1111 m. Von Oberbozen kann man auf gutem Weg (Mark. 2) über Maria Himmelfahrt (1176 m) und das Krummeck nach Bozen hinabsteigen. Diese leichte Bergabwanderung vermittelt prächtige Ausblicke, die sich im oberen Wegabschnitt vor allem auf Rosengarten und Latemar, weiter unten dann auf Bozen, das Überetsch, die Mendel und das breite Etschtal richten. Auch für Familien geeignet. Z 2 Std.; LA 1—2. Hierzu Wanderwege-Karte 18 Titschen. **W 75**

* Signater Kirchsteig. Zu den reizvollsten Wanderwegen am Südrand des Ritten zählt der Signater Kirchsteig, der Unterinn mit dem kleinen, hübsch gelegenen Weiler Signat (852 m) verbindet. Er vermittelt eine Fülle malerischer Detailbilder und bemerkenswerte Ausblicke, unter denen jene hinüber zu den hellen Felszinnen der Dolomiten mit Rosengarten und Schlernmassiv besonders hervorzuheben sind. Im Herbst schön gefärbter Edelkastanienhain, durch den der Wanderweg verläuft. Z 2$^1/_2$ Std.; LA 1—2. Hierzu WW.-Karte 18 Titschen. **W 76**

Die Panoramastraße führt weiter zum Gh. „Weber im Moos" in *Gasters* (1116 m) und erreicht schließlich mit einer Schleife um den Stegerbach **Klobenstein / Collalbo** (1156 m), den Hauptort der Gemeinde Ritten in prächtiger Aussichtslage, 15 km. Von Gasters Zufahrtstraße Wolfsgruben —Oberbozen. Die nunmehr schmale Rittner Straße setzt sich fort über das Gh. „Riggermoos" nach *Oberinn / Auna di sopra* (1300 m). Schließlich endet sie, 26 km von Bozen entfernt, in *Wangen / Vanga* (1064 m) an den sw. Abhängen des Rittner Plateaus hoch über der Talfer.

Der Straßenast von Klobenstein (Nordumfahrung) über *Lengmoos* (enge Ortsdurchfahrt!), *Maria Saal* (1185 m) und *Mittelberg* mit seinem weithin sichtbaren Kirchturm endet nach aussichtsreicher Trassenführung in *Lengstein* (972 m). Die berühmten Erdpyramiden von Maria Saal erreicht man bequem von Lengmoos aus (Parkplatz beim Gh. „Spögler") auf einem re. abzw. Promenadeweg in ca. 20 Min.

W 77 *** Bad Süß, 1430 m** und *** Rittner Erdpyramiden.** N. von Klobenstein, im oberen Finsterbachtal, liegt in malerischer Umgebung Bad Süß mit einer schwach eisenhaltigen Quelle (Gasthof). Es ist auf verschiedenen mark. Wegen erreichbar; empfehlenswert ist die Runde über Tann (1534 m) — Bad Süß — Maria Saal (1185 m) und Lengmoos. Sie vermittelt bemerkenswerte Ausblicke auf den Schlern und einige Gruppen der westl. Dolomiten (Geislerspitzen, Sella, Langkofel, Rosengarten, Latemar). Besondere Beachtung verdienen die hochinteressanten * Erdpyramiden von Maria Saal, an denen man beim Rückweg vorbeikommt. Auch für Familien. Z 3¹/₂ Std.; LA 1—2. Hierzu Wanderwege-Karte 17 Ritten.

W 78 ***** Rittner Horn, 2260 m.** Dank ihrer günstigen Lage zwischen den großen Tälern der Etsch und des Eisack bieten die Gipfel der Sarntaler Alpen fast durchwegs eine außerordentlich schöne und weite Aussicht. Nicht zu Unrecht sagte der bekannte Alpenerschließer Ludwig Purtscheller: „Wer Tirol mit einem Blick überschauen will, der besteige diese Höhen!" In ganz besonderem Maß trifft diese Feststellung auf das Rittner Horn, die weit gegen S vorgeschobene Randerhebung der Sarntaler Berge, zu. Sein Gipfel bietet eine altberühmte Aussicht, die von den Gletscherriesen des Ortler im W bis weit in die sagenumwobene Dolomitenwelt im O und von den Stubaier Alpen bis zu den Bergketten um den Gardasee reicht.

Günstiger Ausgangspunkt für eine Besteigung des Rittner Horns ist Oberinn. Der leichte und durchwegs gut mark. Weg (Nr. 1 / 4) verläuft über die Einsattelung des Roßwagens (1702 m) und das ganzjährig bewirtschaftete Unterhorner Haus (2044 m, 2¹/₂ Std.). Am Gipfel selbst steht das Rittnerhornhaus / Rif. Corno d. Renon des CAI. Z 5 Std.; LA 2. Hierzu Wanderwege-Karte 17 Ritten.

* Berggasthaus Pemmern, 1532 m

Von *Klobenstein* hat man nach N eine Stichstraße über das Wh. „Tann", von hier Zufahrt nach *Bad Süß* (1430 m), zum Berggasthaus „Pemmern" (1532 m). Dieses Fahrwegende vermittelt den dz. kürzesten und auch bequemsten Anstieg über die Unterhornhütte (2042 m) auf den Ritten.

Kohlererberg, 1300 m

Bei der sogenannten „Pineta-Siedlung" im Steinmannwald kurz vor *Leifers* (258 m) li. Abzw. eines teilweise ausgebauten und asphaltierten Serpentinensträßchens, das den Kohlererberg von W her erschließt. Beschilderung *Seit/Costa*, 5 km. Es führt über den Gh. „Rechtebner" in prächtiger Aussichtslage über dem Bozner Unterland und endete im Berichtsjahr an der einfachen Almwirtschaft „Schneiderwies" in Kohlern, 1300 m. Von hier provis. Fahrweg nach *Bauernkohlern* 1135 m. Schließlich hat man über *Kampenn* ein Bergsträßchen hinab zur Talstation der Virgl-Schwebebahn.

Unmittelbar s. von Bozen erhebt sich der Kohlererberg mit seinen idyllischen Sommerfrischen *Herrenkohlern* (1181 m) und *Bauernkohlern* (1135 m). Die **Seilschwebebahn** hat ihre Talstation im SO der Stadt, nahe der Umfahrungsstraße; sie erschließt den waldreichen Bergrücken, welcher ein beliebtes Ausflugs- und Wandergebiet ist.

** Rund um den Titschen. Außerordentlich lohnend ist die Wanderung um den Titschen, die man auf guten und einwandfrei bez. Wegen (Mark. 1 / 4) von Bauernkohlern bzw. Schneiderwiesen unternehmen kann. Sie verläuft größtenteils durch schattenspendenden Wald, was vor allem an Hochsommertagen als sehr angenehm empfunden wird, und vermittelt eine Vielzahl herrlicher Ausblicke, so u. a. vom Rotenstein (1539 m) hinab ins Etschtal. Die umfassendste Aussicht genießt man vom höchsten Punkt, dem Titschen (1615 m), zu dem von Schneiderwiesen am Weg Nr. 1 ein Forstfahrweg (durch Schranken versperrt) hinaufführt (45 Min. Aufstieg). Die bemerkenswerte Rundschau reicht vom Alpenhauptkamm (Ötztaler, Stubaier und Zillertaler Alpen) bis zum Monte Baldo; im O beherrschen die Dolomiten das Blickfeld und im W bauen sich über dem Mendelkamm die Gipfel der Brenta, der Presanella und der Ortler-Cevedale-Gruppe auf. Z 3¹/₂ Std.; LA 1—2. Hierzu WW.-Karte 18 Titschen. **W 79**

Kampenn, 634 m. Wer nicht mit der Kohlerer-Seilbahn ins Tal zurückkehren möchte, kann auf bez. Wegen über Kampenn und den Virgl zu Fuß nach Bozen absteigen. Eine lohnende, auch für Familien geeignete Bergabwanderung, die prächtige Ausblicke auf den Ritten und das Schlernmassiv bietet. Von Bauernkohlern geht es zunächst auf mark. Fahrweg (Bez. 1) über das hübsch gelegene Bad St. Isidor (923 m) hinab nach Kampenn (634 m), dessen Schloß (12. Jh.) einen kurzen Besuch verdient. Nun weiter auf dem sogenannten „Schulsteig" (Bez. S), der leicht fallend die Nordhänge des Kohlernberges quert. Nach ca. 1³/₄ Std. erreicht man den Virgl (433 m), einen bekannten Aussichtspunkt über Bozen, unweit der Talfermündung in den Eisack. Von hier entweder zu Fuß oder mit der Virgl-Seilschwebebahn hinab in die Stadt. Z 2¹/₄ Std.; LA 1—2. Hierzu Wanderwege-Karte 18 Titschen. **W 80**

Route 13

Unteres Eisacktal Brixen-Bozen

Zwischen den beiden Talengen von Franzensfeste und Klausen weitet sich das Eisacktal zum *Brixner Talbecken aus, welches von hohen Bergen umrahmt ist. Das Mittelgebirge, das sich terrassenförmig vorschiebt und von eiszeitlichen Moränen und Flußablagerungen gebildet wurde, bietet mit seinen lieblichen Dörfern, altersgrauen Schlössern und Burgen malerische Anblicke. Rebenumrankte Hügel und große Obstanlagen reichen unmittelbar bis an den Stadtrand.

In der Talsohle fließt der Eisack mitten durch das Städtchen und vereinigt sich am Südrande Brixens mit der Rienz, die durch eine enge Schlucht von NO aus dem Pustertal kommt. Da das Eisacktal in Nord-Süd-Richtung verläuft und der Brixner Talkessel gegen S offen, gegen N jedoch im Schutz des Alpenhauptkammes liegt, reicht die mild einwirkende Meeresluft bis hierher. Die klimatischen Verhältnisse sind daher besonders ausgeglichen und gut verträglich. Nebel gibt es hier fast nie. Diese vorzügliche geographische Lage bringt auch eine vielgestaltige Flora und Fauna hervor; kontrastreich stehen sich die Zillertaler Gletscher im N und die Kastanienhaine, Weinberge und Edelobstgärten hier gegenüber.

Schalderer Tal (Steinwendalm, 1500 m) und Spiluck, 1300 m

In *Vahrn* (671 m) Abzw. eines schmalen und windungsreichen, jedoch asphaltierten Bergsträßchen zum Kirchdorf Schalders, 7 km; durchschnittlich 3,5 m breit, Ausweichen auf Sicht, Steigungen bis 19%. Bei km 4 re. die spitzwinkelige Abzw. des nur 2,5 m breiten Fahrweges (1939/40 als Militärsträßchen gebaut) mit nur wenig Ausweichen, jedoch durchgehend Asphalt, nach dem am Hang verstreuten, besuchenswerten *Spiluck* (1300 m) in sonnseitiger Lage, 3 km.

Vom Gh. „Alpenrose" hat man nur 10 Gehmin. zum berühmten Aussichtspunkt ✳ „Spilucker Platte". Ausblicke auf Geislerspitzen, Plose, Lüsner Alm, Pfunderer Berge, Gitschberg und den vergletscherten Zillertaler Hauptkamm. Tiefblicke in das Brixner Talbecken mit der Bischofsstadt sowie auf die Gesamtanlage von Kloster Neustift. Die Talfurche ist geprägt durch das Betonband der Brennerautobahn mit der Anschlußstelle Brixen-Vahrn und Pustertal.

Folgt man dem Schalderer Sträßchen weiter aufwärts, so gelangt man nach 2 km an eine Wegeteilung: Re. in wenigen Serpentinen hinauf zum Kirchdorf *Schalders* (1166 m) in sonnseitiger Lage. Blick vom Bergfriedhof gegen W in das stark eingeschnittene, bewaldete Hochtal mit den sechs Höfen von Hinterschalders (Kasbach). Darüber erheben sich Schrotthorn (2593 m) und Löffelspitze (2600 m). Talaus hat man den Blick zur Plose und zur Lüsner Alm. Straßenende beim Gh. „Wegscheider". —

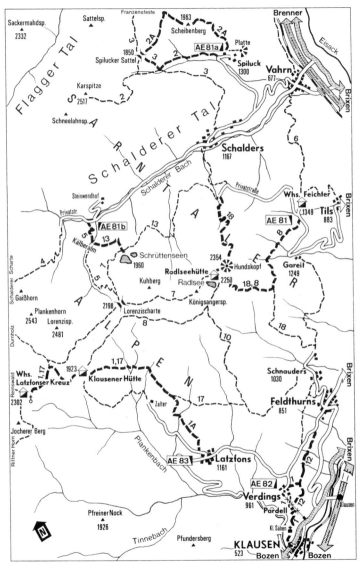

Wanderwege-Karte 19 Feldthurns

Geradeaus hinab in die Talsohle zum schattseitig gelegenen ehemal. Bad Schalders (jetzt Jugend-Ferienheim). Von hier zieht ein geschotterter Fahrweg entlang dem Schalderer Wildbach mit Steigungen von ca. 16% talein, und man erreicht auf ihm nach 3,5 km die von prächtigen Lärchenwäldern umgebene *Steinwendalm* (1500 m), SG. ③. Mehrere gut instandgehaltene, mark. Wanderwege nehmen von diesem Talabschnitt ihren Ausgang. Das von der Steinwendalm anschließende Forststräßchen ist im Besitz des Augustiner-Chorherrenstiftes Neustift bei Brixen und bleibt als Privatsträßchen für den allg. Verkehr gesperrt.

W 81a * Scheibenberg, 1963 m. Unter den Touren, die mit Ausgangspunkt Spiluck möglich sind, ist neben einer Besteigung der Karspitze (2517 m; Z 6 Std., nur für Geübte) vor allem die Runde über den Scheibenberg und den Spilucker Sattel (1850 m) zu nennen. Diese abwechslungsreiche, auch für Familien geeignete Wanderung vermittelt eine Fülle schönster Landschaftsbilder, unter denen die Ausblicke vom Scheibenberg (Sarntaler Alpen, Pfunderer Berge, Rieserfernergruppe, Dolomiten, Natzer Hochfläche und Brixner Talbecken) besonders hervorzuheben sind. Einwandfrei mark. Wege (Nr. 2 A/3/2). Z 3¹/₂ Std.; LA 1—2. Hierzu Wanderwege-Karte 19 Feldthurns.

W 81b * Schrüttenseen, 1960 m. Aus dem inneren Schalderer Tal führt ein mark. Steig (Nr. 5/13) steil durch schattigen Wald hinauf zu den Schrüttenseen, zwei kristallklaren Bergseen, die sich einer bekannt schönen Lage in einer stillen Karmulde unter dem Kuhberg (2428 m) erfreuen. Empfehlenswerte Halbtagswanderung, auch für Familien. Z 2¹/₂ Std.; LA 1—2. Hierzu Wanderwege-Karte 19 Feldthurns.

W 81 ** Radlseehütte, 2250 m, und ***Hundskopf, 2354 m.** Seine exponierte Lage als ein ö. Eckpfeiler der Sarntaler Alpen stempelt den Hundskopf zu einer Aussichtswarte von hohem Rang. Eindrucksvolle Tiefblicke in die umliegenden Täler und eine großartige Gipfelschau, die sich vor allem auf die Zillertaler Alpen und die Dolomiten richtet, wetteifern dabei an Schönheit miteinander. Das geübte Auge lokalisiert eine Vielzahl berühmter Höhen: Hochfeiler, Gr. Möseler, Gr. Löffler und Hochgall im NO, Hohe Gaisl, Tofana, Geislerspitzen, Sella, Marmolata, Langkofel und Cimone della Pala im SO.

Die Besteigung des Hundskopfs läßt sich in eine prächtige Rundwanderung einbeziehen. Sie setzt allerdings wegen ihrer Länge und den zu bewältigenden, recht beträchtlichen Höhenunterschieden etwas Ausdauer voraus. Jene, die es gern gemütlich nehmen, übernachten in der herrlich gelegenen Radlseehütte / Rif. Lago Rodella. Ausgangspunkt der Tour ist der Berggasthof Feichter (1359 m), den man von Brixen über Tils (883 m) und Gareit (1249 m) auf einem schmalen Sträßchen, 9 km, erreicht. Von hier Z 6 Std.; LA 2. Hierzu Wanderwege-Karte 19 Feldthurns.
Die Aussicht von der w. benachbarten Königsangerspitze (2439 m), Weg Nr. 7, Richtung Lorenzi-Scharte, steht jener vom Hundskopf kaum nach.

Von den möglichen Wanderungen seien an dieser Stelle noch jene vom ehemal. Bad Schalders zur Radlseehütte (Mark. 18), durch das Arzfenntal zu den Schrüttenseen (Nr. 7) bzw. zur Lorenzischarte (2196 m) mit Übergang zur Klausner Hütte und jene über die Schalderer Scharte (2329 m) hinüber nach Durnholz (Mark. 4) vermerkt.

* Feldthurns, 851 m

Von *Brixen* kann man auf lohnender Terrassenstrecke über das aussichtsreich gelegene *Feldthurns/Velturno* (851 m) nach *Klausen* gelangen; eine empfehlenswerte Variante für all jene, die gern „mit dem Auto wandern". Die abwechslungsreiche Auffahrt führt mitten durch einen ausgedehnten Hain mit alten Edelkastanien. Von der asphaltierten Höhenstraße hat man schöne Blicke auf die gezackten, im O aufragenden Geislerspitzen. SG. ②. Abzweigungen: Über *Tils* (883 m) zum Wh. „Feichter" (1349 m) in hervorragender Aussichtslage über dem Brixner Talbecken, 7 km. Von Feldthurns nach *Schnauders* (1030 m), 4 km.

Die S.S. 12 nach Bozen verläßt **Brixen** am Rande der Industriezone, überbrückt in Höhe von *Sarns* die Autobahn, mit der sie fast parallel bis zum Eingang in das Villnößtal verläuft. Schöner Blick zur aussichtsberühmten Plose, die man sowohl auf einer Gipfelstraße als auch mit der Seilbahn erreichen kann → DOLOMITEN kombiführer auto + wanderschuh. Das weitbekannte „Gasthaus in der Mahr", dessen Wirt Peter Mayr sich im Tiroler Freiheitskampf 1809 gegen die Franzosen besonders hervorgetan hat, liegt re. abseits der großen Verkehrsträger und läßt sich über den Eisen- und Autobahndurchlaß erreichen. Auf gut ausgebautem Streckenabschnitt gelangt man dicht neben dem aufgestauten Eisack li. an die Abzw. Villnößtal → DOLOMITEN kombiführer auto + wanderschuh. 2 km weiter ist li. die Auffahrt zur *Anschlußstelle Klausen* der Brennerautobahn (Beschilderung A 22), deren Trasse hoch über dem Eisack durch Tunnels und auf Pfeilerbrücken verläuft.

Vor Klausen nimmt den Vorüberziehenden der Blick auf den mächtigen Komplex des Benediktinerinnenklosters *Säben/Sabiona* gefangen, das auf dem steil aufragenden Felsen des Säbener Berges thront. An dieser Stätte war ehedem der Sitz des Bischofs von Brixen, bevor dieser im Jahre 933 nach Brixen verlegt wurde. Auf den Mauern der im Mittelalter abgebrannten Festung wurde 1685 das heutige Nonnenkloster errichtet.

In einem Felstunnel umfährt man ***KLAUSEN**/CHIUSA; die Ortszufahrt zweigt links ab. Die sehenswerte malerische Stadt reiht sich mit zwei Häuserzeilen an der schmalen Hauptgasse auf, wobei die zahlreichen, oft blumengeschmückten Erker die Gasse derart verengen, daß nur mehr ein kleiner Streifen Himmel zu sehen ist. Klausen ist seit eh und je das Ziel bildender Künstler; im Gasthaus „Goldene Rose" begegnet man noch unverfälschtem Lokalkolorit.

Theis, 963 m

Das weit gegen das Eisacktal vorgeschobene Terrassendorf *Theis/Tiso* (963 m) erreicht man über die Villnösser Landesstraße, beschilderte Abzw. li. in Mittermühlen, dann noch 3 km. Jedem Mineraliensammler sind die sogenannten „Theiser Kugeln" (Amethyst-Quarz-Minerale) ein Begriff. Mehrere gute Spazierwege in Ortsumgebung.

Am n. Ortsrand von Klausen direkt neben der S.S. 12 bzw. der Autobahnanschlußstelle befindet sich die Talstation der **Gondelbahn Klausen —Verdings.** Die Bergstation erschließt das Eisacktaler Wandergebiet um Feldthurns, Verdings und Latzfons unterhalb der Königsangerspitze, vergl. W 82 und W 83.

W 82 ** Feldthurns, 851 m.** Das malerisch an einem sonnigen Hang hoch über dem Eisack gelegene Feldthurns erreicht man von Klausen rasch auf asphaltierter Bergstraße, 5 km. Ungleich lohnender ist es allerdings, mit der Seilschwebebahn nach Verdings (961 m) hinaufzufahren und anschließend den herrlichen Höhenweg zu begehen. Er führt durch saftige Wiesen und schattenspendende Waldpartien, vorbei an wogenden Kornfeldern und zuletzt, kurz vor Feldthurns, durch einen schönen Kastanienhain. Dabei genießt man ständig freie Sicht auf die gegenüberliegende Talflanke mit ihren kleinen Dörfern, den verstreut hingetupften Bauernhöfen und den dunklen, bewaldeten Kammhöhen, über denen urgewaltig die Felszinnen der Geisler Spitzen aufragen. Was für ein herrliches Dahinschlendern, so unglaublich fern vom Gewühl der Verkehrsadern drunten im Tal!

Beim Rückweg empfiehlt es sich, auf die Seilbahnfahrt zu verzichten, und über den Flecken Pardell und das besuchenswerte Benediktinerinnenkloster Säben, die „Akropolis Südtirols", nach Klausen abzusteigen. Ein würdiger Abschluß für einen unvergeßlichen Ausflugstag! Z 4 Std.; LA 1–2. Hierzu Wanderwege-Karte 19 Feldthurns.

W 83 * **Latzfonser Kreuz, 2302 m.** Ein beliebtes Ausflugsziel in der weiteren Umgebung von Klausen ist das Latzfonser Kreuz, höchstgelegener Wallfahrtsort Südtirols s. der Kassianspitze (2581 m, vgl. W 94). Alljährlich im Frühling wird das heute noch hoch verehrte Kruzifix von Latzfons (1161 m) zu der 1867–69 errichteten Heiligkreuzkapelle heraufgebracht. Der Stationenweg führt über die schön gelegene Klausener Hütte / Rif. di Chiusa (1923 m, 2 Std.); er vermittelt bemerkenswerte Ausblicke auf die Dolomiten. Das Dorf Latzfons erreicht man von Klausen auf schmaler, nicht staubfreier Straße, 7 km. Z 5$^{1}/_{2}$ Std.; 116 LA 2. Hierzu Wanderwege-Karte 19 Feldthurns.

Zu W 44: Zu den schönsten Bergwanderungen im Obervinschgau zählt die Besteigung des Piz Lat. Blick von Gravelat auf den Reschensee. Foto Eugen E. Hüsler

Zu R 24: Einer der malerischsten Orte an der Gardasee-Ostuferstraße ist Malcesine. Blick nach Norden mit den schneebedeckten Bergen der Brenta im Hintergrund. Foto Ghedina

Ortler 3899 m   Monte Zebrù   Thurwieser Spitze   Mittlere Madatschspitze   Tuckett Spitze   Kristall Spitzen   Geiste Spitze

Zu W 84: Ein Idyll bildet Dreikirchen mit seinen drei eng zusammengebauten Kirchen, deren älteste bereits 1237 urkundlich erwähnt wird. Diese Sehenswürdigkeit läßt sich in eine hübsche Rundwanderung hoch über dem Eisacktal einbeziehen. Foto Oswald Kofler

Zu W 77: Bei einer Wanderung zwischen Lengmoos und Maria Saal verdienen die Rittner Erdpyramiden besondere Beachtung. Es handelt sich bei diesen pfeiler- und pyramidenförmigen
Gebilden um Material aus eiszeitlichem Moränenschutt, dessen lockere Masse durch die
schlagende Wirkung des Wassers ausgespült wurde. Wo Decksteine den Untergrund vor
Erosion schützten, kam es zur Ausbildung solcher bizarren Formen. Foto Eugen E. Hüsler

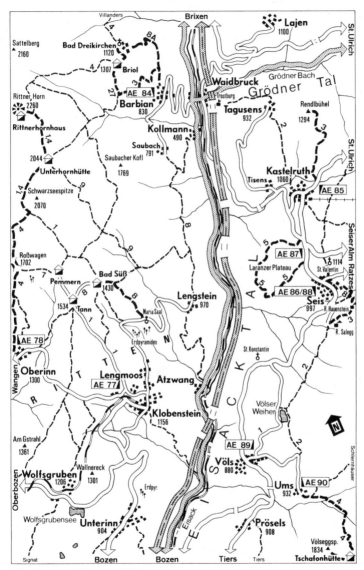

Wanderwege-Karte 17 Ritten

Villanders, 880 m

Von der Klausener Ortsumfahrung re. Abzw. der geteerten Landesstraße nach *Villanders* (880 m). 5 km. Der Ort ist günstiger Ausgangspunkt für den viel Aussicht bietenden Eisacktaler Höhenweg. Mark. Nr. 4 über Schloß Pardell nach *Bad Dreikirchen* 1¹/₂ Std., für Wanderungen auf die Villanders-Alpe, zum Gasteiger Sattel (2057 m) und über die Rittner Alpe auf den Ritten, Mark. Nr. 7.

Besonders eindrucksvoll ist die Trassenführung der Autobahn zwischen Klausen und Bozen durch das schluchtartige Eisacktal: In 2. Verkehrsebene schlängelt sich das Betonband elegant über Hangbrücken, Dämme und durch Tunnelröhren, das schwierige Gelände dieser schmalen Alpenfurche stets geschickt ausnützend. Dabei ragen die Tunnelröhren weit aus den Felsöffnungen heraus, um dem Autofahrer sicheren Schutz gegen Steinschlag zu bieten.

Vor Waidbruck, direkt an der Brennerstraße, liegt das altbekannte und guteingeführte Tiroler Wirtshaus „Zum Kalten Keller", das am 10. März 1809 der geheime Verhandlungsort Andreas Hofers und seiner Getreuen war. Die Hauptstraße folgt dem Tal des Eisacks nach *Waidbruck / Ponte Gardena* an der Mündung des Grödner Tales; der Ort wird von der weithin sichtbaren *Trostburg* überragt.

W 84 * **Dreikirchen, 1120 m.** Von Waidbruck kann man auf guter Bergstraße nach Barbian (830 m) hinauffahren, 4 km. Der malerische kleine Ort ist Ausgangspunkt mehrerer mark. Wege. Besonders lohnend, auch für Familien, ist ein Spaziergang zu der idyllisch gelegenen Sommerfrische Dreikirchen / Tre Chiese, ein Ausflug, der sich leicht zu einer hübschen Rundwanderung erweitern läßt. Barbian — Dreikirchen — Gasthaus Briol (1307 m) — Barbian. Z 2¹/₂ Std.; LA 1—2. Hierzu Wanderwege-Karte 17 Ritten.

Dreikirchen hat seinen Namen von den drei eng zusammengebauten Kirchen, deren älteste bereits 1237 urkundlich genannt wird. Die kultischen Anfänge dürften allerdings noch weiter zurückreichen, möglicherweise sogar bis in die Römerzeit.

** **Mittelgebirgsterrasse Kastelruth—Völs am Schlern, 900—1100 m**

Eine weitere, gut ausgebaute Straße zieht von *Waidbruck* hinauf nach Kastelruth, 8 km. Sie erschließt die dem Schlernmassiv bzw. der Seiser Alm w. vorgelagerte Mittelgebirgsterrasse mit den schmucken Ortschaften *Kastelruth/Castelrotto* (1060 m), *Seis/Siusi* (997 m) und *Völs/Fiè* (880 m) von N. In Verbindung mit der s. Auffahrt, die in Blumau an der Brennerstraße ihren Ausgang nimmt, eröffnet sich hier die Möglichkeit zu einer Höhenvariante gegenüber der dem Lauf des Eisack folgenden Talroute, die noch an Interesse gewinnt, wenn man sie mit einem Ausflug

auf die berühmte Seiser Alm verbindet. Waidbruck—Kastelruth—Seis—
Völs—Blumau 26 km. Kastelruth—Seiser Alm 11 km → DOLOMITEN
kombiführer auto + wanderschuh.

Die althergebrachte Fronleichnamsprozession in Kastelruth, wegen ihrer
farbenfrohen Trachten und des malerischen Ortsbildes mit dem Schlern
im Hintergrund als schönste Südtirols bekannt, lockt jährlich tausende
Zuschauer an. Wer die Reise hierher noch mit dem Besuch der Seiser Alm
verknüpft, wohnt einem bezaubernden Bergblumen-Märchen bei.

* Rendlbühel, 1294 m. Ein breiter, bewaldeter Höhenrücken trennt Ka- **W 85**
stelruth von dem unteren Grödner Tal. Höchste Erhebung ist das
Rendlbühel, eine aussichtsreiche Kuppe, vom Ort auf bez. Weg (Nr. 3)
in 1 Std. leicht zu besteigen. Auch für Familien geeignet. Schöner
Blick auf die Sarntaler Alpen, den Ritten, den Schlern und die Fels-
kulisse des Grödner Tals. Z 2 Std.; LA 1–2. Hierzu Wanderwege-
Karte 17 Ritten.

St. Valentin, 1114 m. Einen prächtigen Blick auf Seis und den Schlern **W 86**
hat man vom Kirchlein St. Valentin, das sich in freier Lage n. über
dem Ort erhebt. Im Innern bemerkenswerte Fresken aus dem 14. und
15. Jh. Z ³/₄ Std.; LA 1. Hierzu Wanderwege-Karte 17 Ritten.

Laranzer Plateau. Nw. von Seis erhebt sich ein breiter, abgeflachter **W 87**
Bergrücken, das Laranzer Plateau, bekannt als Fundstätte einer aus-
gedehnten urzeitlichen Befestigung (Katzenlocher Bühel, 1164 m).
Lohnend ist die „Laranzer Runde", ein schöner Waldspaziergang auf
mark. Wegen (Bez. 5/5 A). Vom Aussichtspunkt „Königswarte" guter
Blick auf den Schlern. Z 1¹/₂ Std.; LA 1. Hierzu WW.-Karte 17 Ritten.

Ruine Hauenstein, 1237 m. Empfehlenswert ist weiter ein Abstecher **W 88**
zur Ruine Hauenstein, deren Turm — von Seis aus gut sichtbar —
zwischen den Wipfeln des zur Santnerspitze hinanziehenden Wald-
hanges hervorlugt. Die Ursprünge der trutzigen, auf einem mächtigen
Dolomitenfelsen errichteten Burg liegen im Dunkeln; berühmt wurde
sie als Wohnsitz des Minnesängers Oswald von Wolkenstein (1377 bis
1445). Z 1¹/₂ Std.; LA 1. Hierzu Wanderwege-Karte 17 Ritten.

Völser Weiher, 1054 m. Beliebtes Ausflugsziel, bietet dank windge- **W 89**
schützter Lage Bademöglichkeiten bis Ende September. Sowohl von
Völs als auch von St. Konstantin ist der ganz von Wald umgebene
Moorweiher auf guten Wegen leicht erreichbar. Z 1 Std.; LA 1. Hierzu
Wanderwege-Karte 17 Ritten.

* Tschafon, 1834 m. Der höchste Punkt des Tschafon, die Völsegg- **W 90**
spitze, gilt als vorzügliche Aussichtswarte. Bei günstigen Witterungsverhältnissen genießt man von diesem w. Ausläufer des Schlernmas-
sivs ein stimmungsvolles Panorama, das durch malerische Gegensätze
besticht. Im SO beherrscht die langgestreckte Felsmauer des Rosen- 123

gartens das Blickfeld, während im W die Sicht über bewaldete Höhenzüge bis zur Brenta und den firnbedeckten Erhebungen der Presanella und der Ortlergruppe reicht.

Ausgangspunkt für die Besteigung des Tschafon von N her ist Ums (932 m), ein kleiner Flecken mit Zufahrtsstraße von Völs, 3 km. Der größtenteils durch schattenspendenden Wald verlaufende Anstiegsweg ist bis zu der im Sommer bewirtschafteten Tschafonhütte / Rif. Cavone (1728 m) mark. (Nr. 4). Z 4½ Std.; LA 2. Hierzu Wanderwege-Karte 17 Ritten.

Die Brennerstraße folgt dem Eisack abwärts. Man passiert *Kollmann / Colma* und sieht rechts am Hang des Ritten das alte Kirchlein *St. Verena* in beherrschender Lage (896 m). Durch die rötlich schimmernde Porphyrschlucht zwängen sich Fluß, Eisenbahn und Staatsstraße. In *Atzwang / Campodazzo* verdient die schöne Erkerfassade des Gasthofes „Alte Post" (Mitterstieler) Beachtung; dieses Wirtshaus ist — wie jenes des Stafflerwirtes in Mauls — eines der stilvollsten Tiroler Gasthäuser entlang der Brennerstraße.

Kurz vor *Blumau* ist li. die spitzwinkelige Abzw. der Höhenstraße nach Völs am Schlern (880 m), 8 km ➤ Mittelgebirgsterrasse Kastelruth—Völs am Schlern, Seite 122.

W 91 *** Obergummer, 1316 m.** Eine Landschaft, wie geschaffen für Liebhaber stiller, abseitiger Wege: der Gummerberg, ein langgestreckter, breiter Waldrücken ohne markante Höhen, im SW vom Eggental, im NO durch das Tierser Tal begrenzt. Günstiger Ausgangspunkt für Wanderungen in diesem weitläufigen, jedem Lärm entrückten Gebiet ist das kleine, malerische Dörfchen Steinegg (823 m), zu dem sich von Blumau eine neue, gut ausgebaute Bergstraße in zahlreichen Serpentinen emporwindet, 6 km. Interessante Erdpyramiden kann man im N des Ortes, vom Gasthaus am Waldrand (Fahrwegende) aus, erkennen. Ein bequemer, gut mark. Weg (Nr. 3) führt vom Ort in sö. Richtung, stets an Höhe gewinnend, zu den verstreuten Gehöften von Obergummer. Die abwechslungsreiche Wanderung vermittelt neben einer Vielzahl schöner Nahbilder bemerkenswerte Ausblicke auf den Schlern und die hellen Felszinnen des Rosengartens. Einkehrmöglichkeiten in Obergummer (Wh. Schank). Z 4 Std.; LA 1—2. Hierzu Wanderwege-Karte 17 Ritten.

In *Kardaun / Cardano* sieht man rechter Hand die Leitungen überdimensionaler Druckrohre in ein großes Kraftwerk führen. Auf der anderen Seite wird der Eingang in das romantische ***Eggental** links durch das *Schloß Karneid* und rechts durch das höher gelegene *Schloß Kampenn* flankiert. In Kardaun nimmt die touristisch bedeutsame Straße zum verträumt liegenden Karersee und zum Karerpaß ihren Ausgang ➤ DOLOMITEN kombiführer auto + wanderschuh.

* Schloß Karneid, 465 m. Karneid, das sich in beherrschender Lage auf einem steil ins Eggental abfallenden Felssporn erhebt, zählt zu den schönsten und besterhaltenen Burgen Südtirols. Von den Nachkommen der Eppaner Grafen erbaut, kam es 1387 als herzogliches Lehen an die Herren von Lichtenstein, nach deren Aussterben 1760 an die Stadt Bozen. Im 19. Jh. wurde das Schloß großzügig restauriert, heute ist es in Privatbesitz. Besichtigung möglich. – Ein bequemer Weg führt von Kardaun durch Weingüter und Wald hinauf zu der trutzigen Feste. Schöner Blick auf Bozen und seine Bergumgebung (Mendelkamm, Salten, Ritten). Z 1 Std.; LA 1. Hierzu WW.-Karte 17 Ritten.

Im untersten Eisacktal wechselt das Bild der Landschaft sprunghaft. Man tritt aus der Enge des Gebirges in den breiten Talkessel von Bozen. Rechter Hand hat man die weinberühmten Hänge von St. Justina und St. Magdalena im Auge.

**BOZEN/BOLZANO (262 m) ist das wirtschaftliche und kulturelle Zentrum Südtirols. Die Stadt und ihre mannigfaltige Umgebung verdienen eine eingehende Besichtigung. Durch ihre verkehrsgünstige Lage ist sie ein idealer Ausgangspunkt für zahlreiche lohnende Autofahrten und Wanderungen.

Route 14

* Sarntal

Man fährt aus der Südtiroler Landeshauptstadt **Bozen** auf der re. Uferseite der Talfer. Beim Gh. „Scharfeck" li. Abzw. der Zufahrten zum „Reichrieglerhof" (500 m) in guter Terrassenlage, 16% Steigung, bzw. nach → Jenesien.

Wenig weiter hat man li. die Talstation der touristisch bedeutsamen **Seilschwebebahn** nach **Jenesien** (Bergstation 1030 m). Von den höher gelegenen Weinleiten grüßt das Kirchlein St. Jakob herab, darüber die Burgruine Rafenstein (dorthin auch Fahrweg).

Auf der S.S. 508 tritt man nun in das burgenreiche Sarntal ein, worauf sich das Landschaftsbild spontan ändert. Das Liebliche weicht dem Ernsten. Re. in beherrschender Lage auf steil gegen die Talfer abfallenden Felsen hoch über dem Taleingang das sehenswerte ****Schloß Runkelstein**. Nachdem man auch an der alten *Wasserburg Ried* vorübergezogen ist, durchfährt man zwischen steil

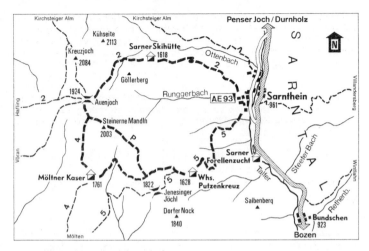

Wanderwege-Karte 20 Sarnthein

aufragenden Porphyrwänden eine Schluchtstrecke mit 22 numerierten Tunnels bzw. neu angelegten Galerien. Zwischendurch hat man nach re. Ausblick auf *Schloß Wangen*. Beim „Moarhäusl" am n. Ausgang der Schluchtstrecke re. Rückblick auf den 230 m hohen Johanneskofel mit dem alten Johanneskirchlein.

Bei der altbekannten Einkehrstation „Halbweg" (hier wurden früher die Pferde der Stellwagen zwischen Bozen und Sarnthein gewechselt) fährt man über die Talferbrücke und folgt nunmehr dem li. Ufer talaufwärts. Idyllisch gelegene Einkehrhäuser laden zur Rast ein, so das Gh. „Zum Touristen", das Gh. „Fichte", die Sarner Forellenstation und Bad Schörgau, letztere auf Zufahrten li. der Durchzugsstraße zu erreichen. Um **Sarnthein**/Sarentino (961 m) weitet sich das Tal.

Will man in den Hauptort des Sarntales, so muß man hinter der Häusergruppe Straßmann links abzweigen, die Ortsumfahrung zieht am Hang unter dem Schloß Reinegg weiter aufwärts. Bis *Astfeld* (1021 m) ist die Steigung kaum merklich. Auf Weideflächen tummeln sich Haflingerpferde, das sind kleine, kräftige Bergpferde mit fuchsfarbenem Fell und flachsfarbenen langen Mähnen.

* Auenjoch, 1924 m. Das weitläufige, stille Almengebiet der w. Sarntaler Berge ist von Sarnthein aus durch zwei mark. Wege erschlossen,
die sich zu einer abwechslungsreichen Rundwanderung verbinden lassen. Sie führt über die hübsch gelegene Sarner Skihütte (1618 m) zum
aussichtsreichen Auenjoch hinauf (schöner Blick auf Mendel, Brenta,
Presanella, Ortler), dann mäßig abwärts zur Möltner Kaser (1761 m),
dem eigentlichen Wendepunkt der Tour, und schließlich über das
Jenesinger Jöchl (1822 m) zum Ausgangspunkt zurück. Der Weg läßt
sich etwas abkürzen (Variante), wenn man vom Auenjoch sö. zur Hohen Reisch, im Volksmund „Steinerne Mandln" genannt, aufsteigt
(Mark. P). Wenig oberhalb vom Jenesinger Jöchl trifft man wieder auf
den Verbindungsweg Möltner Kaser — Sarnthein. Z 5¹/₂ Std.; LA 2.
Hierzu Wanderwege-Karte 20 Sarnthein.

* Durnholzer See, 1540 m

In *Astfeld/Campolasta* (1021 m) nimmt die asphaltierte Durnholztal-
Landesstraße zum fischreichen ** Durnholzer See*, 11 km, ihren Ausgang,
SG. ②. Sie leitet den Touristen in das Herzstück der Sarntaler Alpen,
welches wegen seiner reinen Luft auch heilklimatisch gelobt wird. Man
folgt zunächst dem Durnholzbach bis zur Speicheranlage Agratsberg talein. Aufenthalte in Bachbettnähe sind wegen plötzlichen Öffnens der
Schleusen zu meiden, man beachte die aufgestellten Warntafeln! Die
Berghöfe dieses teilweise bewaldeten Hochtales liegen weit verstreut. Man
passiert die Weiler Moosbrugg, Lochau und Schacher-Moos, ehe man an
die s. Seespitze gelangt. Ca. 250 m vor dem See, re. ein geräumiger Parkplatz. Li. Fußsteig zum Kirchdorf *Durnholz* mit dem Gh. „Zum Kura-
ten". Das schmale Ufersträßchen endet beim Wh. „Fischerhäusl" an der
Mündung des Seebachtals.

Reinswald, 1492 m

Bei km 4 der Landesstraße zweigt gegenüber dem Gh. „Guflsäge" re.
über eine schmale Holzbrücke das geschotterte einspurige Fahrsträßchen
nach dem sonnseitig gelegenen Bergdorf *Reinswald/S. Martino di Sopra*
ab. Man gewinnt bei Steigungen von 14% nach 2 km Auffahrt den Mittelpunkt des über die Berglehne weit verstreuten Dorfes bei der weithin
sichtbaren Kirche. Parkplatz bei Pension und Restaurant „Kircherhof".
Folgt man dem Fahrweg auf einer Serpentinenstrecke über die oberen
Bergbauernhöfe weiter, so kommt man zu einer Wegegabelung: Li. Wanderweg zum Latzfonser Kreuz (Mark. Nr. 7), re. setzt sich der Forstweg
mit festem Unterbau bis in den von prächtigem Zirbenbestand umgebenen Talgrund des Getrumbaches fort. Fahrwegende mit guter Wende-
möglichkeit 5,5 km ab Abzweigung Guflsäge.

Will man von Vorderreinswald zum Durnholzer See weiterfahren, so
kann man auch den schmalen Höhenfahrweg benützen, welcher über Hin-
terreinswald, gute Aussicht bietend, an der Berglehne entlangzieht.

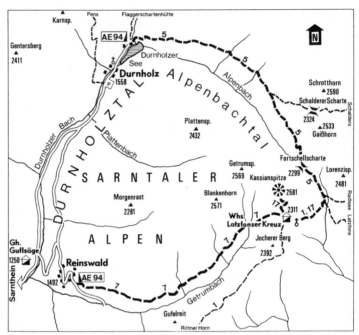

Wanderwege-Karte 21 Durnholz

W 94 *** Kassianspitze, 2581 m.** Wer wenig begangene Wege, stille, noch unberührte Täler und einsame Gipfel liebt, der findet in den Bergen um
das Durnholzer Tal ein reiches Betätigungsfeld. Zu den schönsten
Unternehmungen in diesem Gebiet zählt die Besteigung der Kassianspitze, eine Tour, die allerdings etwas Ausdauer verlangt. Der mark.
Anstiegsweg führt vom Nordufer des Durnholzer Sees zunächst durch
das abgeschiedene Alpenbachtal zur Fortschellscharte (2299 m) hinauf, wo sich ein erster prächtiger Dolomitenblick bietet. Jenseits vom
Joch steigt man über karge Wiesen ab bis zu dem von Latzfons heraufkommenden breiten Weg, der um die Südflanke der Kassianspitze
herum zum Latzfonser Kreuz (vgl. W 83) leitet. Nahebei das Berggasthaus „Latzfonser Kreuz", 2311 m. Über spärlich begrünte Hänge und
Schrofen erreicht man schließlich den Gipfel, der eine bemerkenswerte Aussicht auf die Dolomiten bietet. Z 6¹/₂ Std.; LA 2—3. Ein ande-
rer, sehr empfehlenswerter Wanderweg (Mark. 7) nimmt oberhalb von
Reinswald (1492 m, Autostraße) seinen Ausgang und zieht durch das
„Lückl" zum Latzfonser Kreuz. Z 5¹/₂ Std.; LA 2—3. Hierzu Wander-
128 wege-Karte 21 Durnholz.

Route 15

Etschtal Bozen - Veroneser Klause

Die S.S. 12 folgt der Etsch stets auf ihrem li. Ufer. Ihr Ausbau ist hervorragend, und man trifft Straßenbreiten bis zu 16 m an. Vorsicht erheischen die Streckenabschnitte mit drei Fahrspuren, wenn die mittlere den überholenden Fahrzeugen dient. Den überwiegenden Fernverkehr nimmt die Brennerautobahn auf.

Die besonders wichtige *Autobahn-Anschlußstelle Bozen-Süd* befindet sich im S des Industriegeländes, unweit der Vereinigung von Etsch und Eisack. Die Brenner-Autobahn folgt ab Pfatten (wenig weiter ein Autobahn-Rasthaus) bis zur Mündung des Nonstals dem Lauf der Etsch auf ihrem re. Ufer. Dieser vorzüglich ausgebaute Abschnitt durch die fruchtbaren Kulturgründe der Talsohle erlaubt gute Reisedurchschnitte.

Wenn man **Bozen/Bolzano** in Richtung Trient verläßt, hat man re. die neu entstandene, nicht umweltfreundliche Bozner Industriezone und daran anschließend den Bozner Flugplatz. Ein langgestreckter, rot leuchtender Porphyrrücken trennt re. der Etsch die Talsohle von der Hochfläche des weinberühmten Überetsch.

Brantental (Vallarsa)

Eine direkte Verbindung vom Etschtal auf die Mittelgebirgsterrasse von Deutschnofen wird das Sträßchen von *Leifers* (258 m) durch das *Brantental* herstellen. Im Berichtsjahr war nur der untere, ca. 4 km lange Abschnitt bis zum Gh. „Schwab" befahrbar.

Sattel von San Lugano, 1100 m

In der Ortsmitte von **Auer/Ora** (263 m) beginnt li. die nach Cavalese und durch das Fleimstal ziehende S.S 48. Während der Auffahrt an der felsigen Hangstrecke hat man mehrmals hervorragende Ausblicke auf die fruchtbare Sohle des Etschtales von Bozen bis zur Salurner Klause und hinüber auf das Überetsch, in welches der Kalterer See eingebettet liegt. Der Gebirgsstock der Mendel schließt im W mit seinen steil abstürzenden Wänden die Überetscher Hochfläche ab. Die Straße führt oberhalb Auer an einem kahlen Hügel mit den Ruinenresten des römischen Kastells Feder vorbei, welches noch im Mittelalter eine der berüchtigsten Raubritterburgen am Handelsweg durch das Etschtal war.

Auf vorzüglich ausgebauter Straße gewinnt man über mehrere aus dem rötlichen Porphyr gesprengte Kehren rasch an Höhe. Oberhalb des Dorfes *Montan* (498 m), welches auch von *Vill* bei *Neumarkt* über die Landesstraße 17 anfahrbar ist, steht das weithin sichtbare *Schloß Enn*. Dann erreicht man die Hochterrasse von *Kalditsch* (600 m) und verläßt das Etschtal.

*Maria Weißenstein / Pietralba, 1521 m

An der „Fleimstalpforte" zweigt links über die interessante, mit zwei Spannbogen errichtete Brücke, welche die stark eingeschnittene Schwarzbachschlucht überwindet, die Straße nach *Aldein / Aldino* (1225 m) ab; dieses Hochplateau eignet sich für bequeme Wanderungen besonders. Die Panoramastraße setzt sich von Aldein über *Petersberg* (1389 m) nach *Deutschnofen / Nova Ponente* (1359 m) fort. Von Petersberg lohnender Abstecher nach dem Wallfahrtsort ✳ **Maria Weißenstein / Pietralba** (1521 m) in prächtiger Aussichtslage. Schließlich führt sie, durchwegs normalbreit ausgebaut und asphaltiert, von Deutschnofen nach *Birchabruck / Ponte Nova* (877 m) hinab, wo sie Anschluß an die Karerpaßstraße findet. Unter Einbeziehung der Rosengartenstraße kann man die „Terrassenwanderung" über den Nigerpaß bis in das Tierser Tal fortsetzen. Nach Ausbau des noch fehlenden Abschnittes Tiers—Aicha—Völs am Schlern hat man unter Einbeziehung des bereits fertiggestellten Fahrsträßchens Kastelruth—**Panider Sattel** (1442 m)—St. Ulrich eine durchgehende Höhenstraße vom Cislontal bis ins Grödner Tal.

W 95 St. Helena, 1437 m. Beliebtes Ausflugsziel. Das kleine Kirchlein, ein romanischer Bau aus dem 13. Jh. mit gotischem Turm, erhebt sich auf einem aussichtsreichen Bergrücken ö. von Deutschnofen. Besonders reizvoll ist der freie Blick hinüber zu den hellen Felszinnen des Rosengartens und des Latemar. Kunsthistorisch bedeutsam sind die 1885 freigelegten Fresken, die als ein Hauptwerk der Bozner Malerschule gelten (um 1410). — Die beiden mark. Zugangswege, die an der Straße nach Birchabruck ihren Ausgang nehmen, lassen sich zu einer hübschen Rundwanderung verbinden. Z 1 Std.; LA 1. Hierzu Wanderwege-Karte 22 Maria Weißenstein.

W 96 * Oberradein, 1560 m. Von Maria Weißenstein führen mehrere mark. Wege über die Stockwiesen bzw. das Kasertal nach Radein bzw. Oberradein, dem höchstgelegenen Ort auf der Deutschnofner Hochfläche. Sie bieten durchwegs reizvolle, leichte Wanderungen. Die Höhenunterschiede sind gering. Besondere Gefahrenstellen sind kaum zu vermerken, lediglich beim Queren des tief eingerissenen Bletterbachs (einige geologisch interessante Stellen, wie beispielsweise das „Butterloch") ist mehr Vorsicht geboten. Die Aussicht richtet sich vor allem auf die Berge jenseits des Etschtals (Mendel, Brenta, Ortlergruppe) und die bewaldeten Höhenzüge im S. Z 5 Std.; LA 1—2. Hierzu Wanderwege-Karte 22 Maria Weißenstein.

Die S.S. 48 setzt sich von der „Fleimstalpforte" durch schattige Wälder und freundliche Matten fort. Im Vorblick erscheint das Weißhorn (2316 m). Man passiert das knapp an der Sprachgrenze gelegene *Kaltenbrunn / Fontanefredde* (1001 m).

Truden / Trodena, 1127 m

In *Kaltenbrunn* zweigt re. die Landesstraße Nr. 59 zum Dorf *Truden* ab, das sich steil an einem südseitig gelegenen Hang ausbreitet, 2 km.

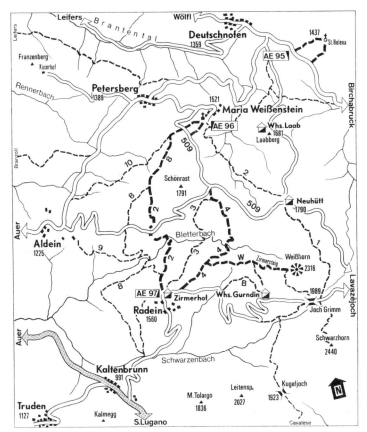

Wanderwege-Karte 22 Maria Weißenstein

Seine Umgebung hat mehr Mittelgebirgscharakter und ist als Sommerfrische gern besucht. Vom Ort führt ein einfacher Fahrweg auf die nahegelegene *Cislon-Alm* (1249 m). Truden besitzt auch eine direkte Straßenverbindung über Mühlen und *Pinzon* mit *Montan*. Das Kirchlein Maria Schnee gehört zum Sommerhospiz *Gschnon* (948 m) des Kapuzinerklosters Neumarkt und liegt in der Bergeinsamkeit, abseits der Durchzugsstraße. Das Forststräßchen über den Gampen (Ziss)-Sattel nach Altrei ist für den allg. Verkehr gesperrt.

*Zirmerhof, 1560 m

Von *Kaltenbrunn* li. empfehlenswerter Abstecher auf das Hochplateau von *Radein* mit dem altbekannten Berggasthaus „Zirmerhof". Diese 6 km lange Zufahrt erschließt ein ideales Wandergebiet. Auch eine Durchfahrt zum ****** Joch Grimm und zum *****Lavazèjoch ist möglich → DOLOMITEN kombiführer auto + wanderschuh.

W 97 ** Weißhorn, 2316 m. Der frei stehende Gipfel des Weißhorns / Corno Bianco, letzter Ausläufer der Dolomiten gegen das Etschtal hin, bietet ein berühmtes Panorama, das gegen W bis zum Ortler reicht und im O zahlreiche Dolomitengruppen umfaßt. Daneben hat man herrliche Ausblicke auf den Mendelkamm, das Überetsch und die ausgedehnten Waldgebiete, die sich w. an Rosengarten und Latemar anschließen. Im NW sind Kirche und Kloster des bekannten Südtiroler Wallfahrtsortes Maria Weißenstein sichtbar.

Der Anstiegsweg von Radein verläuft über den ausgeprägten Westgrat des Weißhorns; er ist mark. (Bez. W), verlangt im obersten Abschnitt allerdings Trittsicherheit. Z 4 Std.; LA 2–3. Wesentlich kürzerer Anstieg vom Joch Grimm / Passo Occlini → DOLOMITEN kombiführer auto + wanderschuh, W 114. Hierzu WW.-Karte 22 Maria Weißenstein.

W 98 * Altrei, 1206 m. Die Mittelgebirgslandschaft um Truden mit ihren weiten Wäldern bietet dem Naturfreund reichlich Gelegenheit zu schönen Wanderungen und Streifzügen. Besonders reizvoll sind die Übergänge nach Altrei, das jenseits vom Kampen (1635 m) auf einer aussichtsreichen Wiesenkanzel hoch über dem Cembratal (früher Zimmertal) liegt. Die bequemen, gut bez. Wege lassen sich zu einer Rundtour verbinden, die neben vielen hübschen Nahbildern überraschende Ausblicke auf die umliegenden Berge bietet (Mendelkamm, Brenta, Lagoraikette, nördl. Pala). Z 5 Std.; LA 2. Hierzu Wanderwege-Karte 23 Truden-Altrei.

W 99 Monte Cislon, 1563 m. Breiter, gegen das Etschtal vorgeschobener Höhenrücken. Von Truden auf mark. Wegen (Nr. 2/3) leicht zu besteigen. Z 2¹/₂ Std.; LA 1–2. Hierzu Wanderwege-Karte 23 Truden-Altrei.

Nach weiteren 3 km gelangt man auf der S.S. 48 in kaum merklichem Anstieg zum **Sattel von San Lugano** (1100 m), wo sich der Ausblick auf die s. des Fleimstals gelegene Lagoraikette öffnet. Re. Abzw. der S.P. 79 nach dem abgeschiedenen Südtiroler Dorf *Altrei/Anterivo* (1206 m), 7 km.

* Altrei/Anterivo, 1209 m

Die vorzüglich ausgebaute und asphaltierte Landesstraße Nr. 79 nach Altrei zieht in unmittelbarer Nähe der deutsch-ital. Sprachengrenze durch ein prächtiges Waldgebiet. Nach ca. 3 km zweigt re. ein einspuriger Fahrweg (Mark. 6) zur im Sommer bewirtschafteten *Krabesalm* (1483 m), ab.

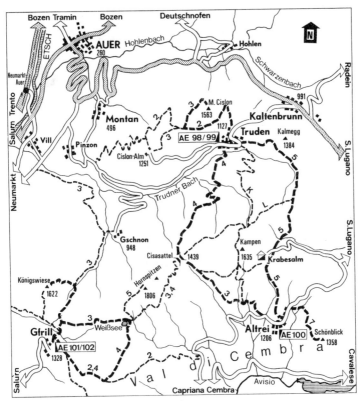

Wanderwege-Karte 23 Truden-Altrei

Inmitten ausgedehnter Lärchenwälder erreicht man den Sattel „Auf der Höh" (1314 m), ehe man sich im sanften Gefälle dem letzten, weit nach S vorgeschobenen deutschen Dorf *Altrei nähert. Der Name leitet sich von Antereu ab, was „vordere Rodung" bedeutet. Der Ort hat nach S Terrassenlage mit Tribünenwirkung, wobei das umgebende Wald- und Wiesengelände steil in die vom Avisio stark eingefurchte Val die Cembra (Zimmertal) abfällt. Den Ortskern von Altrei bildet eine Zeile alter Häuser, an deren Südende Kirche und Friedhof sind. Über die Friedhofmauer hinweg öffnet sich der Blick ins Zimmertal mit dem ital. Ort *Capriana* (1001 m), hoch auf der benachbarten Terrasse.

Lohnende Aussichtspunkte in unmittelbarer Umgebung sind der durch Aufdeckung einer Urzeitsiedlung bekannte „Burgstall", ein in 20 Gehmin. erreichbarer Lärchenbühel im S und der ✳ „Schöne Blick" (1358 m), Fußweg ab Säge, Mark. 7.

Das Forststräßchen Altrei—Truden über den 1439 hohen *Gampen-Sattel,* auch *Cisa-Sattel* oder kurz „Ziss" genannt, ist für den allgemeinen Verkehr gesperrt; der Sattel liegt am Fuße des Trudner Horns (1781 m), dem unmittelbar im S die nur wenig höhere ✳ Hornspitze (1817) vorgelagert ist. Empfehlenswerte Wanderung. Die 8 km lange Verbindung Altrei—Capriana erfährt noch ihren Ausbau.

W 100 Schönblick, 1358 m. Von Altrei empfiehlt sich ein Abstecher zum Schönblick, einem, wie der Name schon andeutet, prächtigen Aussichtspunkt ö. über dem Ort. Die größtenteils bewaldete, steil gegen das Zimmertal (Val di Cembra) abfallende Kuppe bietet trotz ihrer nur bescheidenen Höhe eine bemerkenswerte Rundschau, die im O bis zu den Gipfeln der n. Pala, im SW bis zu den Höhen um Trient (Bondone, Paganella) reicht. Reizvolle Talblicke. Z 1 Std.; LA 1. Hierzu Wanderwege-Karte 23 Truden-Altrei.

Die Hauptstraße zieht durch Vill / Villa und erreicht kurz darauf *Neumarkt / Egna.* Hinter Neumarkt die kleine Ortschaft *Laag.* Die Strecke führt mitten durch weitläufige Obstkulturen. *Salurn / Salorno* ist der südlichste Ort des deutschsprechenden Südtirols, denn die Talenge der Salurner Klause bildete mehr als vier Jahrhunderte hindurch die deutsch-italienische Sprachgrenze. Innerhalb Südtirols, das bekanntlich seit 1919 italienisches Staatsgebiet ist, sind amtlich Deutsch und Italienisch zugelassen, und so treffen Sie in diesem Gebiet auch alle Ortsnamen, In- und Aufschriften sowie Bekanntmachungen usw. zweisprachig an.

Gfrill/Cauria, 1328 m

Salurn (226 m), das von der S.S. 12 umfahren wird, ist Ausgangspunkt einer 5 m breiten Asphaltstraße, die mit Steigungen von 14% windungsreich durch den Salurner Wald nach dem ö. der Etsch gelegenen *Buchholz/ Pochi* (563 m) führt, 5 km. Schöner Etschtalblick vom Kirchhügel, welchem vorgeschichtliche Bedeutung zukam. Die Straße setzt sich parallel der deutsch-ital. Sprachengrenze, jedoch nur teilweise ausgebaut, bis zum Bergdorf *Gfrill/Cauria* (1328 m) fort, wo sie, nach 13 km von Salurn entfernt, endet. SG. ②—③. Bemerkenswerte Blicke auf das Etschtal und die wildzerrissene Brentagruppe. Der Forstfahrweg in die *Valfonda,* Abzw. bei km 3, ist nur für den Wanderer von Interesse und vermittelt einen Übergang in das Cembratal.

W 101 Weißsee, 1671 m. Gfrill bietet ähnlich wie die benachbarten Bergdörfer Truden und Altrei vielfältige Wandermöglichkeiten. Gern aufgesucht wird der Weißsee, ein idyllischer kleiner Weiher am Südwestfuß der Hornspitzen (1806 m). Lohnender Abstecher auf mark. Wegen (Nr. 3/4). Z 2½ Std.; LA 1—2. Hierzu WW.-Karte 23 Truden-Altrei.

134

* Königswiese, 1622 m. N. von Gfrill erhebt sich die bis unter ihren
Gipfel bewaldete Königswiese, ein zu Unrecht kaum bekannter Aussichtspunkt. Er vermittelt eine glanzvolle Rundschau, die bei günstigen Witterungsverhältnissen gegen N bis zum Alpenhauptkamm (Stubaier Alpen), gegen S bis zum Monte Baldo reicht. Im W bauen sich
über dem Mendelkamm die Zinnen und Türme der Brenta auf, re.
davon erkennt man die vergletscherten Gipfel der Ortler-Cevedale-
Gruppe. Großartig die Tiefblicke ins Etschtal, auf den Kalterer See
und das Überetsch. Z 2 Std.; LA 2. Hierzu Wanderwege-Karte 23 Truden-Altrei.

In *S. Michele all'Adige* mündet die aus dem Nonstal über Ponte
Mostizzolo—Clès—Dermulo herabziehende S.S. 43 ein. Die elek-
trisch betriebene Nonstalbahn, eine Schmalspurbahn, welche früher
verkehrsstörend dicht neben der Straße verlief, erhielt eine gänzlich neue Trasse. S. Michele all'Adige (St. Michael an der Etsch)
hat durch seine landwirtschaftliche Versuchsanstalt, vor allem durch
seine Weinbau- und Kellereifachschule, Berühmtheit erlangt; das
Trentino ist vornehmlich Anbaugebiet für die bekannten Wein-
sorten Merlot, Marzemino und Pinot (auch Blauburgunder genannt).

Es gibt hier über die Etsch noch einen zweiten Übergang bei *Nave S. Felice,* den man hauptsächlich in der Fahrtrichtung Trento—Mezzolombardo
oder umgekehrt benützt. Bei *Nave S. Rocco* Abzweigung eines Fahrweges
nach *Zambana;* dieser Ort war vor wenigen Jahren Schauplatz eines mächtigen Bergsturzes, dessen Spuren man heute noch genau verfolgen kann.
Dieser Naturkatastrophe fielen mehrere Häuser von Zambana zum Opfer.

Auf neuer Umfahrungsstraße läßt man den an der Mündung des Avisio
gelegenen Ort *Lavis* links liegen. Eine „Direttissima" genannte **Seilschwebebahn** führt vom Ostufer der Etsch bei *Lavis* in einem Zuge mit
nur zwei Zwischenstützen zur * **Paganella;** sie überwindet einen Höhenunterschied von 1876 m. Weiters ist eine Kabinenseilbahn in zwei Etappen
von Andalo zur Paganella erbaut worden. Die Paganella (Gipfel 2125 m,
Laricirücken 1900 m) bietet prächtige Ausblicke, vor allem auf die Gipfel
der nahen Brentagruppe und hinab in das Etschtal.

Die markante Berggestalt des Monte Bondone, dessen höchste Erhebung, il Palon (2091 m) genannt, bis in den Frühsommer hinein
noch schneebedeckt ist, rückt in greifbare Nähe. Im Vorort *Bron-
zolo* ist links die Umgehungsstraße in das Fersental, welche nach
ca. 5 km in die S.S. 47 della Val Sugana einmündet.

Nach Passieren einer Industriezone erreicht man die altehrwürdige
Bischofsstadt ***TRENTO**/TRIENT. Die an der Etsch gelegene
Stadt ist ein bedeutender Verkehrsknotenpunkt.   135

Die S.S. 12 nach Verona führt weiter am Ostufer der Etsch und gestattet ein rasches Vorwärtskommen. Nach 15 km passiert man die Ortschaft *Calliano;* hier ist links die Abzweigung einer windungsreichen, aber gut ausgebauten Bergstraße, S.S. 350, nach Folgeria, dem ehemals deutschsprachigen Dorf Vielgereut. Der Eingang in dieses Nebental wird beherrscht von dem weithin sichtbaren mauerumgürteten Castel Beseno, das auf einem Felssporn thront.

Nach weiteren 8 km ist die an der Mündung des Leno di Vallarsa gelegene Stadt **ROVERETO** erreicht.

*Sattel von Nago, 278 m

2 km s. von Rovereto zweigt re. die bedeutende Verbindungsstraße S.S. 240 über Mori nach Torbole ab; sie bildet die kürzeste Zufahrt zum Nordende des Gardasees, 17 km. Riva soll bis 1977 mit einem 14 km langen Ast an die Brennerautobahn bei der schon bestehenden *Station Rovereto-Süd* angeschlossen werden.

Monte Baldo

Von der Häusergruppe *Vo-Sinistro* führt eine Straße auf das re. Etschufer nach *Avio* (134 m) hinüber. Über dem Ort ragt die weithin sichtbare Burg Sabbionara auf. Ein interessantes, staubfreies Bergsträßchen stellt die Verbindung sowohl nach *San Valentino* als auch zur Talstation des **Sessellifles Pra Alpesina** an der Monte-Baldo-Höhenstraße her; man kommt am aufgestauten *Lago Pra da Stua* vorüber.

Die *Veroneser Klause* war gegen N stark befestigt; davon zeugen auf dem rechten Etschufer die Fortezza Incanale, weiter südlich die Fortezza di Rivoli, welche den Ort *Rivoli Veronese* (188 m) überragt. Auf dem linken Etschufer beherrschte die Fortezza di Ceraino den Eingang in den Engpaß. Hinter dem Ort *Ceraino* (unübersichtliche Ortsdurchfahrt!) gelangt man in den interessanten Streckenabschnitt der Veroneser Klause, auch Berner Klause nach Welsch-Bern (altdeutscher Name für Verona) genannt. Hier durchbrach die Etsch das Kalksteingebirge, und mit dem Fluß zwängen sich heute auch Straße und Schienenstrang der Brennerbahn (letztere teilweise tunneliert). Der Engpaß war im Jahre 1155 Kampfgebiet zwischen dem Heer Friedrich Barbarossas und den Veronesern. Die Klause ist gleichsam die Austrittspforte aus den Alpen und die Schwelle in das fruchtbare, sanfte Hügelland mit der weinberühmten *Valpolicella.*

Route 16

* Südtiroler Weinstraße

Die „Südtiroler Weinstraße", nach dem zweiten Weltkrieg begonnen und in den sechziger Jahren fertiggestellt, führt — wie ihr Name verrät — durch die bedeutendsten Weinbaugebiete Südtirols: das Überetsch und das Bozner Unterland. Sie weist allerdings heute, ihrer touristischen Bedeutung entsprechend, einen Zustand auf, welcher im Hinblick auf das Verkehrsaufkommen nicht mehr befriedigt. Die Fahrbahnbreite schwankt zwischen 5 und 7 m, ist kurvig und birgt einige Gefahrenstellen. Besondere Aufmerksamkeit erheischen die engen Ortsdurchfahrten. SG. ①—②, Verkehrsfrequenz ⑪.

Landschaftlich bietet die 36 km messende Strecke von Bozen bis Salurn viel Abwechslung. Höhepunkt ist die Fahrt durch das obst- und weinberühmte Überetsch mit seinen malerischen Dörfern zum Kalterer See — im Frühling, zur Zeit der Baumblüte, oder im Spätherbst ein unvergeßliches Erlebnis. Zudem erschließt die Südtiroler Weinstraße eine Palette von Idyllen; an ihr pulsiert der frohe Lebensstil des Landes.

Ausgangspunkt der „Südtiroler Weinstraße" ist der Weiler *Frangart* (257 m) an der Mendelroute, 4 km w. von Bozen. Während die S.S. 42 (fälschlich im Abschnitt bis Eppan ebenfalls als Weinstraße bezeichnet) durch das *Warttal* direkt nach St. Michael ansteigt, gewinnt die „Südtiroler Weinstraße" in einigen gegen SO ausholenden Windungen, die nahe an *Schloß Sigmundskron* heranführen, die Hochfläche des Überetsch. Man erreicht das malerisch in ein ausgedehntes Rebgelände eingebettete *Girlan* (435 m) mit dem berühmten Schreckbichler- und Grauvernatschweinbau, besonders bekannt durch die vielbesuchten Weinhöfe, wie den Marklhof, den Rungghof und den Kreithof. Von hier schattiger Waldweg zu den *Montiggler Seen* (510 m). Die Weinstraße setzt sich nach *St. Michael in Eppan* fort, 2 km, sehenswert wegen seiner romantischen Ansitze im Überetscher Stil.

St. Michael (411 m) ist Verwaltungssitz der Großgemeinde Eppan, die 16 Fraktionen mit ca. 10.000 Einwohnern umfaßt. Lohnender Abstecher auf guter Straße, 6 km, zu den 🏊 *Montiggler Seen*.

W 103 Montiggler Seen. Leichte Wanderung, die größtenteils durch Rebgelände und schönen Mischwald führt. Von Girlan zunächst etwa $1/4$ Std. auf dem mit 2 bez. Fahrweg in s. Richtung, dann li. ab (Mark. 6) zum bekannten Rungghof. Von hier auf Waldwegen (Bez. M/1) zu den Seen. Beim Rückweg folgt man dem mit 1 gekennzeichneten Weg über die Abzweigung der Mark. M hinaus bis zum Weiler Schreckbichl (474 m), der rund 1 km sö. von Girlan in den Weinbergen liegt. Z 3 Std.; LA 1—2. Während der Weinlese (September/Oktober) sind im Überetsch Feldwege gesperrt. Hierzu WW.-Karte 25 Überetsch.

Eine weitere touristisch interessante Straße führt von St. Michael gegen N nach *St. Pauls* (389 m), dessen stattliche Kirche, recht zutreffend als „Dom auf dem Lande" bezeichnet, einen Besuch verdient. Weiterfahrt nach *Missian* (388 m) möglich, ebenso hinab nach *Unterrain* (249 m) und weiter nach *Andrian* (283 m), 10 km von St. Michael. Mit dieser neuen Strecke ist eine wichtige Nordwest-Zufahrt zum Überetsch geschaffen worden, die für alle aus dem Raum Meran Kommenden von Interesse ist.

W 104 ** Hocheppan, 633 m. Unter den vielen Burgen des Überetsch ist Hocheppan die historisch bedeutendste. Sie war Sitz der Grafen von Eppan, die in der Geschichte Südtirols im 11./12. Jh. eine wichtige, allerdings nicht immer glückliche Rolle spielten. Nach heftigen Auseinandersetzungen, bei denen es um die politische Vormacht im Lande ging, brach schließlich der Bayernherzog Heinrich der Löwe auf Geheiß Barbarossas die Feste. Nach dem Aussterben der Eppaner um 1300 kam die Burg an die Grafen von Tirol, die später verschiedene Südtiroler Adelsfamilien damit belehnten.

Die überaus malerisch wirkende Burgruine mit ihrem mächtigen, 23 m hohen Bergfried erhebt sich auf einem gegen das Etschtal vorspringenden, nach drei Seiten steil abfallenden Felssporn. Von kunsthistorischer Bedeutung ist der * Freskenschmuck der 1131 geweihten Burgkapelle, vor allem der vorzüglich erhaltene Zyklus im Innern, der um die Mitte des 12. Jh.s entstanden sein dürfte und deutlich byzantinischen Einfluß erkennen läßt.

Hocheppan ist auf guten Wegen sowohl von Perdonig als auch über Schloß Korb (Fahrweg endet 4 km von St. Pauls entfernt) aus bequem zu erreichen. Es empfiehlt sich aber, etwas mehr Zeit aufzuwenden und den Ausflug mit der nachstehend kurz skizzierten Wanderung zu verbinden. — Von St. Pauls zunächst in w. Richtung zum Kirchlein St. Justina (483 m), dann stärker bergan (Mark. 8 A) zum Kreuzstein (628 m). Nun fast eben an einem künstlich angelegten Teich vorbei und über einen Bach (Mark. 9 A) zur Burgruine Boimont (13. Jh.). Von da entweder direkt nach Hocheppan (Bez. 9 A, schlechter Steig, nicht zu empfehlen) oder besser, der Mark. 9 B folgend, hinab zu dem bequemen, vielbegangenen Weg (Nr. 9), der ebenfalls zur Burgruine Hocheppan führt. — Rückweg über Schloß Korb (Mark. 9). Z 4 Std.; LA 1—2. Hierzu Wanderwege-Karte 24 Mendelgebirge.

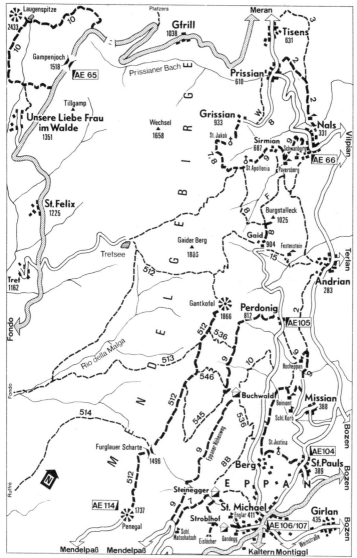

Wanderwege-Karte 24 Mendelgebirge

Auf teilweise recht schmalem, aber durchgehend mit einem festen Belag versehenen Fahrweg erreicht man von St. Michael aus *Perdonig* (812 m), das sich einer hübschen Lage am Ostfuß des Gantkofels erfreut. Der Weiler ist günstiger Ausgangspunkt für einen Besuch von **Schloß Hocheppan (zu Fuß auf Weg 9 ca. 20 Min.).

W 105 * Burgstalleck, 1025 m. Lohnende, auch für Familien geeignete Wanderung. Von Perdonig mit reizvollen Ausblicken auf das Etschtal und die Berge um Bozen und Meran, später auch auf die Burgruine Festenstein, nach Gaid (904 m, Mark. 8). Bis hierher gelangt man zur Not auch mit kleinerem Pkw, allerdings nicht empfehlenswert. Von Gaid steigt man in nw. Richtung auf Weg Nr. 8 hinauf zum Tinnerhof, dann re. ab und kurz zum Burgstalleck, einem schmalen, gegen das Etschtal vorgeschobenen Höhenrücken, der noch die Reste einer prähistorischen Wallburg trägt. Bemerkenswerte Aussicht. Z 3¹/₂ Std.; LA 1–2. – Hinweis: Von Gaid kann man auf mark. Weg (Nr. 15, 40 Min. hin und zurück) die etwas tiefer gelegene Burgruine Festenstein (811 m, 13. Jh.) besuchen, ein interessanter Abstecher. Hierzu Wanderwege-Karte 24 Mendelgebirge.

St. Michael in Eppan bietet in seiner näheren Umgebung gute Wandermöglichkeiten. Das dichte und gut betreute Wegenetz ermöglicht zahlreiche reizvolle Ausflüge, die auch für ältere Menschen geeignet sind.

W 106 * Eislöcher. Einzigartiges Naturphänomen in Südtirol. Vom Hauptplatz in St. Michael zunächst nach Pigen, dann an den stattlichen Schlössern Gandegg (16. Jh.) und Englar (13.–16. Jh.) vorbei zum bekannten Stroblhof. Weiter auf Weg Nr. 15 zu den „Eislöchern" (580 m), einer von Bergsturztrümmern erfüllten Mulde. Nur wenig von Reben und Edelkastanien entfernt, trifft man hier eine alpine Flora an. Die Ursache für diese botanische Kuriosität ist in einem natürlichen Tunnelsystem zu suchen, das dank seiner großen Vertikalausdehnung thermisch bedingte Luftzirkulation mit starkem Auskühlungseffekt (Kondensation) ermöglicht. Eisbildungen, die selbst in den Hochsommermonaten an den Austrittsöffnungen beobachtet werden können, sind eine unmittelbare Auswirkung dieses Vorganges. An heißen Tagen liegt die Temperatur in dem kleinen Kältesee bis zu 25° C unter jener der Umgebung. Z 1¹/₂ Std.; LA 1. Hierzu Wanderwege-Karte 24 Mendelgebirge.

W 107 ** Eppaner Höhenweg. Der Eppaner Höhenweg verbindet den Weiler Perdonig (812 m) mit der Mendelstraße (Matschatsch, 915 m), er ist durchgehend mark. (Nr. 9), unschwierig zu begehen und gilt mit Recht als einer der schönsten Wanderwege Südtirols. Auf einer mittleren Seehöhe von ca. 1000 m (höchster Punkt 1250 m) quert er die steilen, größtenteils bewaldeten Osthänge der Mendel. Man hat herrliche Ausblicke auf das Meraner Becken, die Sarntaler Berge, Bozen und seine Umgebung, die Dolomiten (Geislerspitzen, Schlern, Rosengarten und Latemar), Deutschnofner Hochfläche und Lagoraiberge.

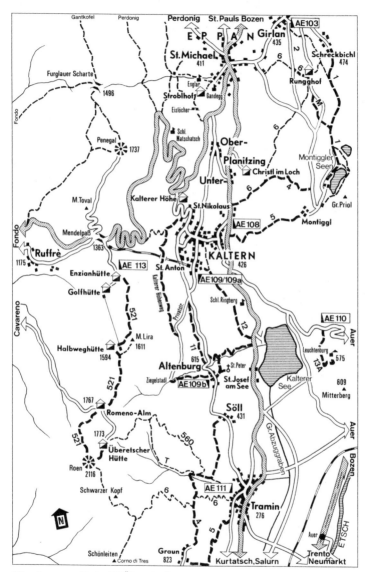

Wanderwege-Karte 25 Überetsch

Den s. Ausgangspunkt des Höhenweges, die Kehre 6 der Mendelstraße (915 m), erreicht man von St. Michael auf dem mit 7 bez. Weg, der über Pigen und den Gh. „Steinegger", eine weitum bekannte Weinschenke, verläuft. Der Rückweg ist durch das Sträßchen Perdonig — St. Michael (Mark. 8) vorgezeichnet. Z 6 Std.; LA 2. Wem die Tour zu weit ist, der kann sie um ca. 1¹/₂ Std. abkürzen, indem er vom Gasthaus Buchwald auf dem Weg 536 direkt zur Straße St. Michael — Perdonig absteigt. Hierzu Wanderwege-Karte 24 Mendelgebirge.

Die „Südtiroler Weinstraße" berührt s. Eppan den Weiler *Unterplanitzing* und erreicht auf dem Überetscher Plateau den stattlichen Ort *Kaltern/Caldaro* am Rande des weinberühmten Gebietes um den Kalterer See. Sitz der großen Kellereigenossenschaft. Im Ortsteil *St. Anton* (513 m) nimmt die **Standseilbahn** auf die **Mendel** ihren Ausgang. Die kühne Anlage weist ein Steigungsmaximum von 64% auf. Die 26 Min. dauernde Fahrt zur Bergstation (1363 m) bietet hervorragende Ausblicke auf das Überetsch.

W 108 Montiggler Seen. Von Kaltern führen zwei mark. Wege, Nr. 4 a bzw. 4, n. des Kalvarienberges und durch den Montiggler Wald, der vor 750 Jahren Jagdrevier der Eppaner Grafen war, oder Weg Nr. 5 über das Dorf Montiggl zu den beiden Seen. Am großen See modernes Strandbad, im NO Uferpromenade. Der kleine See liegt weiter n. und wenig oberhalb des großen Sees in romantischer Waldumgebung (15 Gehminuten). Hübsche Halbtagswanderung, besonders gut geeignet für Familien. Z 2¹/₂ Std.; LA 1. Hierzu WW.-Karte 25 Überetsch.

*Altenburg, 615 m

Als empfehlenswerte Alternative zur „Südtiroler Weinstraße" zieht ein teilweise schmales und kurvenreiches Höhensträßchen durch Weinberge, Buchen- und Föhrenwälder am Fuße des Mendelgebirges entlang. Es zweigt von der Mendelstraße S.S. 42 beim Wh. „Kalterer Höhe" (667 m) ab und verbindet die Kalterer Fraktionen *St. Nikolaus* (569 m), *St. Anton* (520 m) und **Altenburg* (615 m), welche letztere auf einem Felssporn liegt. Das schmale Sträßchen leitet von Altenburg weiter durch Wald zum Weiler *Söll* (431 m) mit seinem roman. Kirchlein aus dem 14. Jh. (bemerkenswerte Fresken). Schließlich fährt man über den Söller Weinberg in den oberen Ortsteil von Tramin hinab. Die breite Etschtalfurche ist eine Obstbaufläche seltenen Ausmaßes; aus der Höhenperspektive ähnelt sie einer Baumschule mit Reihenstruktur, welche von Verkehrsadern mit kapillaren Verästelungen durchzogen wird. Besonders eindrucksvoll ist der Anblick im Frühjahr, wenn das Bozner Unterland in ein Blütenmeer getaucht erscheint.

* Altenburg, 615 m. Auf einer schmalen, dem Mendelzug vorgelager- **W 109**
ten Geländestufe südl. von Kaltern liegt Altenburg. Der Weiler ist
Ziel und gleichzeitig Wendepunkt einer abwechslungsreichen, auch
für Familien geeigneten Rundwanderung (nur etwa 400 m HU). Man
erreicht ihn von St. Anton auf einem mehrfach hübsche Ausblicke
gewährenden, mit 11 mark. Weg, der erst nach dem Ausbau der Altenburger Zufahrtsstraße angelegt wurde mit dem Ziel, einen beliebten Wanderweg abseits vom „PS-Tourismus" zu erhalten. Von Altenburg, dessen spätgot. Vigiliuskirche von 1497 mit ihrem volkskundlich
interessanten Kummernusfresko einen Besuch verdient, leitet ein
romantischer Klammweg (siehe W 109 b) durch das Tälchen des Altenburger Bachs (schöner Wasserfall!) hinab zum Kalterer See. Abschließend spaziert man durch Weinberge (Mark. 12) zurück nach Kaltern
bzw. St. Anton. Z 3½ Std.; LA 1—2. Hierzu Wanderwege-Karte 25
Überetsch.

** Kalterer Höhenweg. Wer von Altenburg nicht zum Kalterer See ab- **W 109**
steigen möchte, der kann im „zweiten Stock" auf dem landschaftlich **a**
reizvollen Kalterer Höhenweg nach Kaltern zurückwandern. Er geht
vom Altenburger Ziegelstadl (Fundstelle frühgeschichtlicher Ziegel-
gräber) aus, benützt abschnittsweise eine vorbildlich begrünte Forst-
straße und quert anschließend, leicht ansteigend, die bewaldeten
Hänge des Mendelzuges. Man hat malerische Ausblicke auf das Überetsch, den Kalterer See und die im O aufragenden Höhenzüge. In
seinem weiteren Verlauf kreuzt der Höhenweg die Mendel-Standseil-
bahn bei ihrem Tunnel, ehe er auf Weg Nr. 521 trifft, über den man
nach St. Nikolaus (569 m) bzw. nach Kaltern absteigt. Z 4 Std.; LA 1
bis 2. Hierzu Wanderwege-Karte 25 Überetsch.

* Altenburger Runde. Mit Ausgangspunkt Altenburg ist auf neuen, **W 109**
vorzüglich bez. Wegen eine kleine Runde (Gehzeit ca. ³/₄ Std.) mög- **b**
lich, die dem Naturfreund ein gutes Bild der Überetscher Landschaft
vermittelt. Sie beginnt bei der Kirche St. Vigilius und führt steil hinab
in das wildromantische Tälchen des Altenburger Bachs (bemerkenswerte Flora, Überreste eines alten Bergwerks), um dann in Serpentinen an der orogr. li. Flanke der Klamm wieder die Höhe der Straße
St. Anton — Altenburg zu gewinnen. Eine Variante dieses überaus
reizvollen Weges, der bei entsprechender Vorsicht auch mit Kindern
begangen werden kann, führt aus dem Talgrund hinab zum Kalterer
See (W 109). Nicht versäumen sollte man den kurzen Aufstieg zur
Kirchenruine St. Peter (Hinweisschild am Weg). Das auf einer Por-
phyrkuppe nö. von Altenburg gelegene, um 400 vom hl. Bischof Vigilius von Trient errichtete Gotteshaus gilt als eines der ältesten Sa-
kralbauwerke Tirols. Prächtige Aussicht! Z ³/₄—1 Std.; LA 1—2. Hierzu
Wanderwege-Karte 25 Überetsch.

W 110 * Leuchtenburg, 575 m. Ö. über dem Kalterer See erhebt sich auf einer weither sichtbaren Kuppe die Ruine Leuchtenburg. Die trutzige Feste, um 1200 erbaut, war im 14. Jh. im Besitz der Rottenburger (ansässig in Kaltern). Ausgangspunkt für den kurzen, aber recht steilen Aufstieg zur Burg ist die Einsattelung zwischen dem Mitterberg und dem Leuchtenburger Hügel, die man von Kaltern auf schmaler Straße, 5 km, erreicht. Man folgt anfangs der Hinweistafel „Klughammer", zweigt bei der Wegeteilung li. ab in Richtung Kreith bzw. Laimburg, benützt jedoch 2 km weiter re. den Fußweg Mark. 13 a. Schöner Blick auf den Kalterer See, die Mendel und das Etschtal. Z 1 Std. (ab Kaltern 3¹/₂ Std.); LA 1. Im Hochsommer sind Giftschlangen an den stark besonnten Hängen um die Burgruine keine Seltenheit, deshalb Vorsicht! Hierzu Wanderwege-Karte 25 Überetsch.

Von Kaltern führt die „Südtiroler Weinstraße" in sanftem Gefälle hinab in die weite Mulde des ⚓ *Kalterer Sees* (214 m), deren Abschluß im SO vom bewaldeten Höhenrücken des Mittelgebirges gebildet wird. Auf dem Grat dieses langgestreckten Berges erkennt man die weithin sichtbare Ruine der Leuchtenburg. Unmittelbar an der Straße re. das Schloß Ringberg mit dem *Südtiroler Weinmuseum.* Die Weinstraße folgt dem w. Rand der Schale, in die der See eingebettet liegt. Mit 147 ha Fläche gilt er als größter natürlicher See Südtirols; infolge seiner geringen Tiefe (max. 7 m) und seiner sonnenintensiven Lage hat er von Mai bis Anfang Oktober angenehme Badetemperaturen.

Auf der Weiterfahrt erreicht man bald *Tramin/Termeno* (276 m), das wohl bekannteste unter den Weindörfern des Unterlandes. Kunstbeflissenen sei ein Besuch im Kirchlein St. Jakob in Kastelaz auf einem kleinen Hügel (343 m) empfohlen (wertvolle Fresken aus dem 13. Jh.).

W 111 * Graun, 823 m. Lohnender Abstecher (2¹/₂ Std. hin und zurück), der sich gut zu einer schönen Rundwanderung erweitern läßt. Auf mark. Steig („Locherweg", Nr. 5) von Tramin durch Weingüter und Mischwald hinauf zur Mittelgebirgsterrasse von Graun (1¹/₂ Std.). Beim Kirchlein St. Georg (781 m) bietet sich ein herrlicher Tiefblick ins Etschtal. Nun auf bequemem Weg (Nr. 4) in n. Richtung zum stattlichen Klaberer Hof und weiterhin fast eben am Zoggler Hof vorbei in den Graben des Höllenbachtals. Absteigend passiert man kurz nacheinander zwei Weggabelungen; bei der dritten biegt man li. ab nach Söll (431 m). Der uralte Weiler (Funde aus der Römerzeit!) er-

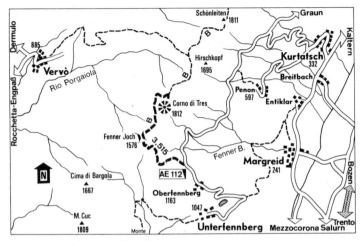

Wanderwege-Karte 26 Fennberg

freut sich einer hübschen Terrassenlage an der Sonnleiten hoch über Tramin. In der roman. Mauritiuskirche bemerkenswerte Fresken aus dem 14. Jh. — Eine abwechslungsreiche Tour, auch für Familien geeignet. Z 4¹/₂ Std.; LA 1—2. Hierzu Wanderwege-Karte 25 Überetsch.

Unterfennberg, 1047 m

In *Kurtatsch* (332 m) nimmt ein schmaler, teilweise staubfrei gemachter Fahrweg seinen Ausgang. Er steigt in vielen Windungen zur aussichtsreichen Mittelgebirgsterrasse von *Fennberg* hinauf und endet nach 12 km in *Unterfennberg* mit einem kleinen, malerischen See (1047 m).

** Corno di Tres, 1812 m. W 112

Selten besuchter großartiger Aussichtsberg, der einen Vergleich mit renommierteren Erhebungen des Mendelgebirges nicht scheuen braucht. Von Oberfennberg führt ein mark. Weg, teilweise durch schattenspendenden Wald, über die Rotwandalm hinauf zum Fenner Joch (1576 m; 1¹/₂ Std.), einer ausgeprägten Scharte, die den Übergang nach Vervò bzw. Sfruz vermittelt. Hier beginnt der mit B bez. Kammweg, dem man in nö. Richtung folgt. Nach ca. ¹/₂ Std. re. ab und auf mark. Steiglein rasch zum Gipfel. Weites Panorama, das von den Stubaier Alpen bis zum Monte Baldo reicht. Besonders eindrucksvoll der „Etschtalblick", ebenfalls reizvoll die freie Sicht auf den Nonsberg mit seinen vielen kleinen Haufendörfern. Bemerkenswerte Flora. Z 4¹/₂ Std.; LA 2. Hierzu Wanderwege-Karte 26 Fennberg. 145

Die Weinstraße senkt sich hinter *Kurtatsch* zum Ansitz Tiefental mit seinem „Zwerglgarten" und läßt *Entiklar* (260 m) re. liegen. Schließlich gelangt man nach abwechslungsreicher Fahrt an *Margreid* (222 m) mit seinen schönen, alten Häusern vorbei und erreicht zwischen Reben- und Obsthainen im Talgrund der Etsch das letzte deutschsprachige Dorf auf der re. Uferseite, *Kurtinig* (212 m). Von hier durch die Etschauen und über die Etschbrücke nach *Salurn* (226 m), direkt an der deutschen Sprachgrenze (Salurner Klause).

Route 17

** Mendelpaß/Passo della Mendola

Fahrtechnische Streckenübersicht und Ratschläge

Die S.S. 42 über die ** Mendel steht mit ihren Anschlußstrecken über den Tonalepaß, nach Edolo und an den Comer See (213 km von Bozen) in unmittelbarem touristischem Zusammenhang. Aber auch allein wegen ihrer unvergleichlich schönen Aussicht lohnt es sich, bis zur Paßhöhe zu fahren oder den prächtigen Rundkurs von Bozen zum Mendelpaß nach Fondo, weiter über das 1518 m hohe Gampenjoch nach Meran und durch das Etschtal zurück nach Bozen zu benützen, 103 km.

Die gesamte Paßstrecke ist staubfrei, die Fahrbahnbreiten variieren geländebedingt zwischen 5 und 8 m. Die O-Rampe ist sehr kurvenreich. Man zählt 15 numerierte Kehren mit teilweise geringen Kurvenradien in den Wendepunkten. Steigungsmaxima 12%, SG. ②, Frequenz ⑩. Mindestzeitaufwand Bozen—Penegal und zurück 2¹/₂ Std. Die Straße wird ganzjährig offengehalten. Hierzu Höhenprofil → Seite 64.

Die Ostrampe gewährt hervorragende Ausblicke auf die Dolomiten und auf die Hochebene des Überetsch sowie hinab zum Kalterer See; halten Sie daher am südlichen Wendepunkt der Paßstraße 4 km oberhalb Eppans an und betrachten Sie die gute Aussicht. Auch auf der in den Fels gehauenen Strecke unterhalb der steil abfallenden Mendelwand befinden sich mehrere kleine Abstellplätze, von denen man außergewöhnliche Tiefblicke genießt. Wenn Sie auf der Paßhöhe der 1363 m hohen Mendel sind, versäumen Sie es nicht, auf der Serpentinenstraße bis zum Gipfel des 1737 m hohen * *Penegal* hinaufzufahren; dort bietet sich ein grandioses Panorama.

Man benützt in **BOZEN**/BOLZANO die Ausfahrt über die Drususbrücke und fährt schnurgerade auf einer Pappelallee 3 km in westlicher Richtung bis zu einer Straßenteilung: rechts S.S. 38 nach Meran 25 km. Man hält sich links und fährt durch das obstberühmte Talbecken der Etsch bis zur Etschbrücke beim Bahnhof Sigmundskron. Auf dem gegenüberliegenden Flußufer ragen auf einem vorspringenden porphyrenen Felsen in eindrucksvoll beherrschender Lage unweit der Vereinigung von Etsch und Eisack die Ruinen des ehemaligen Schlosses Sigmundskron empor. Es ist die größte Burganlage Tirols, von Erzherzog Sigismund „dem Münzreichen" im heute noch erkennbaren Umfang erbaut.

Bei Frangart (257 m) beginnt der sanfte Anstieg zur *Überetsch genannten, wein- und obstberühmten Hochfläche. Li. Abzw. der → „Südtiroler Weinstraße" nach *Girlan* (435 m), 4 km. Im weiteren Anstieg re. das efeuumrankte *Schloß Warth* und die Zufahrt nach *St. Pauls* (389 m) und *Missian* (388 m). Auf der Hauptstraße gelangt man nach **St. Michael in Eppan/S. Michele d'Appiano** (411 m), dem Mittelpunkt aller Eppaner Gemeindefraktionen.

Während die Südtiroler Weinstraße geradeaus über Unterplanitzing nach Kaltern weiterzieht, folgt man bei der Straßenteilung am s. Ortsausgang von *St. Michael* re. der S.S. 42 weiter zur Mendel. Oberhalb von *Oberplanitzing* (504 m) verläßt man die rebreichen Hänge und tritt auf hervorragend ausgebauter Strecke in den Wald ein.

In mehreren, zum Teil engen Kehren sich durch schönen Mischwald emporwindend, wird Matschatsch (833 m) erreicht. Dort steht auf einem kleinen Wiesenplan, umgeben von mächtigen Nadelbäumen und Buchen, das im Schlößchenstil erbaute Anwesen Matschatsch.

Großer Parkplatz beim Gasthaus Matschatsch.

Im weiteren Verlauf zieht die streckenweise in das buntfarbige Porphyrgestein der Mendelwand gehauene Straße auf einer langen, aussichtsreichen Geraden aufwärts. Von den talseitigen Ausweichstellen genießt man besonders eindrucksvolle Tiefblicke auf die „Überetsch" genannte Terrasse mit dem Kalterer See; jenseits des Etschtales ragen die dolomitische Rosengarten- und Latemargruppe auf, denen die porphyrenen Hochflächen von Deutschnofen, Aldein und Radein vorgelagert sind.

Erneut in Haarnadelkehren ansteigend, gewinnt man die Höhe des 1363 m hohen **Mendelpasses. Der Mendelkamm trägt, dem Bozner Talkessel zugewandt, drei markante Erhebungen: im S und oberhalb der Ortschaften Kaltern und Tramin den 2116 m hohen Rhönberg, in der Mitte, über Eppan aufragend, den 1737 m hohen Penegal und im N die charakteristische, etwas vorspringende Felsnase des 1866 m hohen Gantkofels, etwa oberhalb der Orte Andrian und Nals bzw. Perdonig gelegen. Zwischen Rhönberg und Penegal ist die waldreiche Einsattelung des Mendelpasses, welcher als Übergang vom Etschtal in das Nonstal benützt wird. Die Paßregion, die wegen ihrer heilklimatischen Eigenschaften gerne als Höhenluftkurort besucht wird, weist mehrere große Hotels auf.

W 113 ** Roen, 2116 m. Höchste Erhebung des langgestreckten Mendelkammes ist der Rhönberg, kurz Roen genannt, der sich w. über Tramin erhebt. Mit seiner in sanften, teilweise bewaldeten Hängen gegen das Nonstal hin abfallenden Westflanke und den gewaltigen Ostabstürzen zeigt er den für alle Mendelberge typischen Aufbau. Seine Besteigung über die Nordseite, also vom Mendelpaß aus, bildet ein lohnendes Unterfangen, das durch herrliche Ausblicke und stimmungsvolle Wegpartien bezaubert. Bekannt reiche Alpenflora.

Eigentlicher Ausgangspunkt der Tour ist die Enzianhütte, die man vom Mendelpaß aus auf einem Fahrweg, 1 km, erreicht. Wer den Aufstieg etwas verkürzen will, kann sich des Sesselliftes (Talstation unweit der Golfhütte) bedienen, der den Fahrgast bequem zur Halbweghütte (1594 m) befördert. – Der mit 521 bez. Anstiegsweg führt durch herrlichen Hochwald über die bereits erwähnte Halbweghütte (lohnender Abstecher zur nahen Aussichtskuppe des M. Lira, 1611 m) zur Romeno-Alm (1767 m; 2 Std.). Hier Wegteilung: re. auf mark. Weg 521 direkt hinauf zum Roengipfel, li. in $^1/_4$ Std. weiter zur aussichtsreich gelegenen Überetscher Hütte / Rif. Oltrádige al Roen (1773 m).

Das im Sommer bewirtschaftete Schutzhaus ist Ausgangspunkt eines interessanten, an den ausgesetzten Stellen mit Drahtseilen gesicherten Felssteiges, der durch die Ostflanke des Roen ebenfalls zum Gipfel leitet. Seine Begehung setzt allerdings Schwindelfreiheit und Erfahrung in felsigem Gelände voraus; Ungeübte benützen auf jeden Fall den leichten Normalweg für Auf- und Abstieg. Vom höchsten Punkt hat man eine großartige Rundschau, vergleichbar jener vom Penegal, nur mit freierer Sicht gegen S (Monte Baldo, Cornetto, Pasùbio). Z 5½ Std.; LA 2 (Normalweg) bzw. 3. Hierzu Wanderwege-Karte 25 Überetsch.

Penegal, 1737 m
Günstige Witterung vorausgesetzt, sollte jedermann den Abstecher auf der staubfreien Serpentinenstraße zum Gipfel des ✳ **Penegal** (1737 m) mit berühmter Aussicht unternehmen. SG. ② bis ③. Die Abzw. des zwei-

spurigen, 4 km langen Privatsträßchens befindet sich knapp jenseits des Passes. Man fährt, gleich kräftig ansteigend, in n. Richtung. Wenig unterhalb des Gipfelplateaus finden Sie drei geräumige Parkplätze terrassenartig angeordnet. Auf dem Gipfel erwartet Sie sowohl ein Hotel mit geheiztem Schwimmbad als auch eine einfache Touristen-Einkehrstation. Der 25 m hohe Aussichtsturm bietet eine perfekte Rundsicht von 360°. Man erkennt den Zillertaler Hauptkamm, die Dolomiten, Adamello-Presanella, Ortler-Cevedale und die Brenta, die Texelgruppe und die Ötztaler Alpen, das weite Bozner Becken, darüber Salten und Ritten, die Terrassen von Radein und Albein mit Maria Weißenstein, als Abschluß Schwarzhorn und Weißhorn. Eindrucksvolle Tiefblicke auf den Kalterer See und die beiden versteckt im Wald liegenden Montiggler Seen.

Über das Mendelgebirge verläuft die deutsch-italienische Sprachgrenze, jedoch liegen jenseits dieser Kammlinie südlich des Ultentales und des Gampenjochs noch die vier deutschsprachigen Gemeinden am Nonsberg, *St. Felix, Unsere Liebe Frau im Walde, Laurein* und *Proveis;* während erstere direkt an der Gampenstraße liegen, sind die beiden letzteren Dörfer auf einsamer Volkstumsinsel vom Verkehr völlig abgeschieden und nur über ein Sträßchen erreichbar, das von *Cagno* nach N abzweigt.

** Gantkofel, 1866 m. Eine Aussicht, die jener vom Penegal in keiner **W 114** Weise nachsteht, genießt man vom Gantkofel, dem n. Eckpfeiler des Mendelzuges. Am bequemsten erreicht man den markanten Gipfel, der mit seinem charakteristischen Profil als ein Wahrzeichen des Meraner Beckens gilt, vom Penegal aus. Da sich die zu überwindenden HU. trotz des zweimaligen Abstiegs zur Furglauer Scharte (1496 m) mit insgesamt 650 Metern in Grenzen halten, kann diese prächtige Höhenwanderung auch Familien und älteren Menschen empfohlen werden. Der mit 512 mark. Weg verläuft allerdings weitgehend auf der dem Nonsberg zugewandten Westabdachung des Mendelkammes, weshalb sich die Aussicht gegen O wie auch die großartigen Tiefblicke ins Etschtal auf den engeren Gipfelbereich des Gantkofels beschränken. Dafür hat man freie Sicht auf Brenta, Presanella und Ortler-Cevedale-Gruppe. Z 5 Std.; LA 2. Hierzu Wanderwege-Karte 24 Mendelgebirge.

Auf gut ausgebauter, normal breiter (in den Kurven bis 8 m) Straße fährt man bei ausgeglichenem Gefälle durch schöne Nadelwälder auf der Westseite des Passes in das anmutige, sonnendurchflutete *Nonstal* hinab. Einkehrstationen laden zur Rast ein, wie das Albergo „Paradiso" und das Café „Waldheim" direkt an der Straße. Die Alternativstrecke über *Ruffre* (1175 m) verläuft etwas südlicher am Vorderhang, ist zwar schmäler, doch ebenfalls staubfrei.

Beim Belvedere vor Ronzone (1034 m) re. Abkürzer nach *Malosco* (988 m) und *Fondo*, 1 km, wo man wieder auf die S.S. 42 in Richtung Mostizzolo trifft.

Will man flüssig vorankommen, so bleibt man hinter *Ronzone* auf der Nonstalstraße S.S. 43 dir. bzw. S.S. 43. Sie zieht, gut ausgebaut, bei *Dermulo* um das s. Ende des *Stausees von Santa Giustina* (570 m) und über *Cles* zum *Ponte Mostizzolo*.

* San Romedio (672 m)

Zur berühmten Einsiedelei *San Romedio* (672 m) hat man von *Sanzeno* eine schmale Stichstraße, auf der man nach 3 km die versteckt in einer Schlucht liegende Wallfahrtsstätte erreicht. Das weitläufige Anbaugebiet des oberen Nonstales bringt ein besonders schmackhaftes, aromatisches Obst hervor.

Route 18

* Tonalepaß

Fahrtechnische Streckenübersicht und Ratschläge

Der bedeutende Verkehrsweg über den 1883 m hohen *Tonalepaß wird nach Möglichkeit das ganze Jahr über offengehalten. Die im Durchschnitt 6 bis 8 m breite und staubfreie Tonalestraße weist maximale Steigungen von 12% auf; sie ist in der Lage, auch größere Verkehrskapazitäten zu bewältigen. Die Route über den Tonalepaß vermittelt, wie auch jene durch das Engadin und über den Malojapaß ziehende, eine günstige Verbindung zum Comer See. Die Strecke weist keine nennenswerten Schwierigkeiten auf und ist auch von Bergungewohnten leicht zu befahren; Schwierigkeitsgrad ②. Verkehrsfrequenz Stufe ⑩.

Ausgangspunkt der Tonalepaßstraße ist der **Ponte Mostizzolo.** Man erreicht ihn von Meran über das → Gampenjoch, von Bozen entweder über den → Mendelpaß oder die Brennerautobahn (Anschlußstelle S. Michele all'Adige). Die gut ausgebaute Nonstalstraße S.S. 43 führt über Mezzolombardo (220 m) und den einst befestigten Rocchetta-Engpaß in das landschaftlich reizvolle „Anaunia" (Nonsberg). Über Dermulo und Clès erreicht man den Straßenknotenpunkt beim Monte Mostizzolo, 30 km von S. Michele entfernt.

Als lohnende Variante, vor allem im Zusammenhang mit einem Abstecher zum malerischen Tovelsee, bietet sich zwischen dem Rocchetta-Engpaß und Clès die über Denno (429 m) und Tuenno (630 m) verlaufende, gut ausgebaute Verbindungsstraße an.

*Lago di Tovel, 1178 m

Dieser See am Fuße der Brenta-Dolomiten, auch „Roter See" genannt, verdient einen Besuch. Abstecher von *Cles* 16 km, teilweise schmale Asphaltstraße, Steigungsmaxima 12%. Der See nimmt während der heißen Sommermonate eine braunrote Farbe an, die durch massenhaftes Auftreten von Mikroorganismen ausgelöst wird. Der Kontrast zu den umliegenden Nadelwäldern ist von besonderer Eigenart. Da die Erscheinung in den Alpen einzigartig dasteht, werden jährlich viele Touristen aus aller Herren Ländern mit und ohne Farbfilm hierher gelockt. Leider hatte man auch schon dem Wasser in nächtlicher Stunde rote Anilinfarbe zur Vortäuschung des Naturphänomens beigemengt. Spazierwege rund um den See. Ein Steig (Schwindelfreiheit Voraussetzung) führt zu einer Aussichtskanzel und ist mit „Belvedere" beschildert.

* Malga di Flavona, 1860 m. Am Tovelsee nehmen mehrere mark. **W 115** Wege ihren Ausgang. Sie eröffnen dem Wanderer gute Möglichkeiten, das noch weitgehend unberührte Gebiet der nö. Brenta näher kennenzulernen. Besonders empfehlenswert ist ein Abstecher in die Valle di S. Maria Flavona. Das langgestreckte, zwischen den Gebirgsstöcken der Pietra Grande (2936 m) und der Fibionkette (Crosara del Fibion, 2673 m) eingebettete Tal erhält nicht allzuoft Besuch; dafür findet der Naturfreund hier jene Ursprünglichkeit und Ruhe, die man drüben in der zentralen Brenta mitunter vergeblich sucht.

Der Ausflug in das Flavonatal läßt sich auf mark. Wegen als schöne Rundwanderung durchführen. Wendepunkt sind die Alphütten von Flavona, den besten Ausblick genießt man von der Eselwiese (Pra dell'Asen), einer breiten Wiesenkuppe unmittelbar s. über dem Tovelsee. Besonders eindrucksvoll präsentiert sich die Brenta-Nordkette mit der Pietra Grande, der Cima Sassera, der Cima Rocca und dem Sasso Rosso als markanteste Erhebungen; im S lugt über vorgelagerten Höhen die weiße Gipfelkuppe der Cima Brenta (3150 m) hervor. Bemerkenswerte Flora. Z 5 Std.; LA 2. Hinweis: Lohnender, aber auch mühsamer ist es, den steilen Weg vom Tovelsee zur Alpe Termoncello (Mark. 339) im Aufstieg zu machen. Hierzu Wanderwege-Karte 29 Brenta.

Die hervorragend trassierte Tonalestraße S.S. 42 nimmt ihren weiteren Verlauf durch die *Sulzberg* genannte Talschaft (Val di Sole) und erreicht nach etwa 11 km deren Hauptort **Malè**.

Im Straßenknotenpunkt beim **Ponte Mostizzolo** (593 m) vereinigen sich Mendelpaßstraße und Nonstalstraße mit der Tonalepaßstraße.

Die Alpen bilden in ihrer Gesamtheit eines der letzten großen **Naturreservate** Europas. Schonen Sie deshalb Flora und Fauna und halten Sie sich in Schutzgebieten strikt an die bestehenden Vorschriften.

Val di Rabbi, 1348 m

Rechts zweigt wenige hundert Meter vor dem Ort eine schmale Nebenstraße in die nw. gelegene *Val di Rabbi* ab. Der Fahrweg endet im kleinen Badeort *Bagni di Rabbi* (1222 m) nach 11 km. Der Abstecher in dieses zum italienischen Nationalpark gehörende Seitental ist landschaftlich lohnend. Der Abschluß des Tales wird beherrscht von der Cima Venezia (3385 m) und den Cime Sternai.

W 116 * Rif. S. Dorigoni, 2436 m. Vom Rabbi bzw. Coler (1381 m), dem Endpunkt der Talstraße, kann man auf mark. Hüttenweg (Nr. 106) über die Malga Stablèt (1589 m) zum Rif. Dorigoni aufsteigen. Das kleine, in den Sommermonaten einfach bewirtschaftete Schutzhaus liegt vor einer hochalpinen Kulisse im obersten Rabbital, der Val di Saènt. Es dient in erster Linie als Stützpunkt für mehrere Gipfeltouren in diesem sö. Teil des Stilfser-Joch-Nationalparks (Cima Venezia, Sällent- und Eggenspitzen), ist aber auch für all jene, die den vielbegangenen Wegen ausweichen und „Neuland" betreten wollen, als selbständiges Tourenziel von Interesse. Z 5^{1}/$_{2}$ Std.; LA 2.

Die Wanderung zur Dorigonihütte läßt sich, Trittsicherheit und etwas Erfahrung in unwegsamem Gelände vorausgesetzt, auch zu einer Runde erweitern. Die Möglichkeit hierzu eröffnet ein bez. Steiglein (Nr. 128, Mark. allerdings vernachlässigt!), das bei einem Wegkreuz (1796 m) oberhalb der Malga Stablèt vom Hüttenweg abzweigt, steil durch das Tälchen von Campisol bis auf eine Seehöhe von ca. 2450 m ansteigt, sich dann gegen N wendet und schließlich hoch an der w. Talflanke mit bemerkenswerten Ausblicken ebenfalls zum Schutzhaus führt. Zeitmehraufwand ca. 1^{1}/$_{2}$ Std.; LA 3. Hierzu Wanderwege-Karte 27 Peio- und Rabbital.

Auf der Hauptstraße erreicht man nach weiteren 5 km die Ortschaft *Dimaro* (767 m). Die hier nach S abzweigende S.S. 239, welche über den → **Campo Carlo Magno (1682 m) nach dem berühmten Fremdenverkehrsort *Madonna di Campiglio*, 19 km, führt, ist normal breit ausgebaut und befindet sich in einem sehr guten Zustand. Diese Strecke bildet zweifellos die landschaftlich großartigste Zufahrt von Bozen oder Meran an den Gardasee. Der Umweg, welchen man dabei in Kauf zu nehmen hat, lohnt sich! Dimaro—Tione di Trento 64 km.

Von *Dimaro* folgt die Tonalestraße der vom Noce durchflossenen *Val di Sole* und berührt die Orte *Piano* und *Mezzana*. Auf der s. Talseite der erst in den letzten Jahren entstandene Wintersportplatz *Marilleva* (Zufahrt von Mezzana) mit mehreren Liftanlagen.

W 116 * Cima Basetta, 2769 m, und **** Cima Vegáia, 2890 m.** Zwischen Mezzana und Pellizzano re. Abzw. einer asphaltierten Bergstraße, 6,5 km, nach Ortisè (1477 m) und Menas (1517 m). Von Ortisè Weiterfahrt bis zur Malga Vallenáia (2112 m), allerdings auf nur knapp 3 m breitem,

Zu R 14: Auf einem gegen die Talfer senkrecht abfallenden Porphyrfelsen kühn erbaut, zeigt sich die gut erhaltene Burg Runkelstein. Besonders sehenswert ist ihr Innenhof mit Fresken, das ritterlich-höfische Leben des Mittelalters darstellend. Die Schloßwirtschaft ist ein beliebtes Bozner Ausflugsziel. Foto Elisabeth Fuchs - Hauffen

Zu R 16: Blick durch die Rebleiten auf den berühmten Überetscher Weinbauort Kaltern. Im Hintergrund der geisterhaft-blaße Zug des Mendelgebirges. Im linken Bildteil erkennt man die kühn in die Felsen gehauene Mendelstraße. Foto Fritz Keitsch

Zu W 106 und W 107: Obstblüte im Überetsch. Im Frühjahr, wenn das Land in ein schier unübersehbares Blütenmeer getaucht ist, entfaltet es seinen ganzen Zauber. Die Gleifkapelle steht auf dem Eppaner Kalvarienberg. Foto H. Frass

Zu W 92: Schloß Karneid, das in beherrschender Lage auf einem steil über dem Eggental emporragenden Fels thront, zählt zu den besterhaltenen Burgen Südtirols. Eine teilweise Besichtigung des Inneren ist möglich. Foto Eugen E. Hüsler

Zu R 20: Blick von der Paganella-Panoramastraße auf das Mündungsgebiet des Noce in die Etsch. Hinter dem Talort Mezzocorona und der Etschschleife zeigt sich die Salurner Klause. Foto Harald Denzel

Zu W 126: Über der 1666 m hoch gelegenen, teils bewaldeten Malga Brenta alta erheben sich die kühnen Felsfluchten und Türme des Gebirgsstockes, beherrscht von dem urgewaltig in den Himmel ragenden Crozzon (3129 m). Im linken Bildteil erkennt man die Bocca di Brenta (2552 m), einen touristisch hochbedeutsamen Übergang. Foto Leo Baehrendt

Zu W 121: Vom Rif. Tuckett (2271 m) hat man auf dem klassischen Giro del Brenta eine gute Gehstunde zur 2656 m hohen Bocca di Tuckett. Der Weg 303 vermittelt großartige Bilder von der wild zerklüfteten Brenta. Foto Hans Lang

Zu W 125 und W 131: Der freundliche Touristenort Molveno ist ein günstiger Ausgangspunkt für Bergfahrten in die Brentadolomiten. Blick in das Seghetal. Die klassische Ost-West-Durchquerung der Brenta führt über das Rif. Selvata und die Pedrottihütte zur Bocca di Brenta. Von dieser Scharte leitet der Weg hinab zum Rif. Brentei.

Foto E. Denzel

Zu W 144: Blick von der Monte-Baldo-Höhenstraße zur Malga Canalette und auf den Monte Altissimo di Nago. Der Anstiegsweg ist durch das alte italienische Kriegssträßchen, das sich in mehreren Serpentinen emporwindet, weitgehend vorgezeichnet. Foto E. Denzel

Zu R 20: Wer von Norden zum Gardasee fährt, findet auf der Route über Andalo-Ballino viel Abwechslung. Besonders reizvoll ist der Abstieg von Tenno mit Aussicht zum Gardasee und auf den Monte Baldo. Foto E. Denzel

Zu W 94: Am fischreichen Durnholzer See. Wer stille Täler und einsame Berge liebt, der findet diese Ideale noch in den Sarntaler Alpen. Besonders lohnend ist es, die aussichtsreiche Kassianspitze entweder von Durnholz oder von Reinswald aus zu besteigen.

Foto
Walter Denzel

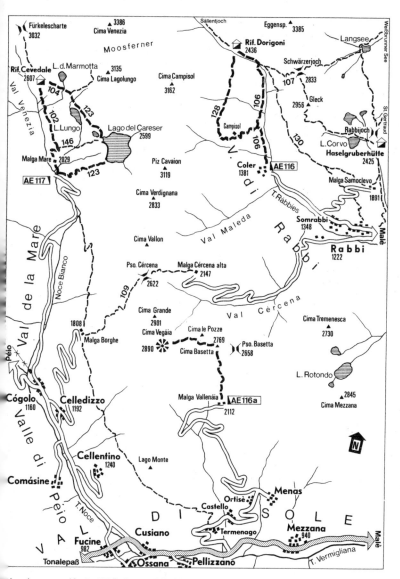

Wanderwege-Karte 27 Peio- und Rabbital

nicht staubfreiem Sträßchen möglich. Die hoch gelegene Alpe ist Ausgangspunkt für verschiedene, bei günstigen Witterungsverhältnissen (Gipfelpanorama!) durchwegs lohnende Besteigungen im Bereich der Cima-Grande-Kette. Da in diesem selten besuchten Gebiet zur Zeit noch keine Markierungen bestehen, bleiben diese Wege nur dem geübten Bergwanderer mit Trittsicherheit und Orientierungsvermögen vorbehalten.

Der Aufstieg zur Cima Basetta führt von der Malga Vallenáia in n. Richtung über unschwierig zu begehendes Gelände steil bergan. Man hält sich mit Vorteil etwas re. der vom höchsten Punkt herabziehenden breiten Rippe. Der Gipfel bietet ein herrliches Panorama, das allerdings von jenem der weiter w. aufragenden Cima Vegáia noch übertroffen wird. Der Übergang von der Cima Basetta zur Cima Vegáia ist Ungeübten unbedingt abzuraten! Z 3 Std. (Cima Basetta) bzw. 6 Std. (Cima Vegáia); LA 3. Hierzu Wanderwege-Karte 27 Peio- und Rabbital.

Val di Peio, 1925 m
Hinter *Cusiano* zweigt re. eine gute Asphaltstraße in die *Valle di Peio* ab, nach *Cogolo* (1160 m), 6 km. Hier münden die beiden aus der Cevedalegruppe herabziehenden Täler, Valle del Monte und Val della Mare, ein.

Folgt man nach W der *Valle del Monte* weiter aufwärts, so kommt man nach *Bad Peio / Antica Fonte di Peio* (1389 m), 3 km; das Eisensäuerlinge enthaltende Mineralwasser ist als Tafelwasser sehr begehrt. **Sessellift** auf die **Talenta** und daran anschließend **Sessellift** auf den **Doss dei Gembri** (2313 m); von hier Aufstieg zum 🚠 Rif. Mantova al Vioz (3535 m), der höchstgelegenen Schutzhütte der Ostalpen, knapp unter dem Viozgipfel (3645 m) in der s. Ortlergruppe, ca. 3 Std. Das prachtvoll auf einem Felssporn gelegene Schutzhaus der ehem. Sektion Halle war im ersten Weltkrieg ein wertvoller Stützpunkt an der Ortlerfront.

Zum *Dorf Peio* (1579 m), das man auch mit einer von Cogolo ausgehenden **Seilbahn** erreichen kann, sind es noch weitere 4 km.

In der Valle del Monte kann man aufwärts noch bis dicht unterhalb des aufgestauten *Lago Pian Palu* gelangen, wo der Fahrweg beim Fontanino di Cellentino (1668 m) endet.

W 117 ** Rif. Cevedale, 2607 m. Von Cógolo führt ein schmales, nicht staubfreies Sträßchen gegen N in die enge Val de la Mare. Es endet nach 10 km bei einer Brücke (1925 m) unterhalb der Mare-Alm. Der an sich wenig bietende Abstecher gewinnt in Verbindung mit einem Aufstieg zum Rif. Cevedale (Larcherhütte), das in großartiger Umgebung im obersten Maretal (Val Venezia) liegt, wesentlich an Interesse. Diese Wanderung, die man mit Vorteil als Rundtour durchführen wird, erschließt dem Bergfreund einen Kernraum der Ortler-Cevedale-Gruppe;

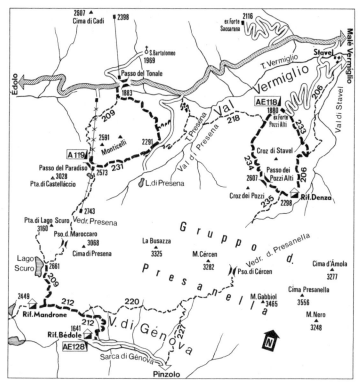

Wanderwege-Karte 28 Tonalepaß

man hat eindrucksvolle Ausblicke auf den Monte Cevedale (3778 m), den höchsten Skiberg der Ostalpen, und den Palonkamm (M. Rosole, 3531 m; Palon de la Mare, 3704 m; Monte Vioz, 3644 m). Sehr zur Belebung des Landschaftsbildes tragen die Bergseen (Lago Marmotta, Lago Lungo, Lago Nero, Lago del Careser) bei, an denen der Weg vorbeiführt. Z 4½ Std.; LA 2. Hinweis: Das hochalpine Maretal liegt innerhalb des Stilfser-Joch-Nationalparks; beachten Sie bitte die Parkvorschriften! Hierzu Wanderwege-Karte 27 Peio- und Rabbital.

*Tonalepaß, 1883 m

Der landschaftliche Höhepunkt der Strecke zum Tonalepaß liegt in der Auffahrt von *Fucine* durch die *Val Vermiglio* zur Scheitelhöhe. Man genießt herrliche Blicke auf die gezackte Presanella 163

(3556 m), ganz links, weiters auf die firnbedeckten Gipfel des Monte Cercen (3282 m) und der Cima Busazza (3325 m) mit ihren Gletscherfeldern.

W 118 ** Passo dei Pozzi Alti, 2607 m. Überaus empfehlenswert, nicht nur für den Alpinisten, auch für den Wanderer, ist ein Besuch des hochalpinen Stavèltals. Als günstiger Ausgangspunkt bietet sich die über der Talmündung gelegene ehemalige Sperrfestung Pozzi Alti (1880 m) an, die man vom Weiler Stavèl (1235 m) auf schmalem, aber noch recht gut befahrbarem Serpentinensträßchen, 6 km, erreicht. Markante Punkte an der abwechslungsreichen Wegstrecke bilden das schön gelegene Rif. Denza (2298 m), Stützpunkt für Hochtouren in Eis und Fels, und der Pozzi-Alti-Paß. Von seiner Höhe hat man einen herrlichen Blick auf Gletscher, Nordwand und Gipfel der Cima Presanella (3556 m); der Abstieg gegen N bietet gute Sicht auf die Ortler-Cevedale-Gruppe. Z 4 Std.; LA 2—3. Hierzu WW.-Karte 28 Tonalepaß.

Über den 1883 m hohen Wiesensattel des *Tonalepasses verlief bis zum Jahre 1919 die altösterreichische Grenze; heute ist sie Grenze zwischen den Provinzen Brescia und Trento. Zum Gedenken an die Helden des ersten Weltkrieges steht rechts der Straße das italienische Siegesdenkmal „Victoria" mit Gebeinehaus. Die geflügelte Bronze-Victoria ist eine Nachbildung der berühmten, aus der ersten römischen Kaiserzeit stammenden, aufgefundenen Statue.

Am Tonalepaß gibt es dz. zwei Seilbahnen: Im N der **Gondellift** gegen die * **Cima Cadi** (2607 m), deren Bergstation (2398 m) auf einer dem Gipfel ostwärts vorgelagerten Schulter steht; man genießt von hier aus eine prächtige Aussicht auf die nördlichen Erhebungen der Adamello-Presanella-Gruppe. Fahrzeit 15 Min.

Im S eine **Kabinenseilbahn** zum **Passo Paradiso** (2573 m); diese offiziell „Funivia Paradiso" bezeichnete Bahn überwindet den 690 m betragenden Höhenunterschied in nur 4 Min. Fahrzeit! Daran schließt, mit ihrer Talstation (2589 m) am mittleren Monticello-See gelegen, der **Gondellift „Paradiso"** (Bergstation 2743 m) an. Mehrere Schleiflifte, welche über die Höhenmarke von 3000 m reichen, bedienen hier auf dem ausgedehnten Presenagletscher ein ideales Sommerskigebiet.

W 119 * Val Presena. Vom Passo di Paradiso kann man auf einem bez. Weglein, das den langgestreckten Felsgrat der Monticelli (2591 m) ö. umgeht, zum Tonalepaß absteigen. Die bequeme Bergabwanderung vermittelt schöne Blicke auf die großartige Umrahmung des Presenakars (von re. Punta di Castellaccio, Punta di Lago Scuro, Cima di Presena, La Busazza, Monte Cércen). Z 1³/₄ Std.; LA 1—2. — Wenig lohnend ist der direkte Abstieg vom Paß gegen N. Hierzu Wanderwege-Karte 28 Tonalepaß.

Route 19

** Pian di Campiglio (Campo Carlo Magno)

Fahrtechnische Streckenübersicht und Ratschläge

Die Strecke über den 1682 m hohen **Campo Carlo Magno bildet die landschaftlich großartigste Zufahrt von N an den Gardasee. Sie bedeutet zwar einen Umweg, doch tritt dieser durch überwiegende Vorteile in den Hintergrund. Vor allem ist das Wechselspiel zwischen der ursprunghaften hochalpinen Region in den bizarren Brenta-Dolomiten und der heiteren, vom Klima begünstigten Mittelmeerlandschaft an den Gestaden des Gardasees von besonderem Reiz.

Hinzu kommt noch, daß die Route nur schwach frequentiert ist, Ⓥ, die Straße, modern und normal breit ausgebaut, sich in einem vorzüglichen Zustand präsentiert. Wenn auch die Witterung entsprechend mitmacht, so sind alle Voraussetzungen für eine genußreiche Fahrt gegeben. Fahrtechnische Schwierigkeiten bestehen nicht, ②, die Route ist auch für Wohnanhängergespanne geeignet. Die Steigungsstrecken sind zwar lang, aber gut ausgeglichen. Die Nordrampe weist Steigungsmaxima von 9% auf, die Südrampe solche von 11%. Das touristische Zentrum ist der international bekannte Luftkurort und Wintersportplatz Madonna di Campiglio mit mehreren Seilbahnen. Die Route wird ganzjährig offengehalten und auch nach stärkeren Schneefällen umgehend geräumt.

Die S.S. 239 „di Campiglio" führt aus **Dimaro** über den Meledriobach, in acht Kehren durch ausgedehnten Wald mit schönem Bestand an alten Lärchen ansteigend, direkt in südliche Richtung. Dann nimmt die Route gegen den Paß Campo Carlo Magno einen fast geradlinigen Verlauf, wobei man nach O zeitweise Ausblick auf Cima Sassara (2892 m) und Pietra Grande (2936 m) hat.

An der achten Kehre re. die ca. 200 m lange Zufahrt zu den Hotels und Gaststätten von *Folgarida* (1302 m). Dieser in den letzten Jahren entstandene Wintersportplatz verfügt über mehrere mechanische Aufstiegshilfen, allen voran die **Kleinkabinenbahn** auf den 1860 m hohen **Monte Folgarida.** Sie zählt zum ausgedehnten Skizirkus zwischen Madonna di Campiglio, Marilleva und Folgarida.

Der von dunklen Nadelwäldern und freundlichen Almmatten (hier Golfplatz mit neun Löchern) umgebene Sattel **Campo Carlo Magno** (1682 m), auf dem einige erstklassige Hotels errichtet wurden, trennt die Ausläufer der Presanella- von jenen der Brenta-gruppe. Der Paßname rührt von einem legendären Feldzug des Frankenkaisers Karl des Großen her. Für den Paßscheitel ist jetzt auch die Bezeichnung „Pian di Campiglio" gebräuchlich.

Frankenkaisers Karl des Großen her. Für den Paßscheitel ist jetzt auch die Bezeichnung „Pian di Campiglio" gebräuchlich.

Ca. 1 km s. des Scheitels li. die Talstation der **Grostèpaß-Seilbahn**, welche in zwei Sektionen zur 2437 m hohen Bergstation schwebt. Wenig weiter zieht der Fahrweg am Golfplatz vorüber und steigt zur Mittelstation *Calchera di Boch* (1950 m).

W 120 **** Rund um die Pietra Grande.** Obwohl etwas außerhalb des eigentlichen Kernraumes der Brentagruppe gelegen, wird der Grostèpaß gern als Tourenstützpunkt gewählt. Mehrere mark. Wege, die hier ihren Ausgang nehmen, eröffnen auch dem „Nicht-Kletterer" vielfältige Möglichkeiten. Besonders lohnend ist die interessante Wanderung rund um die Pietra Grande (2936 m), eine Tour, die gute Einblicke in die Felslandschaft der nördlichen Brenta vermittelt. Ihr Verlauf ist durch die geomorphologischen Gegebenheiten weitgehend vorgezeichnet; überquert wird der Hauptkamm der Nordkette an der Bocchetta dei Tre Sassi (2613 m; 2¹/₂ Std. ab Grostèpaß), einer engen, von drei abenteuerlichen Felszacken gekrönten Scharte. Durchwegs vorzüglich bez. Steige (Mark. 336/334/306), deren Begehung allerdings Trittsicherheit voraussetzt. Z 4¹/₂ Std.; LA 3. Hierzu Wanderwege-Karte 29 Brenta.

W 121 ***** Rif. Tuckett, 2271 m.** Die Seilbahnfahrt zum Passo del Grostè läßt sich leicht mit einer prächtigen Bergabwanderung verbinden, die über das Rif. Tuckett hinab in die Vallesinella führt. Sie vermittelt ohne gesteigerte Anforderungen eine Fülle herrlicher Landschaftsbilder und eröffnet so auch Familien und älteren Menschen die Möglichkeit, gefahrlos die unvergleichliche Felswildnis der Brenta-Dolomiten kennenzulernen. Die Wegverbindungen sind durchwegs in gutem Zustand und einwandfrei mark.; mehrere Schutzhütten (Rif. Tuckett, Rif. Casinei, Rif. Vallesinella) erlauben eine Aufteilung des Pensums nach individuellen Gesichtspunkten.

Das Rif. Tuckett, das man vom Grostèpaß auf landschaftlich großartigem Wegabschnitt (Mark. 316) in etwa 1¹/₂ Std. erreicht, erfreut sich einer schönen Lage am Fuß des Castelletto Inferiore (2601 m), durch dessen rund 300 m hohe Südwand mehrere Kletteranstiege führen. Der Name des stattlichen Schutzhauses erinnert an den englischen Alpinisten F. F. Tuckett, dem im August 1871 zusammen mit D. W. Freshfield und H. Devouassoud die Erstbesteigung der Cima Brenta (3150 m) gelang. Z 4 Std. (bis Rif. Vallesinella) bzw. 5 Std. (bis Madonna di Campiglio); LA 2. Hierzu WW.-Karte 29 Brenta.

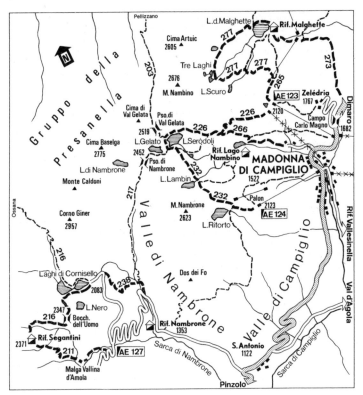

Wanderwege-Karte 30 Madonna di Campiglio

Auf großzügig ausgebauten Serpentinen mit bergwärts hohen Stützmauern und Fahrbahnbreiten in den Kehren bis zu 14 m überwindet man bei mäßigem Gefälle die runden 150 m Höhenunterschied von der Hotelkolonie auf dem „Pian di Campiglio" hinab in den aufstrebenden Fremdenverkehrsort **Madonna di Campiglio** (1522 m); er liegt von herrlichen Nadelwäldern und einer großartigen Bergszenerie umgeben und ist dank seiner Beckenlage geschützt vor rauhen Winden. Während der Abfahrt hat man re. die Talstation der **Kleinkabinenbahn Pradalago,** Bergstation 2070 m. 167

Madonna di Campiglio hat ein trockenes, wohltuendes Klima, und seine Umgebung bietet durch die Vielzahl seiner Wege, Almen und Seen für den Wanderer einen abwechslungsreichen Aufenthalt und hält für den Bergsteiger als Ausgangspunkt für Besteigungen der Brenta-Dolomiten Großartiges bereit. Ein dichtes Wegenetz, zahlreiche Schutzhütten und moderne Personenlifts haben das Gebiet für den Tourismus erschlossen.

Bei einem Kurzaufenthalt empfiehlt es sich, den auf die westliche Talseite ziehenden Panoramaweg zu benützen, welcher Ausblicke auf die grandiose Brentagruppe gewährt. Noch umfassender allerdings ist die Aussicht vom 2093 m hohen ✳ **Monte Spinale,** auf den eine **Luftseilbahn** führt; mit dieser erreicht man den Gipfel in 6 Min. Im W des Ortes ist die Talstation des **Sesselliftes „Cinque Laghi"** zur 2070 m hohen Bergstation von Interesse.

W 122 * Rif. Graffer, 2262 m. Vom Monte Spinale wandert man über karge Almböden in 1 Std. bequem zu dem herrlich unter den hellen Kalkwänden der Pietra Grande gelegenen Rif. Graffer. Ausblicke auf Brenta, Adamello-Presanella, s. Ortlerberge. Z 2 Std.; LA 1. Direkter Abstieg nach Madonna di Campiglio möglich (Mark. 315; 1¹/₂ Std.). Hierzu Wanderwege-Karte 29 Brenta.

W 123 * Tre Laghi, 2279 m. Einen vorzüglichen Aussichtspunkt im NW von Madonna di Campiglio erschließt die Funivia Pradalago. Von ihrer Bergstation (2120 m) hat man prächtige Ausblicke auf den vielgipfligen Hauptkamm der Brenta. Lohnend ist die leichte Wanderung zu den Drei Seen (Tre Laghi) mit anschließendem Abstieg über den Lago delle Malghette (1891 m) zum Campo Carlo Magno. Z 3 Std.; LA 2. Hierzu Wanderwege-Karte 30 Madonna di Campiglio.

W 124 ** Cinque Laghi. Trotz der für jeden Bergfreund verlockenden Nähe berühmter Brentagipfel sollte ein Ausflug in die Presanella nicht im Tourenprogramm fehlen. Eine günstige Gelegenheit hierzu eröffnet der Cinque-Laghi-Sessellift, dessen Bergstation (2123 m) am Palon Ausgangspunkt eines interessanten, gut mark. Höhenweges ist. Er führt in ständigem Auf und Ab durch die Mulden und Kare des Nambronestocks, vorbei an den dunklen Augen der Fünf Seen (Cinque Laghi). Man genießt neben stimmungsvollen Detailbildern freie Sicht auf die Brentagruppe. Vom höchstgelegenen der fünf Bergseen, dem Lago Gelato (2386 m), empfiehlt sich der kurze Aufstieg zum Nambronepaß (2452 m), wo sich überraschend ein schöner Gletscherblick bietet (Adamello-Presanella). Unterhalb vom Lago Serodoli (2368 m) wichtige Weggabelung: li. (Bez. 226) weiter zur Bergstation der Pradalago-Seilbahn, re. (Mark. 266) hinab zum Lago Nambino (1767 m) und weiter nach Madonna di Campiglio. Z 3¹/₂ Std.; LA 2. Hierzu Wanderwege-Karte 30 Madonna di Campiglio.

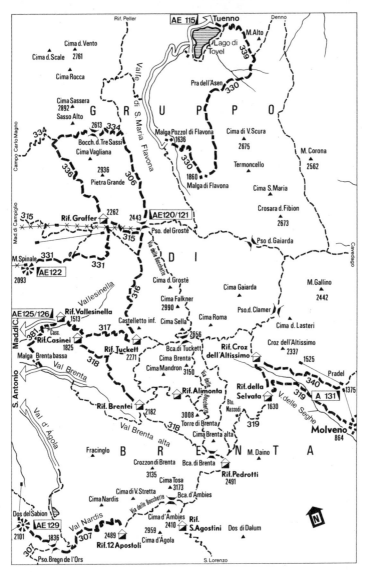

Wanderwege-Karte 29 Brenta

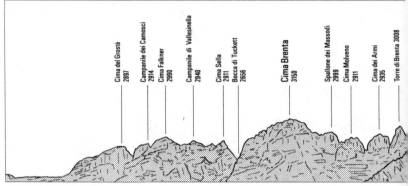

PANORAMA: Brentagruppe vom Nambronetal

Rif. Vallesinella, 1513 m

Ein Fahrsträßchen zieht an der Talstation der Monte-Spinale-Seilbahn vorüber und an den Südabhängen dieses Berges herum in die *Vallesinella*. Das Quellgebiet der Sarca di Vallesinella zeichnen drei Wasserfälle aus; nahe dem untersten Wasserfall endet beim 🏠 Rif. Vallesinella (1513 m) das Sträßchen.

W 125 * Rif. Brentei, 2182 m.** Als „klassischer Gang" von Madonna di Campiglio gilt der Aufstieg zum Rif. Brentei, eine leichte, auch für Familien geeignete Wanderung, die unmittelbar in den Zentralraum der Brenta führt und dementsprechend großartige Eindrücke echt dolomitischer Prägung vermittelt. Ausgangspunkt ist das Rif. Vallesinella (1513 m), das man von Madonna di Campiglio auf recht guter Straße, 4 km, erreicht. Der vielbegangene Saumpfad (Mark. 318) steigt in Windungen durch Wald zur einfach bewirtsch. Casinei-Alm (1825 m) hinauf, wo sich ein erster prächtiger Blick auf den Crozzon di Brenta (3135 m) bietet. Die gewaltige Felsbastion mit ihrer charakteristischen Nordkante, die 1905 erstmals überklettert wurde, beherrscht das obere Brentatal und verstellt den Blick auf den höchsten Gipfel der Gruppe, die 3173 m hohe Cima Tosa. Die Fortsetzung des Hüttenweges führt hoch über dem Talboden der Val Brenta (Tiefblick!) mäßig bergan. Man passiert in der Folge einen kurzen Tunnel und erreicht schließlich die in großartiger Bergumgebung gelegene Brenteihütte. Nahebei stimmungsvolle kleine Kapelle. Z 4 Std.; LA 2. Hierzu Wanderwege-Karte 29 Brenta.

W 126 * Malga Brenta bassa, 1268 m. Lohnender Abstecher, auch für Familien. Auf gutem Waldweg vom Rif. Vallesinella zur nahen Cascata di mezzo, einem eindrucksvollen, 50 m hohen Wasserfall der Sarca di

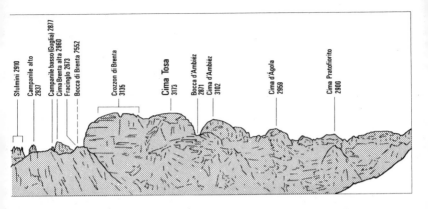

Vallesinella, und weiter hinab zur Malga Brenta bassa. Die untere Brenta-Alm gilt als besonders schöner Landschaftsraum: über ihren satten, von dunklem Nadelwald umrahmten Wiesen erheben sich die kühnen Felsfluchten der Brenta, beherrscht von dem urgewaltig in den Himmel ragenden Crozzon. Z 1¹/₂ Std.; LA 1. Hierzu Wanderwege-Karte 29 Brenta.

*** Via delle Bocchette. Obwohl der Bocchetteweg, bedingt durch die nicht unbeträchtlichen Anforderungen, die er hinsichtlich alpiner Erfahrung, Konstitution und Zeitaufwand stellt, den Rahmen dieses Führers sprengt, sei hier dennoch kurz auf diesen großartigen Höhenweg hingewiesen, der im Alpenraum seinesgleichen sucht. Er verbindet die Schutzhütten der zentralen und südlichen Brenta miteinander; Ausgangs- bzw. Endpunkte sind das Rif. 12 Apostoli im oberen Nardistal und der Grostèpaß. Die Via delle Bocchette folgt weitgehend dem Hauptkamm der Brentagruppe; in ihrem Verlauf überquert sie zahlreiche Scharten (Bocchette), ohne Gipfelhöhen zu erklimmen, und bedient sich dabei mehrfach der für die Brenta charakteristischen, oft extrem ausgesetzten Felsbänder. Schwierige Passagen sind durchwegs gut gesichert (Drahtseile, feste Leitern), dennoch sind für die Begehung absolute Schwindelfreiheit, Trittsicherheit und Erfahrung in felsigem Gelände unbedingt erforderlich. Zeitaufwand 3–4 Tage. Eine herrliche Bergfahrt – aber keine „Via" für Unerfahrene! Hierzu Wanderwege-Karte 29 Brenta.

Sowohl die Ortsdurchfahrt als auch der unmittelbar daran anschließende Streckenabschnitt sind hervorragend ausgebaut, 8 m breit und talseitig mit Leitschienen abgesichert. Bei einem Brunnen li. schöner Brentablick auf die höchsten Erhebungen der Gruppe, Cima Brenta (3150 m) und Cima Tosa (3173 m). In langgezogenen

Serpentinen überwindet man dann auf normal breitem Abschnitt die Stufe hinab in den Talboden von Pinzolo. Man hat dabei Ausblicke nach S auf die Gletscherfelder des Adamello.

*Laghi Cornisello, 2083 m

Von der S.S. 239 zweigt re. ein schmales, staubfreies Sträßchen in das **Nambronetal** ab (Beschilderung Val Nambrone, Rif. Segantini). Dieses ist über die Nambrone-Alm (1353 m) und an den nördlichen Abhängen der Val d'Amola befahrbar. Seine Fortsetzung findet der Fahrweg an der Ostflanke der Crozzi dell'Uomo zu den *Laghi di Cornisello (2083 m bzw. 2112 m). Vom höchsten mit dem Auto erreichbaren Punkt in der Val d'Amola hat man noch ca. 1 Std. Fußweg zum 🏠 Rif. G. Segantini (2371 m). Die Schutzhütte bildet eine günstige Basis für die Besteigung der Presanella (3556 m) und des Monte Nero (3248 m). Im Berichtsjahr ab Rif. Nambrone (1353 m) Fahrverbot wegen des Werksverkehrs zu den Kraftwerkbauten! An Sonn- und Feiertagen konnten Touristen auf eigene Gefahr (Steinschlag!) über die normal breite und asphaltierte Serpentinenstraße bis zu einem Parkplatz (ca. 1840 m) gelangen. SG. ③. Schöne Rückblicke zur Brentagruppe. Eine Weiterfahrt zu den Laghi Cornisello war nur vorübergehend möglich.

Die Abzw. in das *Nambronetal* befindet sich im direkten Wendebereich einer Kehre der S.S. 239 re. und erheischt besondere Vorsicht! Das schmale, jedoch asphaltierte Bergsträßchen steigt gleich kräftig in das Hochtal an; es ist nur für Fahrzeuge bis 2 t Gewicht zugelassen.

W 127 ** Rif. Segantini, 2371 m. In der Werkstraße zu den Corniselloseen besteht eine günstige Anfahrtsroute für die überaus lohnende Wanderung zum Rif. Segantini (Rif. Amola). Das kleine Schutzhaus, Stützpunkt bei Presanella-Besteigungen über die Bocch. di M. Nero, zeichnet sich durch seine großartige Lage in der abgeschiedenen Hochgebirgslandschaft des oberen Amolatals aus. Der mark. Hüttenweg (Nr. 211) verläuft über die Malga Vallina d'Amola (2021 m); für den Rückweg nimmt man den ebenfalls bez. Steig (Nr. 216), der über die Bocch. dell'Uomo (2347 m) zu den Laghi di Cornisello hinableitet. Dabei sollte man auf keinen Fall den kurzen Abstecher von der Scharte zu dem abseits vom Weg in einer versteckten Karmulde gelegenen Lago Nero (2236 m) versäumen (40 Min. hin und zurück)! Z 4 Std. (Ausgangspunkt Straßengabelung 1850 m) bzw. 6 Std. (Ausgangspunkt Rif. Nambrone); LA 2. Hierzu WW.-Karte 30 Madonna di Campiglio.

Man gelangt, nachdem sich die forellenreichen Gebirgsbäche Sarca di Nambrone und Sarca di Campiglio vereinigt haben, in die kleine Ortschaft *Carisolo* (808 m); hier mündet die *Val di Genova, die von der Sarca di Genova durchflossen ist, in das nun breitere **Rendenatal** ein.

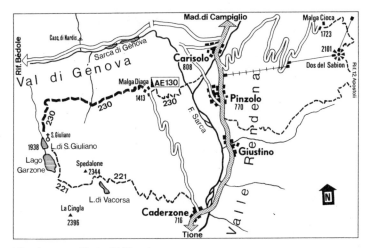

Wanderwege-Karte 31 Pinzolo

* Val Genova, Rif. Bedole, 1641 m

Das * Genovatal ist bis jetzt noch ein wahrhaftes Ödland mit richtigem Urwald, mit unzähligen Staubbächen und Wasserfällen (am eindrucksvollsten der Nardis-Wasserfall), mit einem Wort ein Tal unberührter Alpenschönheiten. Von Carisolo (814 m) hat man eine ca. 5 km lange und 4 m breite, asphaltierte Zufahrt zur sehenswerten * Cascata di Nardis (905 m), welche spektakulär in die Sarca di Genova stürzt. Ab Kraftwerk bzw. Speichersee wird das Sträßchen nur mäßig instand gehalten, ist nicht staubfrei und hat Steigungen bis zu 15%. Über *Radaga* (1278 m) und das ⌂ Rif. Stella Alpina (1431 m) erreicht man schließlich, 17 km von Carisolo entfernt, das ⌂ Rif. Bedole (1641 m), Ausgangspunkt für Hochtouren in der Adamello-Presanella-Gruppe.

* Rif. Mandrone, 2449 m. Aus dem Talschluß steigt man in 2¹/₂ Std. **W 128** auf gutem bez. Weg (Nr. 212) zum Rif. Mandrone (Città di Trento) auf. Das 1958 eröffnete stattliche Schutzhaus gilt als zentraler Stützpunkt für Hochtouren im Adamellogebiet; es erfreut sich einer prächtigen Aussichtslage. Besonders eindrucksvoll ist der Blick auf die von dunklen Felsrücken flankierten Eisströme des Mandron- und Lobbiagletschers. Allerdings ist auch hier, wie vielerorts im Alpenraum, ein starker Rückgang der Eismassen festzustellen. Bemerkenswerte Flora. Z 4 Std.; LA 2.

Trittsicheren Bergwanderern ist der lohnende Abstecher zum hochalpinen Lago Scuro (2661 m) zu empfehlen. Auf mark. Steiglein vom Rif. Mandrone 1 Std. Hierzu Wanderwege-Karte 28 Tonalepaß.

Nur wenige hundert Meter im N von **Pinzolo** (770 m) befindet sich unmittelbar an der S.S. 239 re. das romanische Kirchlein San Vigilio mit sehenswerten makabren Außenfresken, einen Totentanz darstellend (gemalt im 16. Jh. von Simone Baschenis). Vor dem Friedhof ital. Kriegerdenkmal und Gebirgsgeschütz aus dem ersten Weltkrieg, welches auf dem Adamello in einer über 3000 m hohen Stellung eingesetzt war.

Wenig weiter, li. der S.S. 239, Talstation der offenen **Gondelseilbahn** zu den Alpi di Grual bzw. auf den **Sabbionrücken** (2101 m) mit prächtigem Brentapanorama.

* Dos del Sabion, 2101 m. Den aussichtsberühmten Hausberg von Pinzolo, den Dos del Sabion (2101 m), erschließen zwei Lifte, die den Fahrgast in ¹/₂ Std. über die Umsteigestation Pra Rotondo (1525 m) bequem bis in Gipfelnähe bringen. Wer schmale Schotterstraßen nicht scheut, kann von Pinzolo mit dem eigenen Wagen über Fosadei (1458 m) zur Malga Cioca (1723 m) hinauffahren, 12 km. Zum Gipfel hat man dann nur noch 1 Std. Aufstieg.

W 129 * Rif. 12 Apostoli, 2489 m. Die Rundschau vom Dos del Sabion steht jener, die der Monte Spinale bietet, in keiner Weise nach. Großartig ist die freie Sicht auf Gipfel und Gletscher der Adamello-Presanella-Gruppe; nicht weniger reizvoll der Blick durch das Rendenatal auf den Idrosee. Eindrucksvoll präsentiert sich die Brenta, die mit ihren kühnen Felsformen den ö. Horizont beherrscht. Der Einblick in den Kernraum der Gruppe wird zwar durch Fracinglo (2673 m) und Crozzon (3135 m) verstellt; um so schöner baut sich die vielgipflige Ambièzgruppe auf. Stützpunkt für Touren in diesem weniger besuchten Gebiet ist das Rif. 12 Apostoli, das aussichtsreich auf einem mächtigen, vom Glazialeis geschliffenen Felsrücken im obersten Nardistal liegt. Das in den Sommermonaten bewirtschaftete Schutzhaus ist vom Dos del Sabion über den Passo Bregn de l'Ors (1836 m) auf bez. Steig in 2¹/₂ Std. erreichbar. Eine schöne Wanderung, die zwar Trittsicherheit verlangt, dafür aber einen guten Eindruck der wilden Dolomitenlandschaft der s. Brenta vermittelt. Unweit vom Rif. 12 Apostoli originelle Felskapelle, in den Wandfuß des Hüttenberges gehauen. Z 4¹/₂ Std.; LA 2—3. Hierzu Wanderwege-Karte 29 Brenta.

W 130 ** Lago di San Giuliano, 1938 m. Wer für einmal der Betriebsamkeit auf den Wegen und Hütten der Brenta entgehen möchte, dem sei ein Abstecher zu den Seen von San Giuliano und Garzonè empfohlen. Sie liegen weitab, der Gegenwart entrückt, möchte man beinahe meinen, in einem stillen Hochtal des ö. Adamello. Am Ufer des kleineren, etwas tiefer gelegenen Sees von San Giuliano steht eine alte Kapelle, unweit davon ein meist geschlossenes Rifugio.

Ausgangspunkt der Wanderung sind die Alphütten von Diaga (1413 m), die man von Caderzone auf schmalem und holperigem Sträßchen, 7 km, erreicht. Der kaum mark., aber gut begehbare Weg führt zunächst steil hinauf zur Malga Campo (1734 m); anschließend geht es fast eben um die Nordflanke des Spedalone (2344 m) herum, mit herrlichen Ausblicken auf Adamello-Presanella und Brenta. In einem letzten Anstieg über die Alphütten von San Giuliano (1970 m) gewinnt man die Höhe der beiden Bergseen. Z 3¹/₂ Std.; LA 2. Hierzu Wanderwege-Karte 31 Pinzolo.

Die Hauptstraße führt durch die dicht besiedelte *Valle Rendena* talaus. Über *Caderzone, Spiazzo, Pelugo* (sehenswerte rom. Kirche mit bemerkenswerten Außenfresken) und *Villa Rendena* erreicht man **Tione di Trento** (565 m), den Hauptort der „Judikarien" genannten Talschaft, die sich vom Idrosee bis zur Sarcaschlucht ausdehnt.

Route 20

* Andalo- und * Ballinosattel

Die Straße über den 1041 m hohen Sattel von Andalo ist nahezu parallel zu jener über den Campo Carlo Magno gerichtet, verläuft jedoch entlang der ö. Begrenzung der Brenta-Dolomiten. Der Straßenzustand der S.S. 421 „dei Laghi di Molveno e Tenno" ist im allgemeinen gut, jedoch schwanken die Breiten der Fahrbahnen zwischen 4 und 8 m. Die Uferstraße entlang dem Molvenosee ist nur 5 m breit, vom südlichen See-Ende bis hinab nach San Lorenzo in Banale hat man einen kurvenreichen Abschnitt mit durchschnittlich 4 m Fahrbahnbreite. Die Steigungen betragen maximal 12%. SG. ②, Frequenz ⑪—⑭.

Die kürzeste Zufahrt führt von **Bozen** entweder über die Brennerautobahn bis zur *Anschlußstelle San Michele all'Adige* oder auf der S.S. 12 bis zur Etschbrücke in St. Michael, wo man re. in die Nonstalstraße, S.S. 43, Richtung Mezzolombardo (220 m) einbiegt. Bis zum Abzweig der Bergstraße nach Fai della Paganella 5 km, bis zum Rocchetta-Engpaß 7 km.

Die Fahrt vom *Nonstal* zum Molvenosee beginnt mit einem kurvenreichen Anstieg, wobei man rasch an Höhe gewinnt. Oberhalb des Dorfes *Spormaggiore* kommt man am ehemaligen Schloß Belfort vorbei. Nach nochmaligem kurzem Anstieg hinter dem Dorf *Cavedago* erreicht man den 1041 m hoch gelegenen, waldumsäumten *Sattel von Andalo.* Der Ort *Andalo* erfreut sich als Höhenluftkurort zunehmender Beliebtheit. Eine **Gondelbahn** führt in zwei Sektionen über die Malga Terlago (1772 m) auf die **Paganella** (2125 m). Die Bergstation befindet sich in 2100 m Höhe. Der kleine See von Andalo tritt allerdings nur periodisch auf, und sein Becken ist während der Sommermonate meistens ausgetrocknet.

** Paganella-Panoramastraße

Wegen der ständig wechselnden landschaftlichen Szenerien ist es empfehlenswerter, statt der Straße über Cavedago die prächtige ****Panoramastraße** über *Fai della Paganella* (958 m) und *Santel* (998 m) nach Andalo zu wählen, 17 km. Es handelt sich hier um die 6—8 m breit ausgebaute und durchgehend asphaltierte Provinzstraße Nr. 64, welche in großzügig trassierten Kehren bei ausgeglichenen Steigungen zwischen 6% und 8% die steile Flanke des stark eingeschnittenen Nonstales überwindet und aussichtsreich auf die Hochterrasse von Fai hoch über dem Etschtal führt. Die Auffahrt gewährt herrliche Blicke in die Dolomiten, besonders auf Schlern und Latemar, auf Schwarz- und Weißhorn sowie in das Etschtal bis zur Salurner Klause.

Bei der Pension Miravalle in *Santel* ist die Talstation der **Kleinkabinen-Seilbahn** auf die **Paganella**, Bergstation auf dem **Dosso Larici,** 2000 m; von der Aussichtskanzel neben dem Parkplatz hat man einen Prachtblick hinab in das Etschtal mit Trient, in die Vallarsa, zum Pasubio und in die Hochebene von Lavarone mit der markanten Levicospitze im Hintergrund. Auf dem teilweise bewaldeten Abschnitt Santel—Andalo wechselt die Szenerie vollkommen, und man hat re. der Straße eine eindrucksvolle Schau auf das obstberühmte, sonnendurchflutete Becken des oberen Nonstales. Die zahlreichen Ortschaften wirken durch ihre Pultdächer wie rote Tupfen auf einem grünen Teppich. Nach N reicht der Weitblick bis zu den schneebedeckten Ötztalern.

Die S.S. 421 senkt sich durch eine bewaldete Mulde nach Molveno und zum gleichnamigen See hinab, wo sie 4 km an seinem östlichen Ufer entlangzieht.

Die Absenkung des Wasserspiegels, welche man am Molvenosee bis zum Frühsommer beobachten kann, beeinflußt das Landschaftsbild in ungünstiger Weise. Hinzu kommt, daß dieses enge Trogtal bereits am frühen Nachmittag im Schatten hoher Berge liegt.

W 131 *** Rif. della Selvata, 1630 m.** Molveno (864 m), ein aufstrebender, freundlicher Touristenort, galt schon in der Pionierzeit des Alpinismus als günstiger Ausgangspunkt für Bergfahrten in die Brenta-Dolomiten. Daran hat sich bis heute trotz Konkurrenzierung durch die mondäne Fremdenmetropole Madonna di Campiglio nicht viel geändert, zumal seit einigen Jahren ein Sessellift die recht langen Anstiege erheblich verkürzt. Von seiner Bergstation Pradel (1375 m) wandert man auf guten und mark. Wegen in knapp 2 Std. zum Rif. della Selvata, das sich einer schönen Lage über der Val delle Seghe erfreut. Unmittelbar gegenüber ragt die rund 1000 m hohe, von mehreren, teils extrem schwierigen Kletterführen durchzogene Riesenmauer des Croz dell'Altissimo (2337 m) auf. Z 3^{1}/$_{2}$ Std.; LA 2.

Von dem in den Sommermonaten bewirtsch. Schutzhaus führt ein breiter Saumpfad (Mark. 319) in vielen Windungen durch das Massodikar zum Rif. Pedrotti (2491 m, 2^{1}/$_{2}$ Std.), dem vielbesuchten zentralen Stützpunkt in der Brentagruppe, hinauf. Es empfiehlt sich, diesem Weg zumindest bis zum Baito Massodi (1982 m, 1 Std. ab Rif. Selvata) zu folgen, wo sich ein erster ** Prachtblick auf den Sfúlminikamm bietet (von li. Cima Brenta alta, Campanile basso, Campanile alto, Sfúlmini, Torre di Brenta). Wer die Wanderung bis zum Rif. Pedrotti bzw. zur Bocca di Brenta (2552 m) ausdehnen will, wird mit Vorteil eine Nächtigung in dem Schutzhaus einplanen (frühzeitig aufbrechen, da die Hütten der zentralen Brenta oft stark überfüllt sind!). Hierzu Wanderwege-Karte 29 Brenta.

2 km vom Südende des Molvenosees entfernt liegt rechts der kleine *Nembiasee*. Nach Passieren einer Tunnelstrecke erreicht man den der Talschaft Judikarien zugehörigen Ort *S. Lorenzo in Banale.* Von hier gelangt man durch die Val d'Ambies zum 🚡 Rif. Silvio Agostini (2410 m), der Ausgangsbasis für die Besteigung der Cima Tosa (3173 m) und des Crozzon di Brenta (3135 m). Südlich des Weilers *Tavodo* genießt man prächtige Rückblicke auf die Val d'Ambies und die im Talschluß aufragende Cima Tosa, die höchste Erhebung der Brentagruppe.

Im stärkeren Gefälle senkt sich die Straße in das romantische Sarcatal nach *Villa Banale;* hier gabelt sich die Straße: nach O über den wiedererbauten *Ponte dei Servi* durch die großartige * Sarcaschlucht (Passo della Morte) nach Sarche und weiter auf der S.S. 45bis nach **Riva**, 31 km, oder Trento/Trient, 28 km.

Nach W zum Straßenknotenpunkt **Ponte delle Arche** durch den wilden Engpaß „Gola della Scaletta" und vorbei am Lago Ponte Pià nach Tione di Trento, 16 km. Nach S über den 764 m hohen *Sattel von Ballino* und hinab nach Tenno und Riva, 29 km.

*Ballino-Sattel, 764 m

Diese Zufahrtsstrecke vom Norden her an den Gardasee wird benützen, wer von den beiden Routen ö. oder w. der Brenta-Dolomiten kommt, d. h. im Anschluß der Strecke über den Molvenosee bzw. über den Pian di Campiglio. Die Fahrt über den Wiesen-Sattel von Ballino ist mehr lieblich als großartig. Der kaum ausgeprägte Paßscheitel ist im N von Hochmooren, im S von Wäldern umgeben. Auf der n. Rampe ist der Prachtblick in die s. Adamellogruppe mit ihren Gletschern oberhalb von Fiavè bemerkenswert, auf der Südseite verdient der idyllisch gelegene 🏊 Lago di Tenno (570 m) mit seinem klaren Wasser Beachtung. Schließlich bietet der Abstieg von Tenno eine schöne Aussicht auf das breite Talbecken der Sarca und auf den Gardasee mit dem Monte Baldo im Hintergrund.

Zwischen Tennosee und Gardasee steht als Alternativstrecke die gut ausgebaute und wenig frequentierte Straße über *Pranzo* (543 m) nach Riva (78 m) zur Verfügung, 10 km. Steigungen bzw. Gefälle überschreiten nirgends 9%. SG. ②, Frequenzen ⑩—⑭.

Die normal breite und durchgehend asphaltierte S.S. 421 steigt vom Straßenknoten *Ponte delle Arche* (398 m), nicht zuletzt wegen des benachbarten *Terme di Comano* an der Sarca bekannt, in wenigen Kehren gegen die Terrasse von *Bleggio* an. Man kommt durch mehrere kleine Ortschaften. Die größere Gemeinde *Fiavè* läßt man re. liegen. Schließlich überschreitet man den sanften von Wald und Wiesen umgebenen **Ballino-Sattel** (764 m) und fährt im bewaldeten Tal zum **Tennosee* hinab. Der meist jadegrüne See liegt lieblich in die Landschaft eingebettet und besitzt nur einen schmalen zum Baden geeigneten Ufersaum; am Südende des Sees das Albergo „Stella" (590 m).

Die Trasse der gut ausgebauten Straße verläuft hoch über dem w. Ufer und man gelangt an eine Straßenteilung: Li. über das schöngelegene *Tenno* (428 m) mit Ausblick auf das n. Ende des Gardasees kurvenreich nach *Riva* hinab, 11 km; re. über Pranzo und den Zugang zum * Varonewasserfall (Besichtigung vormittags lohnender) nach *Riva*, 10 km.

In *Ville d. Monte* von der SS. 421 li. Abzw. eines schmalen Fahrweges zum Rif. S. Pietro (976 m) des CAI. Riva mit prächtigem Gardaseeblick.

Denzels **Großer Alpenstraßenführer** erfaßt den weiten Alpenbogen von Wien bis Nizza. Auf 576 Seiten sind in diesem Standardwerk die Ergebnisse unzähliger Erkundungsfahrten, gepaart mit jahrzehntelangen Erfahrungen aufs Zweckmäßigste dargeboten.

Route 21

Etschtal -* Sarcatal -** Gardasee

Strecke Trento—Cadine windungsreich mit teilweise engen Kurven und
geringer Fahrbahnbreite. Vorsicht bei entgegenkommenden größeren
Fahrzeugen. Steigungen bis 10%. SG. ②. Die Strecke Cadine—Sarche—
Riva ist überwiegend modern ausgebaut, die meisten Orte an der von
Fernlastzügen fast freien Route umfährt man, so *Vezzano, Padergnone*
und *Dro*. Die Fahrbahnbreiten schwanken hier zwischen 6 und 10 m.
SG. ①, Frequenz ⑪.

Die S.S. 45 bis zählt zu den bestgepflegten, stets besenreinen Touristenstraßen. Mit viel Geschick hat man links und rechts des Asphalts schönes
Baum- und Strauchwerk landschaftsverbunden gepflanzt, wie man es
sonst nur von der Riviera her kennt. Diese botanischen Attribute bilden
ausgezeichnete Kontrapunkte zum Grau der trentinischen Berge, deren
kahle, kalkige Wände nur von einem fahlen Filz wilden Buschwerks
durchzogen sind. Es ist eine Strecke fürs Auge: Steineichen, Edelkastanien,
Feigen und Obstbäume sowie die eleganten Silhouetten schmaler Zypressen stehen im ständigen Wechselspiel zum Rosarot blühender Oleander-
zweige. Im unteren Sarcatal zieht die Straße mitten durch Wein- und
Tabakkulturen wie auch durch alte Olivenhaine.

In die Dantesche Trümmerlandschaft, verursacht durch alte Bergstürze,
deren haushohe Felsblöcke sich mancherorts auftürmen (sog. Marocche),
bringt die forellenreiche, flaschengrüne Sacra Bewegung, und hier wirken
die zahlreichen Seen, allen voran der schilfumsäumte malerische * Toblinosee, wie Juwelen.

** Monte-Bondone-Panoramastraße (Valico, M. Bondone, 1654 m)

Das Bergmassiv des Bondone breitet sich im SW von **Trento / Trient**
(194 m) aus und gipfelt im Palon (2091 m). Der „Hausberg" der 75.000
Einwohner zählenden Bischofsstadt bietet im Sommer und Winter an
seinen sanftgeneigten Hängen ein ausgedehntes Erholungsgebiet, das durch
Höhenstraßen, Seilbahnen und Sessellifte vortrefflich erschlossen ist. Der
Autotourist findet hier eine großartige ** **Panoramastraße,** welche eine
durchgehende, 40 km lange Verbindung vom Etschtal in das Sarcatal ver-
mittelt. SG. ② bis ③. Im N hat man zwei Auffahrten, beide von der
S.S. 45 bis (Trento—Riva) abzweigend: Entweder nach 3 km li. die
serpentinenreiche Strecke über *Sardagna* (571 m) oder nach 5 km in
Cadine li. die bequemere Höhenstraße über *Sopramonte* (623 m). In
Candriai (1000 m) Vereinigung beider Straßen. Während des weiteren

Verlaufes berührt man *Vaneze* (1300 m), den Hauptort des Hochplateaus, *Vason* (1651 m) und *Viotte* (1550 m). Herrliche Ausblicke auf Paganella, Brentagruppe und Adamello! Abfahrt auf neuer Straße zu den Terrassenorten *Lasino* (468 m) bzw. *Calavino* (406 m) im Sarcatal, 17 km. Will man in Richtung Gardasee, so empfiehlt es sich, dem aussichtsreichen Höhensträßchen über *Cavedine* und den **＊Sattel San Udalrico** (650 m) nach *Drena* zu folgen. Ungewöhnlich ist der Serpentinenabstieg von der Burgruine Drena (Skaligerstil) durch ein Chaos wilder Trümmer, der sogenannten „Marocche" nach *Dro* (123 m), wo man wieder auf die verkehrsreiche Talstraße S. S. 45 bis nach **Riva** (78 m), 11 km, trifft.

Im Abschnitt Lagolo—Lasino mußte man im Berichtsjahr noch die alte, ca. 20 sehr enge Kehren aufweisende Straße benützen. Dieses im Durchschnitt nur 3 m breite, jedoch staubfreie Bergsträßchen weist Gefällstrecken bis 16% auf. Es zieht vorwiegend durch einen dichten Buschwald talwärts. Wegen seiner unübersichtlichen, engen Kurven und der wenigen Ausweichen ist frühzeitiges Signalgeben ratsam. SG. ③—④. Die Neutrassierung zwischen der Sommerfrische *Lagolo* (929 m) und ihrer Einmündung s. *Lasino* in die Sarcatal-Terrassenstraße war am Ende des Berichtsjahres noch nicht fertiggestellt.

Auf der Hauptstraße nach Riva wird man bald von einer Schlucht verschlungen, deren große Felsnasen hervorspringen und nur mehr Platz für die Straße und den rauschenden Bach frei lassen. Vor den engen und unübersichtlichen Kurven akustische Signale geben! Am Ende der Schlucht „Buco di Vela" durchfährt man ein altösterreichisches Sperrfort (links oben ein zweites Fort). Kaum aus der Klamm gekommen, ändert sich die Landschaftsszenerie schlagartig: freundlich grüne Terrassen sind ringsum von unwirtlichen Bergzügen umgeben. Durch das Becken von Terlago zog einst der Etschgletscher und hat die Hänge zu runden Schultern abgeschliffen.

Nachdem man die Scheitelstrecke des nur 495 m hohen **Cadine-Sattels** überwunden hat, beginnt der sanfte Abstieg gegen Vezzano. Man gelangt zu einer Aussicht gewährenden Geraden, welche am Hang entlangzieht; hier ist rechts die Abzweigung des nach *Terlago* führenden Nebensträßchens. Dieses zieht zuerst am Südrande des gleichnamigen Sees vorbei und führt über den von einem Schloß überragten Ort und die Häusergruppe *Monte di Terlago* (695 m) zu den beiden im Wald versteckten und am Fuße der Paganella gelegenen Seen *Lago Santo* und *Lago di Lamar* (714 m), wo es

endet.

Die Hauptstraße beschreibt einige enge Kurven und senkt sich gegen *Vezzano* (385 m) hinab, das umfahren wird. Daran schließt zwischen dem *Lago di S. Massenza* und *Padergnone* eine durch Kunstbauten aufwendig errichtete Neubaustrecke an.

Vor *Padergnone* beginnt li. die empfehlenswerte *Höhenstraße Calavino-Lasino-Cavedine-Drena, welche, über eine aussichtsreiche Terrasse ziehend, in *Dro* wieder Anschluß an die Hauptstraße im Talboden findet; sie ist touristisch unvergleichlich interessanter als die Hauptstraße, verläuft doch ihre Trasse im Durchschnitt 200—300 m über der Sarca. Besondere Erwähnung verdient der Abstieg im S von der Burgruine Drena angesichts dunkler Zypressen und der Silhouette des steil abfallenden Burgberges von Arco hinab in das Sarcatal. Durchgehend asphaltierte Straße, Terrassenstrecke normal breit, Drena-Dro teilweise nur 4 m breit und sehr enge Serpentinen!

Die Hauptstraße strebt dem malerischen *See von Toblino* zu, nachdem sie den *Lago di S. Massenza* rechts liegen läßt. Im See ragt das vom Schilf umgebene *Castell Toblino auf, das wegen seines schönen Säulenhofes besuchenswert ist. Außerdem schenkt die Graf-Wolkensteinsche-Kellerei einen ausgezeichneten weißen Dessertwein, den berühmten Vino Santo, aus.

*Untere Schluchten der Sarca

Von besonderer touristischer Bedeutung ist die in *Sarche* (258 m) ihren Ausgang nehmende S.S. 237, welche durch die wildromantische Sarcaschlucht sowohl die Verbindung mit Judikarien als auch mit den Hochtälern im Brenta- und Adamellogebiet herstellt. Ein straßenbautechnisches „Gustostück" ist hierbei die neue, 8—10 m breite Auffahrt zur 410 m langen Casalegalerie. Bis zum Tunneleingang bieten sich von der kunstvoll angelegten Schleife Prachtblicke zum Toblinosee und hinüber zum Bondone-Höhenrücken mit der neuen Panoramastraße, der wohl großartigsten ihrer Art im Trentino. Die 910 m lange Limarogalerie nimmt nunmehr die S.S. 237 auf und begradigt damit die alte, stark ausgesetzte Strecke durch die *Limaroschlucht. Entfernungen von Sarche: Molveno 30 km, Tione 23 km, Pinzolo 40 km, Madonna di Campiglio 54 km.

In der Talfurche der Sarca zieht die S.S. 45bis über *Pietramurata* nach *Dro* abwärts. Wie ein Riegel legen sich die von Bergstürzen herrührenden Felsblöcke quer über das Sarcatal. Von Dro bis Arco fährt man auf der linken Uferseite durch fruchtbare Gefilde von Tabak- und von Steinobstkulturen stets in leichtem Gefälle direkt auf den von weitem sichtbaren Burgberg von Arco zu.

In *Arco* hat man die Wahl, entweder auf der durch den Ort ziehenden, dann hervorragend ausgebauten, 10 m breiten Hauptstraße nach **RIVA** zu fahren oder die nach der Brücke geradeaus der Sarca folgende staubfreie Nebenstraße nach **Torbole** zu benützen. Letztere führt östlich des markanten Monte Brione bis zur Sarcamündung.

Das Bergsträßchen von Riva auf den 376 m hohen *Monte Brione* ist nur bis zum Hotel Hummelt ausgebaut; ein holpriger Karrenweg führt bis zur Militärsenderstation, ist jedoch nur als Fußwanderung zu empfehlen.

Von Arco zweigt außerdem eine gut ausgebaute, wichtige Verbindungsstraße S.S. 240dir. nach *Nago* ab, 6 km, welche die Ortschaften des „Oltresarca", *Bolognano* und *Vignole,* berührt.

*Passo Creino, 1165 m

Ein touristisch interessantes Sträßchen nimmt in *Bolognano* (153 m) seinen Ausgang und windet sich in 15 kühn angelegten Serpentinen durch lichten Mischwald zur S.-Barbara-Kapelle auf dem **Passo Creino,** 1165 m, empor. Diese Strecke vermittelt eindrucksvolle Tiefblicke in das Sarcatal, vom Paß hat man nach S Ausblick auf den Monte Altissimo di Nago. Der knapp 3 m breite Fahrweg hat wenige Ausweichen, diese jedoch auf Sicht. Die Steigungen sind ausgeglichen mit ca. 9%, auf der Ostrampe hat man oberhalb *Chienis* (943 m) ein kurzes Maximum von ca. 14% zu überwinden. SG. ③.

W 132 * **Monte Creino, 1292 m.** Vom Paß empfiehlt sich der kurze Aufstieg zum Monte Creino, dessen breiter, gegen SW in mächtigen Felsfluchten abbrechender Rücken bemerkenswerte Tiefblicke auf den Nordzipfel des Gardasees und das untere Sarcatal bietet. Z 1 Std.; LA 1 bis 2. Hierzu Wanderwege-Karte 32 Passo Creino.

W 133 ** **Monte Stivo, 2059 m.** Besonderes Interesse gewinnt die Fahrt über den Passo Creino in Verbindung mit einer Besteigung des aussichtsberühmten Monte Stivo. Ein mark. Weg (Nr. 608) führt vom Rif. Velo (1050 m) über die Alpe Stivo (1768 m) zum Gipfel. Knapp unter dem höchsten Punkt steht das im Sommer bewirtschaftete Rif. Marchetti (2012 m). Z 5 Std.; LA 2. Hierzu Wanderwege-Karte 32 Passo Creino.

*Passo Bordala, 1253 m

Nach *Chienis* zieht eine weitere bemerkenswerte Bergstraße herauf, die in *Loppio* von der S.S. 240 ihren Ausgang nimmt, Beschilderung „Pannone" und „Val di Cresto". Sie überquert im O des Monte Stivo den *Bordalapaß* und stellt eine abwechslungsreiche Verbindung mit *Villa Lagarina* im Etschtal her, direkt an der Brennerautobahn-Anschlußstelle Rovereto-N gelegen. Windungsreiche, größtenteils staubfreie Strecke mit schwankenden Fahrbahnbreiten zwischen 3 und 5 m. Ausgesetzte Stellen sind mit Leitplanken abgesichert. SG. ②—③.

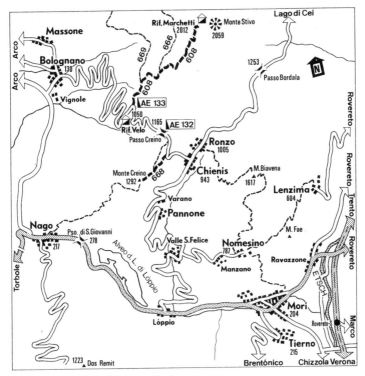

Wanderwege-Karte 32 Passo Creino

*Sattel von Nago, 278 m

Die vorzüglich ausgebaute S.S. 240 Rovereto—Riva weist keinerlei Schwierigkeiten auf und ist die kürzeste Zufahrt aus Richtung Brenner zum Nordende des Gardasees. Riva soll bis 1977 mit einem 14 km langen Ast an die Brennerautobahn bei der schon bestehenden Station *Rovereto-Süd* angeschlossen werden.

Die wichtige Verbindungsstraße zieht am w. Ufer des versandeten Loppiosees vorbei und steigt mit einer einzigen großen „S"-Schleife durch einen alten Bergsturz zum *Sattel von Nago (Passo S. Giovanni) auf. W. des Scheitels öffnet sich überraschend der Prachtblick hinab zum Gardasee mit dem Uferabschnitt Torbole—Monte Brione im fruchtbaren Mündungsgebiet der Sarca. Hinter der markanten Felsgestalt des steil gegen den blauen See abfallenden Monte Castello verliert sich nach S der Blick im Dunst der Ferne. Dem von N Kommenden wird dieser Anblick unvergessen bleiben! Der Abstieg vom 278 m hohen Nago-Sattel nach Torbole vollzieht sich über eine einzige Kehre und eine lange Gerade. 183

Route 22

** Gardasee -*Ledrosee - Idrosee

Die über den 747 m hohen **Sattel von Tiarno** ziehende S.S. 240 „di Loppio e di Val di Ledro" von **Riva** nach Storo stellt die wichtige Verbindung zwischen den Orten des Gardasees und jenen der Talschaft Judikarien (Valli Giudicarie) her, die Distanz Riva—Storo beträgt 32 km. Sowohl die auf Normalbreite ausgebaute Westrampe des Sattels von Tiarno als auch dessen Ostrampe (**Ponalestraße) weisen staubfreien Belag auf.

An Engstellen der Ponalestraße sind Verkehrsspiegel zur Beobachtung des Gegenverkehrs aufgestellt. SG. ②—③, Frequenz ⑩.

Das Glanzstück ist die von Giacomo Cio an den Steilwänden der Rocchetta im Jahre 1850 angelegte Ostrampe, die vom Seeufer bis zur Ponaleschlucht gänzlich in den senkrecht abstürzenden Fels gehauen wurde. Auf dieser grandiosen Strecke sind außerhalb der Tunnels einige Abstellplätze, von denen man eindrucksvolle Tiefblicke auf den See hat.

*Pregasina, 534 m

Vor Beginn der Serpentinenstrecke zweigt ein schmales, einspuriges Bergsträßchen li. nach *Pregasina* ab, 4 km. Es führt zunächst über den Ponalebach und steigt dann ziemlich rassig an. SG. ③. Über eine Felswand kann man fast senkrecht auf den Gardasee hinuntersehen.

Die Straße gewinnt, sich stets an die nördliche Lehne des Ledrotales haltend, in mehreren Kehren an Höhe und erreicht das Dorf *Molina di Ledro*, kurz darauf den *Lago di Ledro* (Ledersee). Der Seespiegel (655 m) ist infolge der Kraftgewinnung durch das E-Werk „Ponale", zu dem ein 6 km langer Druckstollen unter der Rocchetta führt, meist abgesenkt. Der sonst so malerische See, der seine eiszeitliche Entstehung dem Chiesegletscher zu verdanken hat, bietet dann einen Erbarmen erheischenden Anblick. Am Südufer des Ledrosees kamen anläßlich der Kraftwerksbauten Tausende von alten Holzpfählen zum Vorschein, die sich als Überreste von vorzeitlichen Pfahlbauten erwiesen. Eines der Häuser wurde rekonstruiert. Bei niedrigem Wasserstand sind auch die Pfähle sichtbar. Die gut ausgebaute und auf 7,5 m verbreiterte Uferstraße zieht entlang dem buchtenreichen Nordufer des Ledrosees.

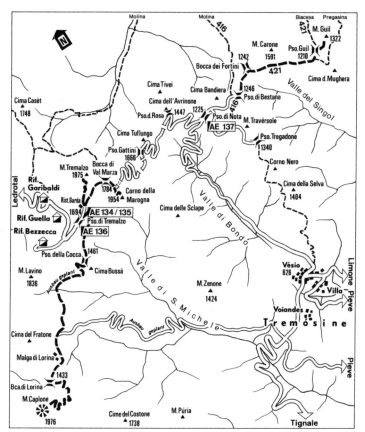

Wanderwege-Karte 33 Passo Tremalzo

Tiarno-Sattel, 747 m

Das unweit des Ledrosees gelegene *Pieve di Ledro,* welches als Sommerfrische gerne besucht wird, umfährt man. Als Hauptort des Ledrotales gilt *Bezzecca* (697 m) mit Umfahrung im S. Hier mündet die vom N herabziehende *Val Concei* ein. Asphaltstraße bis zur Talschluß-Hütte, 10 km.

185

Die S.S. 240 zieht durch das malerische *Ampolatal* weiter hinab und am Fort Ampola, das 1866 zerstört wurde, vorbei. Mehrere kleine Wasserfälle beleben das enge, romantische Felsental. Zuletzt vollzieht sich der Abstieg nach Storo in mehreren gut ausgebauten Kehren bei ca. 9% Gefälle. Das malerische Dorf **Storo** (388 m) mit seiner felsigen Kulisse ist von einer beachtenswerten Ursprünglichkeit; es lohnt sich, die s. Ortsumfahrung zu verlassen und im Ortskern die alten Bauernhäuser mit ihren offenen Söllern zu betrachten. Nachdem man die Brücke über den Chiesefluß passiert hat, mündet man in die durch die Talschaft Judikarien ziehende S.S. 237 „del Caffaro" beim Gh. „Ca Rossa" (Forellenstation) ein: li. über Ponte Caffaro (379 m) zum Idrosee, 7 km, re. über den sanften *Sattel von Bondo* (817 m) nach Tione di Trento, 26 km.

** Passo di Tremalzo, 1694 m

Die landschaftlich lohnende ehemalige Kriegsstraße wurde bis zur *Malga Tiarno di sotto* auf eine Breite von 4—5 m ausgebaut, wodurch die touristische Erschließung dieses Gebietes bis zum Paßscheitel eingeleitet wurde. Die Steigungsverhältnisse sind gut ausgeglichen und betragen in diesem Abschnitt max. 12%. SG. ②—③, Frequenz ⓘV. Der obere Abschnitt bis zum Ristorante „Garda" auf der Paßhöhe ist nur einspurig mit Ausweichen angelegt bei Steigungsmaxima von 14%, SG. ③. Bis zu den Skiliften auf der Tiarno-Alpe im Winter Schneeräumung, der Paß selbst ist frühestens Ende Mai schneefrei. Lago d'Ampola bis Passo di Tremalzo 13 km. Im Berichtsjahr ab Rif. Garda allgemeines Fahrverbot in Richtung Passo di Nota wegen Verschüttungen und unterbrochener Tunnelstrecken.

Geplant ist eine Neutrassierung der Tremalzo-Südrampe und damit die Wiederherstellung einer durchgehenden, touristisch bedeutsamen Verbindung zwischen dem oberen Ampolatal und der Terrasse von Tremosine. Dieser neue, landschaftlich recht abwechslungsreiche Straßenzug wird weitgehend einem alten Militärfahrweg folgen, der über den *Passo della Cocca* (1461 m) und die Malga Spiazzo (1365 m) nach S. Michele (681 m) hinabzieht. Im Berichtsjahr konnten nur Geländefahrzeuge diese 16 km lange Strecke nach Tremosine bewältigen.

Die Provinzstraße Nr. 127 zum Tremalzopaß zweigt von der S.S. 240 beim Gasthaus „Ampola", ca. 5 km sw. von *Tiarno di sopra*, ab. Sie führt zunächst an der ö. Berglehne des Ampolatales mit einer ersten Gruppe von acht Serpentinen zur Heiligkreuzkapelle empor. Dann zieht sie in südöstl. Richtung an den Hängen des Col Passovri und über die freundlichen Wiesenböden der Tiarnoalm vorüber. Weiter durch Wald in vier Serpentinen zum 🏠 Rif. Tremalzo/Rif. Guella (1582 m), welches man re. liegen läßt. Über eine letzte Serpentinengruppe erreicht man das Ristorante „Garda", welches auf der Paßhöhe steht. 200 m vor dem Paßscheitel ist re. die schmale Zufahrt zum 🏠 Rif. Bezzecca (1800 m) in guter Aussichtslage auf der *Cima Dil.*

Das gesamte Gebiet um den **Tremalzopaß* steht unter Naturschutz; berühmt sind die vielen Spielarten der Orchideen, welche hier Mitte Juni blühen und sowohl seriöse Botaniker als auch Farbfotografen aus aller Herren Ländern anziehen. Vom Tremalzopaß hat man auf den Gardasee nur einen beschränkten Ausblick: Man erkennt im Tiefblick den Ostuferabschnitt bei Malcesine. Auf dem Monte-Baldo-Rücken sieht man die Bergstation der Seilschwebebahn zum Belvedere del Garda.

* Monte Tremalzo, 1975 m. Eine umfassende Rundschau, die alle wichtigen Berggruppen des Trentino und der Gardasee-Region einschließt, bietet bei günstigen Witterungsverhältnissen der Gipfel des Monte Tremalzo, dessen breiter, durch seine ausgeprägte Horizontalschichtung auffallender Rücken sich unmittelbar nö. vom Tremalzopaß erhebt. Besonders schön ist der Ausblick gegen N, wo über vorgelagerten Höhenzügen die mächtigen Felsriffe der Adamello-Presanella-, der Ortler-Cevedale- und der Brenta-Gruppe aufragen. Der nicht mark. Anstiegsweg führt vom Paß durch die Westflanke zum höchsten Punkt. Z 1½ Std.; LA 1−2. Hierzu Wanderwege-Karte 33 Passo Tremalzo. **W 134**

* Corno della Marogna, 1954 m. Ebenfalls lohnender Aussichtspunkt, der dank seiner günstigen Lage über der Valle di Bondo einen schönen Tiefblick auf den Gardasee vermittelt. Von der Bocca di Val Marza aus leicht zu besteigen. Z 45 Min.; LA 1−2. Hierzu Wanderwege-Karte 33 Passo Tremalzo. **W 135**

* Monte Caplone, 1976 m. Höchste Erhebung der vielgipfligen Berglandschaft zwischen Idro- und Gardasee ist der knapp 2000 m hohe Monte Caplone. Vom Tremalzopaß aus bietet seine lohnende Besteigung trotz fehlenden Markierungen kaum Schwierigkeiten. Bis hinter die Malga Spiazzo (1365 m) ist der Wegverlauf identisch mit der geplanten Neutrassierung der Tremalzostraße-Südrampe, im weiteren Aufstieg passiert man die Bocca di Lorina (1433 m). Dann geht es auf einem alten Militärweg, der zwar längst nicht mehr unterhalten wird, wegen seiner gleichmäßigen Steigung aber bequem zu begehen ist, durch die der Valle di Lorina zugewandte Ostflanke hinauf zum Gipfelplateau. Bemerkenswerte Flora. Z (vom Tremalzopaß) 5−6 Std.; LA 2. Hierzu Wanderwege-Karte 33 Passo Tremalzo. **W 136**

** Gardasee/Lago di Garda

Auf italienischen Karten findet man für den Gardasee mitunter zwei ganz verschiedene Namen: *Lago di Garda* und *Lago Benaco*, wobei sich letztere Bezeichnung vom Lacus Benacus der Römer ableitet. Er ist der östlichste und mit 370 qkm der größte der oberitalienischen Alpenrandseen. Seine Höhe über dem Meeresspiegel beträgt 65 m. Der Seespiegel weist neben den jahreszeitlichen auch periodische Schwankungen (Seiches) von 20 bis

30 cm auf. Die größte Seetiefe wurde mit 346 m nördlich der Linie Gargnano—Castelletto gemessen. Während die längste Ausdehnung 52 km ist, schwankt die Breite zwischen 2,5 und 17 km. Hauptzufluß von N ist die *Sarca*, Abfluß nach S zum Po der *Mincio*. Der obere Teil des Sees liegt in einer schmalen tektonischen Mulde zwischen den Steilabfällen des *Monte Baldo* (2218 m) im O und der *Caplonegruppe* (Monte Caplone, 1977 m) im W. Der See ist entstehungsgeschichtlich ein Werk des eiszeitlichen Etschgletschers, dessen riesige Endmoränen im S Hügel in halbkreisförmiger Anordnung ablagerten und wie ein Wall den unteren Teil des Sees von der Ebene abschließen.

🌊 Die Wassertemperatur erreicht im September (!) ein Mittel von 21° C. Bei Schönwetter weht im Sommer tagsüber die *Ora* aus der Ebene (Südwind), deren Wirkung noch in der Senke bis Vezzano merklich spürbar ist. Abends und während der Nacht ist der vom Gebirge wehende *Sover* (Nordwind) wetterwirksam. Im Hochsommer brechen häufig und ganz spontan von W her Gewitter, begleitet von wolkenbruchartigen Regenfällen, herein. Da das Klima jedoch als außerordentlich mild gilt und Schneefälle eine Seltenheit sind, ist auch die Vegetation an den windgeschützten Ufern sehr mannigfach. Auf dem fruchtbaren Küstenstrich zwischen Malcèsine und Torri del Benaco, in Limone sul Garda und entlang der „Riviera Bresciana" reifen in halboffenen, gemauerten Schutzanlagen, den sogenannten *Serren*, die Zitronen (Limoni). Das Olivenöl des Gardaseegebietes ist besonders geschätzt. In den Gärten und Parkanlagen findet man Palmen, Zedern, Zypressen, Agaven, Oleander und immergrüne Magnolien. Der Fischbestand des Gardasees bereichert die Speisenkarten.

Beliebt ist eine **Autorundfahrt** um den ganzen See. Die Uferstraßen „Westliche und Östliche Gardesana" messen zusammen mit den übrigen ufernahen Strecken im Abschnitt Salò—Peschiera und Torbole—Riva 142 km. Zwischen *Maderno* und *Torri del Benaco* besteht ein **Autofährbetrieb** (Traghetto Autoveicoli). Dadurch können die touristischen Möglichkeiten rund um den Gardasee und in sein Hinterland noch besser ausgeschöpft werden. Die Seestrecke der Fähre beträgt 8 km. Dieser Distanz stehen die Entfernungen im Nordteil des Gardasees mit 76 km und im Südteil mit 66 km Uferstraßen recht deutlich gegenüber. Allerdings benötigt die Autofähre für die Überfahrt 30 Min., der Aufenthalt an den Anlegestellen beträgt 10 Min. Das Trajektschiff verkehrt in Abständen von jeweils 1 Std. 20 Min. (eine zusätzliche Stunde Pause in der Mittagszeit). Abfahrt in Maderno in der dargestellten Folge von 8—18.30 Uhr, in Torri del Benaco jeweils 40 Min. später.

Die **Dampfschiffahrt** verbindet alle wichtigen beiderseitigen Uferorte untereinander und weist täglich eine mehrfache Frequenz auf. 1958 wurde ein Flügelboot (Aliscafo) in den Dienst gestellt, das 80 Personen befördern kann und eine Höchstgeschwindigkeit von 80 Stundenkilometern erreicht. Das neue Boot legt die Strecke von *Riva* nach *Desenzano* in nicht ganz einer Stunde zurück, mit Zwischenaufenthalten in 1½ Std.

Route 23

Fahrtechnische Streckenübersicht und Ratschläge

Damals wie heute muß man der bautechnisch kühnen Trassierung durch die senkrecht zum See abfallenden Felswände Bewunderung zollen. Die 70 in der Mussolini-Ära aus gewachsenem Fels geschlagenen Straßentunnels wurden durch Betongalerien ergänzt, um zwischen Riva und Gargnano sicheren Schutz gegen Steinschlag zu gewähren. Allerdings schwanken durch diese Zubauten jetzt die Fahrbahnbreiten zwischen 5,5 und 8 m (in den Galerien), wodurch nicht ungefährliche „eckige Nahtstellen" entstanden sind. Man beachte unbedingt alle Überholverbote! Frequenzen ①—⑪.

Wer noch ursprüngliches Lokalkolorit am Gardasee-Westufer einfangen möchte, dem sei der Besuch alter Fischerorte abseits der Durchzugsstraße empfohlen, besonders der Hafen von *Riva, Limone sul Garda, Gardone Riviera* und *Salo.* Fahren Sie auch eine der hier beschriebenen Aussichtsterrassen, wie jene von *Pregasina, Tremosine* oder *Tignale,* an.

Man verläßt das von reger Geschäftigkeit durchpulste **RIVA** an der Westseite seines Hafens. Rechts das Ponalekraftwerk, das aus dem 585 m höher liegenden Ledrosee gespeist und dessen Wasser in einem 6 km langen Druckstollen herabgeleitet wird.

Die Gardesana wird nunmehr von einer längeren Tunnelstrecke verschlungen. Durch die schmalen Felsfenster dringt nur spärlich das Licht. Re. zeigt sich für Sekundenbruchteile der Ponalewasserfall. Bald erreicht man das in einer kleinen Bucht unterhalb der Durchzugsstraße idyllisch gelegene *Limone sul Garda,* bergwärts von Zitronenkulturen (Serren) und Olivenhainen prächtig umgeben. Re. Einfahrt in den großen Parkplatz mit übereinander angelegten Terrassen für die Abstellung von Omnibussen und Pkw.

* Vesio, 626 m

An derselben Stelle zweigt re. das *Panoramasträßchen nach *Vesio* (626 m) ab, 8,5 km. Es ist größtenteils einspurig, hat genügend Ausweichen und ist durchgehend asphaltiert. Auf dieser Strecke hat man von der exponiert liegenden Trattoria „Primavera" bei *Voltino* einen Prachtblick auf den Gardasee. SG. ②—③.

**Tremosine, 414 m

Mit großem ·Aufwand wurden an der Gardesana kreuzungsfreie Ab- und Auffahrten errichtet. Da der Uferstreifen für solche Bauwerke geländebedingt sehr knapp war, hat man sie, wie bei Campione, gänzlich in den Fels verlegt. Will ·man auf die Provinzstraße Nr. 35 nach Tremosine, so benützt man zunächst im großen Tunnel re. die stark gekrümmte Nebenröhre mit gut beschilderter Abfahrt nach *Campione*, kommt an der Papierfabrik vorüber und hat dann die kühn angelegte Auffahrt mit dem Gardasee im Rückblick. Die gegenüberliegende Uferseite wird vom beherrschenden Monte-Baldo-Rücken überragt. Das schmale (Engstellen von 2,5 m), jedoch durchgehend asphaltierte Bergsträßchen hat Steigungen bis 12%, einige wenige enge Kehren, ist an ausgesetzten Stellen mit Leitplanken abgesichert. SG. ②—③, Frequenz ⓘⓥ. Besonders eindrucksvoll wirkt die Strecke durch die romantische ****Brasaschlucht;** hier treten die efeuumrankten Felswände so nahe zusammen, daß kaum noch ein Spalt Himmel zu sehen ist.

Wegen seiner Lage — das Dorf wurde auf einem 350 m senkrecht in den See abfallenden Fels erbaut — wird Pieve di Tremosine auch das „Capri des Gardasees" genannt. Von den Terrassen der Lokale „Miralago" und „Paradiso" hat man aus schwindelnder Höhe über dem See eindrucksvolle Tiefblicke: Die auf dem schmalen Band der Gardesana kriechenden Autokolonnen muten wie Spielzeug an. Greifbar nahe ist die markante Berggestalt des Monte Castello (779 m), an dessen abstürzenden Wänden vorbei man das gegenüberliegende Ufer bis Torri del Benaco gut verfolgen kann. Im O erstreckt sich das Massiv des *Monte Baldo* in einer Ausdehnung von rund 30 km.

*Passo di Nota, 1225 m

Geübte Bergfahrer mit wendigen Fahrzeugen werden an einer Fortsetzung der Tour durch das wildromantische *Bondotal* mit Aufstieg zum ***Passo di Nota** ihre helle Freude haben. In *Vesio* hat man vor dem Dorfplatz re. eine spitzwinkelige, mit Hinweisschild „Tremalzo" versehene, scharfe Abzw. Den Lago di Bondo hat man trockengelegt, jetzt dient auf der Terrasse ein riesiges Areal der Schottergewinnung. Das nun einspurige Sträßchen mit Naturbelag zieht zwischen Wiesen und Buschwald durch die Auen neben dem klaren Bondobach aufwärts. Bevor man in den stark eingeschnittenen Talschluß eintritt, richtet sich der Blick gegen eine wilde Felslandschaft mit unzähligen Höckern, wie man sie aus Karl-May-Filmen her kennt. Plötzlich hat man im Vorblick die kühne Serpentinenanlage zum Passo Gattini mit der 1707 m hohen Cima Tuflungo. Man wechselt die Talseite auf einer schmalen Brücke und fährt durch mehrere enge Kehren den bewaldeten Hang empor. Kurz vor dem Notapaß, in der letzten Kehre li., schöner Rastplatz mit Brunnen in aussichtsreicher Lage. Laut Inschrift wurde das 8,5 km lange Bergsträßchen Vesio—Notapaß 1916 vom ital. Militär erbaut; neben der Straße findet man die Fundamente früherer Unterkünfte und die Stallungen für Tragtiere. Über den Notapaß verlief die altösterr. Grenze mit Italien, heute die Provinzgrenze zwischen Brescia und Trento. Auf der Scheitelhöhe bei einer Gruppe alter

Buchen ein Fahrwegeknoten: nach O zum *Bestanapaß* (1246 m), nach S zum *Passo Tregadone* (1340 m), nach W zum *Passo Gattini* und Tremalzopaß. Das ehemalige Kriegssträßchen tangiert zwar den Notapaß, überschreitet ihn aber nicht. Vor Weiterfahrt ist unbedingt abzuraten, weil sich das Sträßchen in einem desolaten Zustand befindet. Auch hat man mit dem Wenden große Schwierigkeiten. Vesio—Notapaß max. 17% Steigung, SG. ③—④.

* Monte Guil, 1322 m. Eine nur selten aufgesuchte Aussichtswarte: **W 137** der Monte Guil, ö. Eckpfeiler jener Berggruppe, die das Ledrotal gegen S hin abriegelt. Von seiner Gipfelkuppe hat man bemerkenswerte Tiefblicke auf das untere Sarcatal und den Gardasee.

Der bequeme Zugang führt vom Passo di Nota auf alten, nicht mehr unterhaltenen Kriegsstraßen (Mark. 416/421) fast eben in ö. Richtung um den Monte Carone (1591 m) herum zur breiten Senke des Passo Guil (1210 m). Man hat meist freie Sicht auf die Höhenzüge um das Conceital bzw. den langgestreckten Rücken des Monte Baldo; durch den tief eingerissenen Schlund der Valle del Singol schaut man 1200 m tief hinab auf den Gardasee.

Überreste von Stellungsbauten, auf die man allenthalben trifft, erinnern daran, daß bis 1919 die österr.-ital. Grenze über diesen Höhenkamm verlief. Vom Passo Guil steigt man weglos zum Gipfel auf. Z 4 Std.; LA 2. Schlechte Mark., dennoch kaum Orientierungsprobleme. Hierzu Wanderwege-Karte 33 Passo Tremalzo.

** Monte Castello, 779 m. Von Tremosine kann man auf schmaler und kurvenreicher Bergstraße zur Terrasse von Tignale weiterfahren. Diesen Abstecher, der auch direkt von der Westuferstraße aus möglich ist (Abzw. zwischen km 88 und 89 der S. S. 45bis), wird vor allem unternehmen, wer dem Kirchlein Madonna di Monte Castello (691 m) einen Besuch abstatten möchte. Das kleine, im 16. Jh. über den Resten einer Skaligerburg erbaute und im 18. Jh. umgestaltete Wallfahrtskirchlein erhebt sich unmittelbar am Rand der lotrecht zum See abfallenden Felswände. Großartiger Tiefblick!

Noch umfassender ist die Aussicht allerdings vom Gipfel des Monte Castello, den man auf gutem Steig in 20 Min. erreicht. Am Weg interessante Kavernen und Stellungsbauten. Z 1¹/₄ Std.; LA 1.

Die Hauptstraße zieht oberhalb des kleinen Ortes *Campione del Garda* und an den senkrecht abstürzenden Wänden des Monte Castello vorbei bis Gargnano. Dann überwindet sie auf einer ansteigenden, aus dem Fels gesprengten Strecke einen Höhenunterschied von ca. 200 m, dabei werden zahlreiche Tunnels durchfahren.

Die Gardesana erreicht, nochmals durch zwei lange Tunnels unter der Cima Comer führend, die Ortschaft *Gargnano*. Hier beginnt die „Riviera Bresciana", die sich bis Salò erstreckt; dieser Küstenstrich hat das wärmste Klima Oberitaliens. Gardone, Fasano, Salò und Maderno sind Winterkurorte.

Während sich der n. Teil des Gardasees mit einem Fjord vergleichen läßt, in dem das tiefe Blau seines Wassers eines der hervorstechendsten Merkmale ist, wechselt man nun von der ernsten Felslandschaft allmählich hinüber in eine heitere, sattgrüne Hügellandschaft, welche den See im S wie ein Amphitheater umgibt.

Passo d'Ere, 1131 m, und *Dosso Piemp, 1208 m

In *Gargnano* (98 m) nimmt ein Bergsträßchen seinen Ausgang, welches für den Wanderer von besonderem Interesse ist. Es zieht vom w. Ufer des Gardasees zunächst normal breit hinauf zum Terrassendorf *Formaga* (587 m), 9 km, ist asphaltiert und hat Steigungen von 8%. Dabei läßt man die Straße durch das Toscolano- und das Vestinotal nach Capovalle und zum Idrosee li. liegen.

Der gesamte Straßenzug vom Gardasee zum Idrosee, somit auch der 11 km lange Abschnitt von *Capovalle* hinab zum Südende des Idrosees nach *Pieve Vecchia* (368 m) ist durchgehend asphaltiert. Die neue Ostuferstraße Pieve Vecchia—Lemprato—Idro wurde mit aufwendigen Kunstbauten angelegt und mißt jetzt bis zum kleinen Ferienort *Vesta* 12 km. Der langgestreckte Idrosee dient u. a. auch der Bewässerung der Poebene, weshalb sein Wasserspiegel des öfteren 3—4 m abgesenkt wird.

Von *Gargnano* (98 m) besteht eine landschaftlich abwechslungsreiche Direktverbindung zwischen der westlichen Gardesana und dem südlichen Ufer des um 300 m höher liegenden Idrosees. Diese 37 km lange, bis *Capovalle* (937 m) normal breit ausgebaute und asphaltierte Straße führt über *Navazzo* (496 m) zunächst in die *Val Toscolana*, welche in ihrem oberen Abschnitt *Vestinotal* genannt wird. Dieses trogartige Tal wurde zur Anlage eines Speichersees ausgenützt, wobei die Trasse über die ö. Berglehne verläuft. Das am Südfuß der Cima Tombea (1947 m) bzw. des M. Caplone (1976 m) gelegene *Magasa* (971 m) erreicht man über eine im letzten Anstieg steilere Nebenstraße, die in *Cadria* endet.

Von Formaga in die einsamen Brescianer Voralpen über die *Bocchetta del Santo di Liano* (750 m) kurvig weiter nach *Costa* (755 m), 12 km, eine ca. 4,5 m breite Naturstraße mit Steigungen bzw. Gefällstrecken von 10%. Fortsetzung des Höhensträßchens über den *Passo della Colomba* (962 m) und den *Passo d'Ere* (1131 m) hinauf zum ***Dosso Piemp** (1208 m), ca. 4 m breit, Steigungen bis max. 18%, Naturdecke. Die Tal-

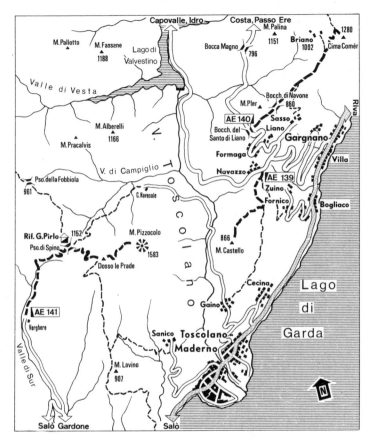

Wanderwege-Karte 34 Gargnano

fahrt hinab zur Fraktion *Gardola* (556 m), der Terrassengemeinde, weist ca. 9% Gefälle auf. Schließlich hat man von Gardola zur Gardesana Occidentale eine 12 km lange gute Asphaltstraße. Alles in allem eine lohnende Rundfahrt abseits der großen Touristenströme.

Monte Castello, 866 m. Felsiger Höhenrücken, der sich zwischen dem **W 139** Gardasee und dem unteren Toscolanotal erhebt. Von Navazzo auf nicht mark. Wegen leicht zu besteigen. Hübsche Aussicht. Z 2 Std.; LA 1–2. Hierzu Wanderwege-Karte 34 Gargnano.   193

W 140 * Cima Comer, 1280 m. Zu den schönsten Aussichtswarten am Gardasee zählt die Cima Comer, die sich in gewaltigen Felsfluchten über Gargnano aufbaut. Günstigster Ausgangspunkt für ihre Besteigung ist die Einsattelung oberhalb von Liano (Bocch. del Santo di Liano, 750 m), die man auf recht guten Bergstraßen (Beschilderung „Costa"), 11 km, erreicht. Hier zweigt re. ein breiter, bequemer Weg ab, der mäßig steigend gegen NO führt. Im Vorblick hat man die schwindelerregend steil zum Seeufer hin abfallende Kuppe der Cima Comer, zur Rechten erhebt sich der Monte Baldo. Nach einer guten Stunde Gehzeit langt man am eigentlichen Gipfelaufbau an, der über die bewaldete Westflanke leicht bezwungen wird. Z 3½ Std.; LA 2. Hierzu Wanderwege-Karte 34 Gargnano.

Auf der Hauptstraße folgt das Dorf *Bogliaco* mit dem Schloß des Grafen Bettoni, das von einer gepflegten Parkanlage umgeben ist und auch über einen schön gelegenen Golfplatz verfügt. Die Berge treten allmählich zurück, und man erreicht auf der Uferstraße den Doppelort *Toscolano-Maderno,* der vom Toscolanobach voneinander getrennt wird.

Der im N aufragende Monte Pizzocolo (1583 m) sichert dem Küstenabschnitt eine windgeschützte Lage. Dem Doppelort Toscolano-Maderno ist seewärts eine Halbinsel vorgelagert, die durch die Anschüttungen des Toscolanobaches entstanden. Auf der Gardesana folgt der zu *Gardone Riviera* gehörende mondäne Kurort *Fasano.* Durch das milde Klima begünstigt, sind hier die beiden, zumeist aus Hotelbauten bestehenden, sehr gepflegten Kurorte entstanden. Es empfiehlt sich, den oberen Ortsteil, *Gardone di sopra* (130 m), aufzusuchen.

* Höhenstraße Gardone Riviera—Salo

Sie ist von *Gardone* bis hinter die Fraktion *San Michele* durchgehend asphaltiert und 4—5 m breit, allerdings in ihrem Verlauf windungsreich und unübersichtlich. Bei der Ferdinandsbrücke zweigt ein Fahrweg in das obere Surtal ab, welcher bei *Verghere* endet.

Die Weiterfahrt auf dem Höhensträßchen über *Sernica* ist auf alter, jedoch befestigter Trasse (wenig instand gehalten) möglich. Bei besserem Zustand vollzieht sich hinter der Abzw. zum * Monte Bartholomeo der Abstieg nach *Salo* auf 4 m breiter, staubfreier Bergstraße. Stellenweise bieten sich gute Ausblicke auf den s. Gardasee.

W 141 ** Monte Pizzócolo, 1583 m. Herrliche Ausblicke auf den Gardasee und die Brescianer Voralpen, eine bemerkenswerte Flora und eine kaum erhoffte Bergeinsamkeit zeichnen die Wanderung zum Monte
194 Pizzócolo aus, der mit seiner Gestalt das Hinterland von Gardone

beherrscht. Ein schmales Bergsträßchen, das von San Michele (315 m) in die enge Valle di Sur führt, verkürzt den Aufstieg erheblich. Von seinem Endpunkt (Verghere, 525 m) erreicht man auf gutem Saumweg in 1¹/₂ Std. die Höhe des Passo di Spino (1152 m) mit dem zeitweise bewirtschafteten Rif. Giorgio Pirlo. Hier beginnt der eigentliche Gipfelanstieg, der auf guten, aber nicht mark. Wegen über den Dosso le Prade zum höchsten Punkt leitet. Z 5 Std.; LA 2. Hierzu Wanderwege-Karte 34 Gargnano.

Die Westuferstraße zieht an der Häusergruppe *Barbarano* mit dem Kapuzinerkloster vorbei und bildet eine Straßengabel: links abwärts nach Salò, rechts Fortsetzung der S.S. 45bis über den Straßenknotenpunkt Tormini nach **BRESCIA, 33 km.

Das alte Hafenstädtchen **Salò** liegt in einer schmalen, aber lieblichen Bucht; es ist nach Riva und Desenzano der drittgrößte Ort am See.

Will man die Rundfahrt um den See fortsetzen, so folgt man der Route durch das „Valtenesi" genannte fruchtbare Moränenhügelland, wo die bekömmlichen Landweine von Moniga und der Chiaretto gedeihen, den köstlichen Gropello nicht zu vergessen! In diesem Landstrich, etwas abseits des s. Seeufers, trifft man hervorragend ausgebaute Straßen, wie die S.S. 572 Salo—Desenzano, 20 km, und in deren Fortsetzung die S.S. 11 Desenzano—Peschiera, 14 km, an.

Besonders schöne Aussichten auf den See bieten sich dem Touristen im Raum von Salò auf der Verbindungsstraße Tormini—Cunettone sowie von den Kehren der Auffahrt Salò—Cunettone. Abseits des Verkehrs ist die aussichtsreiche ✳ Rocca di Manerba (218 m) hervorzuheben, wo man von einem Belvedere genannten Felssporn freie Blicke nach allen Seiten genießt. Schmale Zufahrt, auf dem Gipfel gebührenpflichtiger Parkplatz.

✳ Sirmione, 68 m
Keinesfalls dürfen Sie sich den Besuch der Halbinsel Sirmione entgehen lassen, die zu den landschaftlich hervorragendsten Küstenstrichen des Gardasees zählt. Die Abzw. befindet sich an der S.S. 11, 7 km hinter Desenzano. Man fährt dann noch 4 km auf der schmalen, weit nach N vorspringenden Halbinsel entlang, an deren Spitze das ehemalige Fischerdorf ✳ *Sirmione* liegt.

Da die Halbinsel eine einzige Kurzone darstellt und mit einem Fahrverbot belegt ist, muß man den Wagen auf einem der Parkplätze am Viale Marconi abstellen und zu Fuß über die Brücke zur Skaligerburg gehen. Vom Ort Sirmione besorgt ein schienenloser 🚶🚶 Liliputzug die Beförderung von Personen im öffentlichen Verkehr auf dieser Halbinsel.

Will man einen Überblick über die langgestreckte Halbinsel gewinnen, so lohnt es sich, den Hauptturm der Skaligerburg von Sirmione zu besteigen (146 Stufen).

Auf der *Punta di Sirmione*, der nördlichen Spitze der Halbinsel, sind die berühmten „Grotten des Catull", das sind sehenswerte Ruinen eines römischen Landsitzes, umgeben von einem ausgedehnten Olivenhain. Von dieser Stelle hat man eine prächtige Aussicht auf den See und seine Ufer.

Die S.S. 11 führt hinter der oben genannten Abzweigung am Seeufer bis **Peschiera** entlang. Die Hafen- und Festungsstadt war einst einer der strategischen Eckpfeiler des berühmten altösterreichischen Festungsvierecks Verona-Peschiera-Mantua-Legnano. Der Mincio bildet den einzigen Abfluß des Gardasees.

Route 24

** Gardesana Orientale (Ostuferstraße)

Fahrtechnische Streckenübersicht und Ratschläge

Die zwischen *Peschiera* und *Torbole* am Ostufer des Gardasees entlangziehende, 61 km lange „Gardesana Orientale" wurde als Provinzstraße in den Jahren 1928 bis 1932 erbaut. Der Uferabschnitt Torbole—Malcèsine hatte vordem überhaupt keine Straßenverbindung, so daß die Fischerorte nur auf dem Seeweg erreichbar waren. Unter „Gardesana" hatte man damals nur die Uferstrecke Garda—Malcèsine verstanden. Es ist schwer zu sagen, ob das Ostufer oder das Westufer das schönere ist. Das ist ganz Geschmackssache: während das hauptsächlich felsige Gestade längs des Westufers ursprünglicher und wuchtiger wirkt, gilt das Ostufer dank seiner sanfteren Gliederung und üppigeren Vegetation als die heiterere Landschaft; die Olivenhaine wachsen an den Hängen des Monte Baldo bis zu den Höhenlinien von 200 und 300 Metern hinauf. Auch ist das Ostufer länger der Sonnenbestrahlung ausgesetzt, und das küstennahe Wasser hat gegenüber dem Westufer höhere Temperaturen. Der Straßenbau wurde geländebedingt nicht vor so kühne Aufgaben gestellt wie der Westuferstrecke; dennoch mußten zwischen Torbole und Navene fünf Tunnels aus dem Fels gesprengt werden, und die kostspielige Strecke wurde mit großem Aufwand gegen Steinschlag und Bergsturz abgesichert.

Die Ostuferstraße bietet freiere Aussicht auf den See als die Westuferstraße, doch wirkt sie nicht so großartig. Dafür läßt sich, besonders im s. Abschnitt, der Sonnenuntergang auf eindrucksvolle Weise erleben. Frequenzen ⑪—⑯. Die lohnendere Fahrtrichtung ist von S nach N, von Peschiera nach Torbole, wie man überhaupt rund um den Gardasee entgegen dem Uhrzeigersinn fahren soll. Merken Sie sich für eine intime Visite das mauerumgürtete Fischerdorf *Lazise,* das besonders reizvoll gelegene *Kap San Vigilio* und die malerischen Orte *Torri del Benaco* und *Malcesine* vor!

Von Peschiera führt die S.S. 249 zunächst durch ein weinbebautes Hügelland in einiger Entfernung vom Seeufer. Bei *Lazise* mündet die Direktverbindung von Verona über Bussolengo ein; diese hervorragend ausgebaute Nebenstraße läßt aus Richtung Venedig—Verona das Ostufer des Gardasees schnell erreichen. Die Uferstraße passiert *Cisano* und das durch seinen Rotwein bekannte *Bardolino*. Das Vorgebirge tritt nahe an das Seeufer heran, und die Straße zwängt sich an der markanten *Rocca*, das ist ein stumpfkegeliger Tafelberg, vorbei, um das kleine Städtchen *Garda* zu erreichen. Der Ort hat einst dem See den Namen gegeben. Lohnend ist wegen ihrer prächtigen Aussicht die Besteigung der 294 m hohen *Rocca*.

Von der *Brennerautobahn-Anschlußstelle Affi* hat man über *Costermano* (237 m), bekannt durch den deutschen Soldatenfriedhof für 22.000 Gefallene des zweiten Weltkrieges, eine gute Verbindungsstraße nach *Garda* (69 m), 10 km. Kürzeste Zufahrt zwischen Autobahn und Gardasee!

Hinter Garda fährt man entlang der gleichnamigen breiten Bucht und erreicht in reizvoller Lage das Kap *San Vigilio*. Inmitten einer prächtigen Vegetation steht die von hohen Zypressen umgebene Kapelle des hl. Vigilius mit der Seevilla des Grafen Guarienti; von diesem Punkt hat man eine gute Aussicht auf die Halbinsel Sirmione und den „Riviera Bresciana" genannten Küstenabschnitt zwischen Gargnano und Salò. In der Nähe des kleinen Hafens ragt das „Stella" genannte Felsenriff aus dem Wasser.

Stets Aussicht gewährend, zieht die Uferstraße entlang der Ostküste zum kleinen Hafen *Torri del Benaco*, der von Zitronenkulturen und alten Olivenbäumen umgeben ist. Auf der gegenüberliegenden Uferseite erhebt sich über den Terrassen von Toscolano-Maderno der Monte Pizzocolo (1583 m).

*Bergstraße Torri del Benaco—Prada, 1050 m

Eine anfangs schmale, jedoch asphaltierte Serpentinenstraße verbindet *Torri del Benaco* (68 m) über *Albisano* mit *S. Zeno di Montagna* (583 m), 10 km. Die Auffahrt gewährt nicht nur eindrucksvolle Ausblicke auf den See, sondern läßt den ständigen Wechsel der Vegetation in den verschiedenen Höhenlagen erleben. Zuerst hat man in Ufernähe eine üppige, vorwiegend subtropische Vegetation, dann durchfährt man ausgedehnte Olivenhaine, welche durch eine höhere Zone mit Edelkastanien und Haselnußstauden abgelöst wird; diese wiederum weicht einer Zone mit schönem Buchen- und Eichenbestand. Schließlich trifft man in höheren Regionen Buschwald und Legföhren (Latschen) an.

S. Zeno di Montagna ist auch von *Garda* oder *Costermano* bzw. *Castione* auf guten Straßen mit weniger Windungen erreichbar. Die beste Sicht auf den See hat man von S. Zeno oberhalb des Ortes bei der Richtfunkstation.

Weiterfahrt nach *Prada* (935 m), 10 km, auf ca. 5 m breiter Asphaltstraße über *Lumini* (695 m); hier hat man re. die Abzw. eines staubfreien, jedoch nur einspurigen, durch Buschwald und Mattengelände führenden Fahrweges, welcher dicht unter der **Punta di Naole,** 1660 m, endet. SG. ③, Vorsicht, sehr enge und unübersichtliche Kurven!

Ca. 2 km n. Prada re. Talstation (1050 m) des **Costabella-Gondelliftes** neben der Enzianhütte. Von der Bergstation Ortigaretta (1550 m) schließen im Hochwinter Schlepplifte zum Rif. Cornetto (1804 m) an. Die ausgebaute Straße endet auf dem Hochplateau von Prada am Rande schöner Almböden. Blick auf den s. Gardasee.

W 142 ** Monte Maggiore, 2200 m. Außerordentlich lohnend ist der Aufstieg zum Monte Maggiore (Punta del Telegrafo), der zweithöchsten Erhebung im Kammverlauf des Monte Baldo. Ein mark. Steig (Nr. 658) führt über das Rif. Chierego (1911 m) und den Coàl Santo (2074 m) zum Gipfel. Man hat prächtige Ausblicke, die sich schließlich zu einer weiten Rundschau steigern, ähnlich jener von der Cima Valdritta. Unmittelbar unter dem Monte Maggiore steht das im Sommer bewirtschaftete Rif. Telegrafo. Z 4¹/₂ Std.; LA 2—3.

Sehr empfohlen ist bei sicherem Wetter eine Überschreitung des Monte Baldo von der Costabella bis zur Bocca Tratto Spin, eine Tour, für die man allerdings mit Vorteil zwei Tage ansetzt. Als günstiger Stützpunkt bietet sich das hoch gelegene Rif. Telegrafo an. Z 7 Std.; LA 3. Hierzu Wanderwege-Karte 36 Monte Baldo.

Die Hauptstraße nimmt unter den Hängen des Monte Baldo längs des Sees einen zielstrebigen Verlauf und passiert die kleinen Orte *Castelletto di Brenzone, Marniga, Magugnano, Porto di Brenzone, Assenza* und *Cassone,* die teilweise malerische Fischerhäfen haben. Zwischen Assenza und Cassone ist im See die früher befestigte, kleine Insel *Trimelone,* die im ersten Weltkrieg eine Rolle bei der Beschießung der altösterreichischen Festungsstadt Riva gespielt hat.

Einen der Höhepunkte der Rundfahrt um den See bildet der Besuch des malerischen, unter den steilen Wänden des Monte Baldo gelegenen Städtchens MALCÈSINE mit reizvollem Hafen und alter Skaligerburg. Zweigen Sie von der Umgehungsstraße ab und nehmen Sie den Weg durch die engen Gassen dieses sehenswerten Ortes!

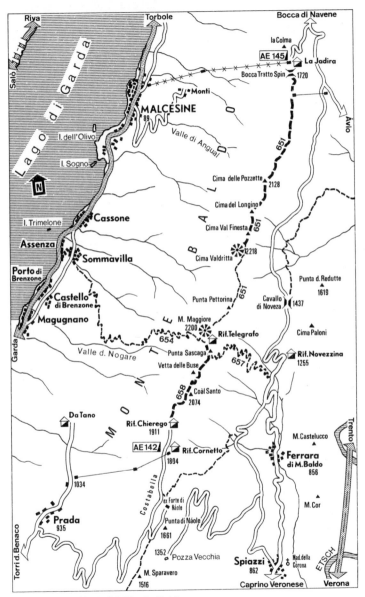

Wanderwege-Karte 36 Monte Baldo

Monte-Baldo-Seilschwebebahn über die Mittelstation San Michele (561 m) zur aussichtsreichen, 1780 m hohen **Bocca Tratto Spin.** Die Zufahrt zur inmitten eines Olivenhaines gelegenen Talstation ist beschildert. Von der Bergstation empfiehlt sich eine Promenade auf dem grasnarbigen, flachen Bergrücken zur n. gelegenen ✳ Colma mit weithin sichtbarem Sendemast (1800 m); von hier hat man prächtige Tiefblicke auf die Bucht von Riva. Den ✱✱ *Belvedere del Garda* kann man auch auf einer geschotterten, 3 km langen Gipfelstraße von O her erreichen → Monte-Baldo-Höhenstraße.

W 145 ✱✱✱ Cima Valdritta, 2218 m. Als schönste Bergfahrt im Gardaseegebiet gilt die Überschreitung des Monte Baldo von Caprino Veronese bis Torbole, eine Tour, die allerdings einen Mindestzeitaufwand von drei Tagen erfordert. Günstiger Ausgangspunkt für eine Teilbegehung dieses einzigartigen Höhenweges ist die Bocca Tratto Spin. Von der Seilbahnstation aus läßt sich der mittlere Abschnitt, die Besteigung der Cima Valdritta, als Tagestour durchführen. Der mark. Steig (Nr. 651) folgt weitgehend dem Gratverlauf und weist einige nicht ganz unschwierige Stellen auf, die Trittsicherheit und etwas Bergerfahrung verlangen. Dafür entschädigt er mit einer Fülle von Eindrücken, unter denen die atemraubenden Tiefblicke auf den Gardasee besonders hervorzuheben sind.

Für den Blumenfreund bilden die Hänge des Monte Baldo ein wahres Dorado; nicht umsonst wird dieser Bergstock als „Giardino alpino d'Europa" bezeichnet! Obwohl der moderne Touristenrummel auch hier bereits seine Spuren hinterlassen hat, ist die Fülle botanischer Raritäten, die sich mit etwas Geduld aufspüren lassen, noch immer recht bemerkenswert.

Die Cima Valdritta, höchster Gipfel des Monte Baldo, bietet an klaren Tagen ein herrliches Panorama, das zahlreiche Berggruppen der Süd- und Zentralalpen einschließt (Bergamasker Alpen, Brescianer Voralpen, Adamello-Presanella, Ortlergruppe, Brenta, Stubaier, Sarntaler und Zillertaler Alpen, Dolomiten, Lagoraikette, Monti Lessini, Vicentiner Voralpen). Z 5 Std.; LA 3.

Trotz der unmittelbaren Nähe des Gardasees eine Tour von alpinem Charakter, deshalb entsprechende Ausrüstung unerläßlich! Hierzu Wanderwege-Karte 36 Monte Baldo.

Von Malcèsine zieht die Gardesana Orientale zunächst nach *Navene*, um dann auf einer Tunnelstrecke unterhalb der steil abstürzenden Wände des Monte Altissimo di Nago (2078 m) den vielbesuchten Touristenort **Torbole** zu erreichen. Der See verschmälert sich nach Norden fjordartig. Auf dem gegenüberliegenden Ufer sieht man im Fels kavernenartige Aussparungen, die die „Fenster" der Gardesana Occidentale sind; außerdem lassen sich die in den Fels ge-

hauenen kühnen Straßen nach *Tremosine* und die bewunderungs-
würdige Ponalestraße gut verfolgen. Im Vorblick ist der markante
Felsriegel des 376 m hohen Monte Brione, der den See vom fruchtbaren Talbecken der Sarca teilweise abschließt. Kurz vor Torbole
mündet in den Gardasee ein Stollen, durch den vom Einlauf nahe
der Etschbrücke an der Straße Rovereto—Nago bei Hochwasser ein
Teil des Etschwassers abgeleitet wird, um Überschwemmungen im
Gebiet von Verona zu verhüten.

* Monte-Baldo-Höhenstraße

Die von *Mori* (204 m) an der S.S. 240 ausgehende und über Brentonico
(700 m) und den Passo Malga Canalette (1617 m) nach Spiazzi (862 m)
führende * Monte-Baldo-Höhenstraße ist aus einer ital. Kriegsstraße
(erbaut 1915—1918) hervorgegangen und als „Strada Generale Graziani"
bekannt. Die heutige Trentiner Provinzstraße Nr. 32 erschließt das bisher
von Touristen schwach frequentierte Gebiet zwischen dem Monte Altissimo di Nago und der Cima Valdritta einerseits und dem ö. dieser Erhebungen gegen das Etschtal zu hingebreiteten Mittelgebirge mit seinen
aussichtsreichen Hochterrassen. Dieses Hoffnungsgebiet wird von einem
Netz teilweise asphaltierter Straßen durchzogen. Mehrere Aufstiegshilfen,
vor allem von Polsa aus, dienen der Ausübung des auch hier Einzug ge-
haltenen Skisports. Das Sträßchen bleibt in seinem gesamten Verlauf vom
Gardasee durch den langgestreckten Rücken des Monte Baldo getrennt.
Nur die als Bocca di Navene (1430 m) bezeichnete Scharte bildet insofern
eine Ausnahme, als die Höhenstraße an dieser Stelle den Grat des Monte
Baldo tangiert.

Der Straßenzustand war im Berichtsjahr sehr unterschiedlich: Mori—
S. Valentino 3—6 m breit, asphaltiert, max. Steigung 15%. SG. ②—③,
Frequenz Ⓥ. S. Valentino bis Veroneser Provinzgrenze meist einspurige
Straße mit Naturbelag, Steigungen bis 10%, SG. ③. In der Provinz
Verona, der auch die Bocca di Navene zugeordnet ist, trifft man merklich
schlechteren Zustand an; dies gilt besonders für die Strecke s. des Passo
Campione (1595 m) bis zur Malga Pissarola. Hier teilweise Grobschotter
und holpriges Steinpflaster. Steigungen bzw. Gefälle bis 14%, SG. 3—④,
Gefahrenstellen durch Leitplanken abgesichert, Frequenz V. Mindestzeit-
aufwand für die 50 km lange Strecke Mori—Spiazzi ca. 2¹/₂ Std.

Von *Mori* (204 km) kurvenreicher Anstieg auf normal breiter
Asphaltstraße (Beschilderung S.P. 32) nach *Brentonico* (700 m),
9 km. Blick nach N gegen den markanten Monte Stivo (2059 m).

Hinter Brentonico li. Abzw. der Bergstraße in das touristische Hoffnungsgebiet um *Polsa* (1244 m), 12 km; hier lohnt die Weiterfahrt bis knapp

unter den Gipfel der ✳ Vignola (1607 m) in exponierter Aussichtslage, ca. 1500 m hoch über der Etsch mit imponierendem Steilabfall gegen O! Ausblicke zum Pasubio und zu den Lessinischen Bergen → W 143.

Die * Monte-Baldo-Höhenstraße gewinnt bei unterschiedlichem Zustand über *S. Giacomo* (empfehlenswertes Gasthaus) bis *S. Valentino* (1314 m) weiter an Höhe. Hier mündet die von Avio heraufführende, interessante Bergstraße ein.

W 143 * Vignola, 1607 m. Von S. Valentino aus bietet sich die Möglichkeit zu einer interessanten Gratwanderung, die über den Corno della Paura (1539 m) und die Bocca d'Ardole (1391 m) in ö. Richtung zur Vignola führt. Sie vermittelt bemerkenswerte Tiefblicke in das zwischen Monte Baldo und Monti Lessini eingeschnittene Tal der Etsch (Val Lagarina); vom Gipfel der Vignola hat man zudem eine lohnende Rundsicht, die mehrere Berggruppen der s. Voralpen einschließt. Der Wegverlauf ist vorgezeichnet durch ein ehemaliges, heute teilweise verfallenes Militärsträßchen (Auffahrt von S. Valentino bis unter den Corno della Paura mit kleineren Pkw möglich). Z 4–5 Std.; LA 1–2. Hierzu Wanderwege-Karte 35 Monte Altissimo di Nago.

Ab San Valentino hat man nur mehr eine einspurige Straße mit zwar festem Unterbau, jedoch nur Naturbelag, Ausweichen auf Sicht. Die landschaftliche Szenerie wechselt nun ständig. Nach einem kurzen Tunel fährt man um eine Bergnase herum und hat dann den Monte Altissimo (2078 m) von SO als Grasberg vor sich. Nach W Blick gegen die Bocca di Navene und den Belvedere del Garda mit Bergstation der Monte-Baldo-Seilbahn (von Malcesine heraufführend). In den Sommermonaten leuchten die grasigen Bergflanken in einem grellen Gelb, wenn hier der Ginster blüht.

Umgeben von saftig grünen Almen, erreicht man als höchsten Punkt der Monte-Baldo-Höhenstraße den **Passo Malga Canalette** (1617 m) und befindet sich unmittelbar am Südfuß des Monte Altissimo. Hier nur wenig Aussicht.

W 144 ** Monte Altissimo di Nago, 2078 m. Überaus lohnend ist der leichte, auch für Familien geeignete Abstecher zum Altissimo, dessen Gipfel neben eindrucksvollen Tiefblicken auf den Gardasee eine herrliche Rundschau vermittelt, die an klaren Tagen im N bis zum hellen Saum des Alpenhauptkamms, im S bis zu den Höhenzügen des Appenin reicht. Der Anstiegsweg wird durch das alte, heute teilweise überwachsene Kriegssträßchen, das am Passo Canalette seinen Ausgang nimmt und sich in gleichmäßiger Steigung an der Südflanke des

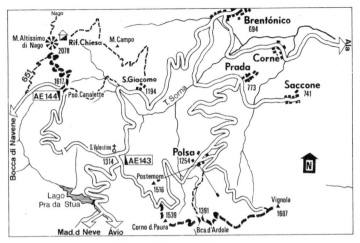

Wanderwege-Karte 35 Monte Altissimo di Nago

Monte Altissimo di Nago emporwindet, weitgehend vorgezeichnet. Es endet knapp unter dem Gipfel beim Rif. Chiesa (2060 m). Z 2 Std.; LA 1–2. Hierzu Wanderwege-Karte 35 Monte Altissimo di Nago.

***Monte Altissimo di Nago, Rif. Chiesa, 2060 m

Ein ehemals von den Italienern als Kriegssträßchen angelegter **Gipfelfahrweg** auf den 2078 m hohen ✳ Monte Altissimo di Nago nimmt bei km 22 direkt vom einfachen Berggasthaus „Graziani" auf dem Passo Malga Canalette re. seinen Ausgang. Abzw. beschildert mit Rif. Chiesa und Wege-Nr. 624. Kenner bestätigen immer wieder, daß der Monte Altissimo zu den lohnendsten anfahrbaren Hochzielen im gesamten Alpenraum zählt. Teilweise grobgeschotterter, nur einspuriger Fahrweg. Man gewinnt in mehreren Serpentinen bei zunehmender Aussicht insgesamt ca. 450 m Höhenunterschied. Selbst Pkw mit gutem Einschlag sind in besonders engen Kehren zum Reversieren gezwungen. An ausgesetzten Stellen fehlen Randsicherungen, so daß man sich auch bergab behutsam auf Schotter vorwärtstasten muß; SG. ④—⑤. Vom 🏠 Rif. Chiesa (2060 m), wo der schwierige Fahrweg endet, hat man Prachtblicke auf den Gardasee und hinüber in die Brescianer Berge, nach N in die Brenta-Dolomiten, nach O zum Pasubio. Wer sich und seinem Fahrzeug diese schwierige Bergfahrt nicht zutraut, erreicht den Gipfel vom Passo Malga Canalette zu Fuß in 1¼ Std.

Die Monte-Baldo-Höhenstraße beschreibt auf der Malga Canalette einen Halbkreis. Nach einer Wendung von 180° fährt man in direkter Südrichtung weiter. Nach einer längeren, aber mäßigen Gefällstrecke gelangt man bei km 25 zu einer alten, alleinstehenden 203

Buche; re. Panorama-Wanderweg Nr. 651 zum Monte Altissimo 1³/₄ St., li. zur Malga La Colma. Weiter leicht abwärts zur *Bocca di Navene (1430 m) bei km 26, hier auch bescheidene Einkehrstation. Die Scharte ist ein beiderseits durch Leitplanken abgesicherter schmaler Grat. Auf den Gardasee nur beschränkter Blickwinkel, nach O Blick über den Stua-Stausee hinweg auf Pasubio und die Lessinischen Berge.

**Belvedere del Garda, 1780 m

Viel umfassender ist die Sicht vom **Belvedere del Garda auf der Bocca Tratto Spin. Abzw. auf kürzlich angelegtem, teilweise steilem und grobgeschottertem Fahrweg, welcher 300 m nach der Bocca di Navene re. abzweigt. Im Berichtsjahr fehlte Beschilderung. In einigen Kehren durchfährt man schönes Almgebiet zum Gipfel, 3 km; unmittelbar vor der Bergstation der Monte-Baldo-Seilbahn endet der Güterweg. Steigungsmaxima von 22%, besonders in den Wendepunkten steil, SG ③. Aussicht wie bei Seilbahn von Malcesine beschrieben.

Auf der Durchzugsstraße nach Spiazzi hat man bei km 29 li. die 400 m lange Zufahrt zum Sessellift Pra Alpesina, Talstation 1450 m, Bergstation 1830 m (nicht während des ganzen Sommers in Betrieb!). Die Bergstation bildet eine besonders günstige Basis für → W 145, welche den Anstieg zur ✳ Cima Valdritta (2218 m) wesentlich verkürzt. Hierher auch Zufahrt direkt aus dem Etschtal auf guter Asphaltstraße über *Avio* (Autobahn-Anschlußstelle Ala—Avio).

In ihrem weiteren Verlauf bietet die Monte-Baldo-Höhenstraße keine nennenswerten Besonderheiten. Bei km 35 re. Abzw. des Weges Nr. 652 zum 🏠 Rif. Telegrafo. Kaum instand gehaltene Wegstrecke Noveza—Rif. Novezzina—Malga Pissarola. Dann trifft man auf eine Weggabelung: scharf li. hinab nach *Ferrara di Monte Baldo* (856 m) und talaus nach Spiazzi. Die Höhenstraße verläuft geradeaus weiter. Bei km 45,7 große Kehre mit Prachtblick auf den südlichen Gardasee und das daran anschließende Moränenhügelland bis Mantua.

Die letzten Kilometer nach *Spiazzi* (862 m) sind asphaltiert. Spiazzi ist eine beliebte Sommerfrische; in unmittelbarer Umgebung des Ortes befindet sich in einer steil gegen die Etsch abfallenden Felswand die kühn angelegte Wallfahrtskirche * *Madonna della Corona* (774 m). Eine hervorragende, 6—8 m breite Asphaltstraße leitet von Spiazzi hinab durch eine reizvolle Wald- und Wiesenlandschaft nach *Pazzon* und auf die Hochfläche von *Caprino* (254 m). Deutlich läßt sich auf dem Weg nach Garda der mähliche Übergang von alpiner zu subtropischer Vegetation verfolgen.

Register